المناهج المدرسية

إعداد

د/ خالد محمود محمد عرفان

أستاذ المناهج وطرق تدريس اللغة العربية المشارك

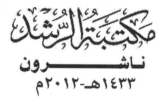

مكتبة الرشد

ناشرون

١٤٣٣هـ-٢٠١٢م

بسم الله الرحمن الرحيم

الإهداء

إلى أحبة قلبي زوجتي وولديَّ محمود ومصطفى

مقدمة

إن إعداد المعلم / المعلمة للقيام بدوره في سبيل إنجاح العملية التعليمية أمر ليس سهلا، ويحتاج منا إلى بذل الجهد ووضع الاستراتيجيات والبرامج ورصد الميزانيات ووضع الخطط لإعداد معلم جيد يتصف بكل الكفايات اللازمة لأداء عمله على أكمل وجه .

وكليات التربية هي المؤسسة المنوط بها إعداد المعلم قبل الخدمة من خلال إعدادا أكاديميا وتربويا وثقافيا وتكنولوجيا ومهنيا بصورة تمكنه من أداء أدواره المختلفة داخل المدرسة وخارجها .

ولإعداد المعلم / المعلمة في كليات التربية إعدادا جيدا يجب أن يتناول إعداده جميع الجوانب المشار إليها سلفا، بصورة موضوعية ومتوازنة، تجمع بن طياتها الجوانب النظرية والعملية على حد سواء .

ويعد تدريس مادة المناهج المدرسية للطلاب المعلمين قبل الخدمة جانبا مهما ولا بد منه من أجل إعداد المعلم إعدادا تربويا متميزا يمكنه من أداء مهامه بنجاح؛ وإلا فأنى للمعلم أن ينجح في تنفيذ ونقل المنهج إلى طلابه وهو جاهل بطبيعته وأسسه وأبعاده ومقاصده ؟!

لذا أقدم هذا الكتاب لطلابنا وطالباتنا بكلية التربية من أجل الوقوف على المنهج المدرسي بمختلف أبعاده، وذلك من خلال عدة فصول جاءت على النحو التالي:

الفصل الأول: وجاء بعنوان "**مفهوم المنهج وتطوره**": وقد ورد فيه مفهوم المنهج التقليدي، النقد الموجه له، وعوامل تطوير مفهوم المنهج التقليدي، مفهوم المنهج الحديث، مفاهيم أساسية مرتبطة بالمنهج.

الفصل الثاني: وعنوانه " منظومة المنهج " وقد ورد فيه مفهوم المنظومة، مكونات منظومة المنهج، منظومة المنهج والمنظومات الأخرى(التربية – التعليم- التدريس)، العلاقة بين مكونات منظومة المنهج المختلفة.

الفصل الثالث: تحت عنوان " أسس المنهج": وجاء فيه الأسس العقدية والفكرية، الأسس النفسية، والاجتماعية، والمعرفية، والنظرية.

الفصل الرابع: " تنظيمات المنهج ": وورد فيه عدة تنظيمات للمنهج أهمها منهج المواد الدراسية المنفصلة،مزاياه، وعيوبه. منهج النشاط، مزاياه،عيوبه. المنهج المحوري، ومزاياه،وعيوبه . منهج الوحدات التعليمية، ومزاياه، وعيوبه. **والمنهج الرقمي،** مزاياه، وعيوبه. والمنهج البيئي، مزاياه، عيوبه.

الفصل الخامس: جاء بعنوان " تقويم المنهج": وقد ورد فيه مفهوم التقويم، مبررات تقويم المنهج، وظائف تقويم المنهج، معايير تقويم المنهج، خطوات تقويم المنهج .

الفصل السادس: وعنوانه " تطوير المنهج "، وتضمن على: مفهوم التطوير، دواعي التطوير، أساليب التطوير، أدوات تطوير المنهج، خطوات تطوير المنهج.

الفصل السابع: وجاء بعنوان "تطبيقات ونماذج": وقد تضمن على خطة المواد الدراسية في المرحلة الابتدائية في المملكة العربية السعودية، مقارنة بمناهج المرحلة الابتدائية في بعض الدول الأخرى، مع تدريبات وتطبيقات على تصميم خطط لبعض الخبرات التعليمية..

وقد وضع قبل كل فصل مجموعة من الأهداف الموجهة لدراسته، ثم أردف بمجموعة من الأسئلة والأنشطة، وقائمة من المراجع والمواقع الإليكترونية التي يمكن الإفادة منها في تعميق المعلومات وإثرائها.

وآخر دعوانا أن الحمد لله رب العالمين..

د / خالد محمود عرفان الهواري

أستاذ المناهج وطرق تدريس اللغة العربية المشارك

الرياض

١٧ جماد الآخرة ١٤٢٩هـ / ٢١ يونية ٢٠٠٨ م

فهرس الموضوعات

الفصل الأول

مفهوم المنهج وتطوره

- المفهوم التقليدي للمنهج

- النقد الموجه لمفهوم المنهج التقليدي.

- عوامل تطوير مفهوم المنهج التقليدي.

- مفهوم المنهج الحديث.

- مفاهيم أساسية مرتبطة بالمنهج.

أهداف دراسة هذا الفصل

<u>ينبغي بعد دراستك لهذا الفصل أن تكون قادرا على أن</u> :

- تكتب مفهوم المنهج التقليدي.

- تشرح مفهوم المنهج الحديث.

- تقارن بين المنهج التقليدي والمنهج الحديث.

- تذكر المفاهيم الأساسية المرتبطة بالمنهج.

- تبين العلاقة بين مفهوم المنهج والمفاهيم المرتبطة به.

الفصل الأول

مفهوم المنهج وتطوره

تمهيد:

إن تحديد المفاهيم وتوضيحها أمر يعد في غاية الأهمية ليس للعاملين في مجال التربية فقط بل للعاملين في مختلف المجالات .. فكم من المشكلات والصراعات نتجت عن الاختلاف في تحديد المفهوم، فكثير من المشكلات التي يواجهها العالم اليوم في مختلف المجالات كانت من جراء عدم تحديد المفاهيم بشكل دقيق ومتفق عليه، وخاصة في ظل العولمة والسماوات المفتوحة والتكتلات الدولية على المستويين الإقليمي والعالمي ..

ومفاهيم التربية ومن بينها مفهوم المنهج من المفاهيم التي تحتاج إلى تحديد وتوضيح، وبيان ما مرت به من مراحل .. فالمفهوم كالكائن الحي يولد وينمو وينتقل من مرحلة إلى أخرى، ولكل مرحلة خصائص وصفات..

إن تحديد مفهوم المنهج يعد أمرا ضروريا ؛ لأن تحديده يعني توحيد التصورات والرؤى والاتفاق في الممارسات من أجل تحقيق الأهداف ..

ونظرا لكل ما سبق اسمح لي عزيزي/ عزيزتي.. أن أصحبك في الصفحات التالية في رحلة مع مفهوم المنهج من الميلاد حتى الآن، وكيف انعكست على الممارسات التربوية وأدوار المشاركين فيها ؛ وذلك على النحو التالي ..

- المفهوم التقليدي للمنهج:

هو مجموعة من المعارف والمعلومات التي تجمع وفق مجموعة من القواعد ثم تنظم وفق شكل من أشكال تنظيم المحتوى، تقدم للطلاب عن طريق الإلقاء والتلقين بهدف إكسابها لهم في فترة زمنية معينة . فالمنهج هنا مرادف للمقرر وللكتاب المدرسي.

وقد ترتب على ذلك الاهتمام بالجوانب المعرفية فقط لدى المتعلمين، وإهمال الجوانب الأخرى كالاتجاهات، والميول، والحاجات، والمهارات، وطبيعة المجتمع ومتطلباته .. وغير ذلك ..

وانطلق هذا المفهوم من الفلسفة المثالية التي تعلي من قيمة العقل وتهمل الجوانب الأخرى كالميول والمهارات .. وقد ترتب على الأخذ بهذا المفهوم مجموعة من الآثار السلبية على الفرد والمؤسسة التعليمية والمجتمع يمكن عرضها في عجالة واختصار فيما يلي:

-الآثار المترتبة على الأخذ بالمفهوم التقليدي للمنهج :

١- آثار مترتبة على المعلم :

حيث أصبح المعلم هو محور العملية التعليمية وعليه القيام بجميع نشاطات التعليم فهو جامع للمادة التعليمية ومنظم لها، ومعد للوسائل ومستخدم لها وشارح وملقن ومحفظ وهو مصدر لجميع المعلومات والمعارف، كما أنه النموذج والمثال الذي لا يسمح لأحد بمخالفته، وصار باذلا لكل طاقة من أجل نقل ما لديه من معلومات ومعارف إلى طلابه .. وهو المسئول الأول والوحيد عن نجاحهم.

٢- آثار مترتبة على الطالب:

إن الأخذ بالمفهوم التقليدي للمنهج جعل الطالب سلبيا غير مشارك في العملية التعليمية، غير باحث عن المعلومات، وغير مستخدم لما يتمتع به من مهارات وقدرات عقلية مختلفة، وهدفه كله هو الاستماع والإنصات والحفظ لكل ما يسمع دون مناقشة أو اعتراض أو تفكير أو نقد .. وإذا ما فعل شيئا من ذلك فسوف يكون طالبا مستهترا وغير مهذب وفاشل وتعدى كل الخطوط الحمراء.. وغير ذلك من التهم التي يمكن أن توجه إليه، فأصبح الطالب مجرد وعاء بشري لحفظ المعلومات ونقلها من جيل إلى جيل .وأهملت القدرات والميول، والحاجات، والمهارات العقلية والاجتماعية .. وخرَّج المنهج طالبا مشوها لا يحمل من مكونات الشخصية سوى الجانب المعرفي فقط .. وصار

الطالب عضوا غريبا عـن مجتمعـه الـذي يتطلب مـنه مواصـفات وقدرات ومهارات متنوعـة حتـى يستطيع أن ينخرط فيه ويؤدي أدواره المختلفة على أكمل وجه وبصورة يرضى عنها مجتمعه ..

٣- الآثار المترتبة على المؤسسة التعليمية (المدرسة) :

المدرسة هي مؤسسة أقامها المجتمع بقصد إعداد أفراده إعداداً شاملاً حتى يصبحوا أفرادا عاملين ومشاركين في المجتمع بفاعلية، ومساهمين في تحقيق أهدافه .. وتحقيق ذلك يتطلب أن تحرص المدرسة من خلال ما تقدمه من مناهج على إعداد الفرد إعدادا متكاملا جسما وعقلا وروحا كي يتمكن التلميذ من القيام بأدواره في المستقبل .. وهذا لا يمكن تحقيقه من خلال الأخذ بالمفهوم التقليدي للمنهج والذي جعل المدرسة في برج عال من الزجاج منعزلة تماما عن المجتمع ومتطلباته، وعليه قام المجتمع باتهام المدرسة بالفشل والتخلف والعجز عن تلبية متطلباته، وهذا نتيجة طبيعـة للأخذ بالمفهوم التقليدي للمنهج الذي أهمل حاجات ومتطلبات وأهداف المجتمع ..

٤- الآثار المترتبة على المجتمع:

إن الأخذ بمفهوم المنهج التقليدي أصاب المجتمع بالتخلف في جميع المجالات، لأن العاملين في المجالات المختلفة ها هم نتاج وثمرة المنهج التقليدي في المدرسة، وهم يعانون مـن عجـز وقصور واضح في مختلف الجوانب المهارية والوجدانية اللازمة للنجاح في العمل في إي قطاع أو مجال مـن المجالات ؛ لأن المعلومات وحـدها لا تـضمن النجاح مـا لم تتبـع بعمل .. لـذا عندمـا تـشعر الـدول المتقدمة بخطر التخلف والتأخر في أي مجال تنظر إلى التعليم وتعمل على تطويره والارتقاء بـه كـما فعلت أمريكا منذ سنوات عندما أطلقت مشروع " أمة في خطر " والذي هدف إلى تطوير التعليم في الولايات المتحدة لضمان تقدمها وتفوقها في سائر المجالات ؛ وقد قال الشاعر قديما :

بالعلم والمال يبني الناس ملكهم   فلن يبنى ملك على جهل وإقلال

ولا سبيل للعلم بدون مناهج جيدة تنتج أفرادا متميزين متكاملي النمو، محققة آمال ومتطلبات المجتمع.

- <u>النقد الموجه لمفهوم المنهج التقليدي:</u>

بناء على ما سبق وجهت إلى المنهج بمفهومه التقليدي عدة انتقادات أهمها ما يلي:

١- اهتمام المنهج بالمعلومات وإهمال جوانب التعلم الأخرى المهارية والوجدانية .

٢- إهمال المنهج لحاجات المتعلمين الروحية والنفسية والبدنية والاجتماعية..

٣- إهمال المنهج لميول المتعلمين واختلافها من طالب إلى آخر وقيامه بوضع الطلاب جميعا في قالب واحد يتنافى مع طبيعتهم .

٤- عدم مراعاة المنهج لحاجات ومتطلبات المجتمع فيما يتعلق بضرورة توفير أفراد لهم صفات معينة تمكنهم من أداء أدوارهم في المجتمع بفاعلية ونجاح .

٥- فصل المنهج بين الطالب ومشكلات البيئة الخارجية بمختلف أنواعها .

٦- عدم مناسبة المنهج لطبيعة العصر التكنولوجية ذات التطور السريع والمتلاحق.

٧- جعل التعليم غاية في ذاته فقط وأهمل كونه وسيلة من وسائل تطوير المجتمع وتنميته.

- <u>عوامل تطوير مفهوم المنهج التقليدي:</u>

مما لا شك فيه أن هناك مجموعة من العوامل تدعونا إلى تطوير المنهج بمفهومه التقليدي ووضع مفهوم جديد نتغلب به على السلبيات السابقة، وأهم هذه العوامل ما يلي:

١- <u>طبيعة المتعلمين :</u>

فطبيعة المتعلمين لا تقوم على الجوانب المعرفية فقط بل تقوم على جوانب متعددة معرفية ومهارية وانفعالية وروحية ومادية واجتماعية وفردية.. وأنه من الضروري إن نكسب ونعتني بجميع الجوانب بصورة متوازنة ؛ وإلا فسوف يكون لدينا أفراد مشوهون لا يستطيعون التكيف مع المجتمع ..؛ فعلى سبيل المثال لو ركز المنهج على المعلومات والمهارات في إعداد الطبيب أو المهندس أو المعلم .. وأهمل الجانب الوجداني والاجتماعي

فسوف يترتب على ذلك وجود طبيب ناجح مهنيا ولكنه فاشل في التعامل مع المرضى والزملاء والمجتمع، وليس لديه حب للمهنة ولا للآخرين .. وهكذا

لذا إذا تأملنا منهج الإسلام في إعداد الفرد نجد أنه عني بالشخصية من جميع جوانبها فعنى بالبدن قال تعالى: {وكُلُواْ وَاشْرَبُواْ وَلاَ تُسْرِفُواْ إِنَّهُ لاَ يُحِبُّ الْمُسْرِفِينَ} (سورة الأعراف ٣١)، وعني بالعقل فشجعه على طلب العلم وإعماله والحفاظ عليه قال تعالى : {هَلْ يَسْتَوِي الَّذِينَ يَعْلَمُونَ وَالَّذِينَ لَا يَعْلَمُونَ } (سورة الزمر ٩)، وشجعنا على الجوانب الاجتماعية والجماعة فقال رسول الله:" مثل المؤمنين في توادهم وتراحمهم كمثل الجسد الواحد .."(رواه مسلم: رقم ٤٦٨٥) وهكذا.. وهذا يجعل تطوير مفهوم المنهج أمرا ضروريا حتى يتسق مع طبيعة المتعلمين ذات الجوانب المتعددة.

٢- طبيعة المجتمع:

إن مجتمع اليوم ليس كمجتمع الأمس اجتماعيا واقتصاديا وسياسيا وثقافيا .. فكل شيء يتغير، ولكي يستطيع المجتمع أن يواجه تلك التغيرات بنجاح يجب أن يكون هناك إعداد جيد لأفراده يتناسب مع تلك التغيرات والتحديات المتنوعة، مما يستوجب إعادة النظر في مفهوم المنهج، ووضع تصورات جديدة تتناسب مع المجتمع وطبيعته وتحدياته حتى يكتب للمنهج النجاح .

٣- طبيعة العصر:

إذا كان المجتمع المحلي والعالمي شهد تغيرات كثيرة في شتى المجالات فإن العصر الذي نعيشه شهد أيضا الكثير من التغيرات التي ينبغي مراعاتها عن وضع مفهوم المنهج، وأهم خصائص هذا العصر التي يجب مراعاتها ما يلي:

أ-أنه عصر العولمة :

فقد صار العالم عالما واحدا يسيطر عليه قطب واحد يفرض على العالم شروطه ويملي عليه ما يريد من إملاءات ؛ وهذا يدعونا إلى ضرورة التفكير بصورة وبشكل جديد بعيدا عن التهور والجبن، ونعد أفرادنا ومجتمعنا للتعامل مع العصر

بطريقة ذكية ترضي من حولنا وتحفظ لنا ديننا وشخصيتنا وماء وجهنا حتى نعبر ذلك العصر بنجاح..

وتعرف العولمة بتعريفات عدة نظرا لاختلاف الرؤى ومن أهم تعريفاتها :

— أنها سيطرة القطب الواحد على العالم وتكريس تلك الهيمنة الأمريكية على العالم والتحكم في مساراته.

— أنها سيطرة الرأسمالية الغربية على العالم والدعوة إليها والعمل على نشرها بل وفرضها على الآخرين.

وتقوم العولمة على ثلاثة عناصر (ثورة الاتصالات- النزعة الدولية – الرأسمالية) (جلال أمين : ١٩٩٨م)(السيد ياسين : ١٩٩٩)

و قد اتخذت الكثير من الدول العربية والإسلامية اتجاه الانعزال في مواجهة العولمة، في حين تتجه الدوائر ودول العالم لوضع الاستراتيجيات وتوحيد الرؤى لمواجهتها والحفاظ على الهويات الوطنية والدينية والثقافية والإقليمية والعمل على توجيهها لخدمتها وتحقيق أهدافها.((http://mansourdialogue.org

ب- أنه عصر الاتصالات:

فقديما كانت الحدود السياسية والجغرافية والجدارن والحوائط والأسوار والأبواب تتحكم في التواصل مع الآخرين، وتسمح بمرور ما نريد، وتمنع مرور ما لانريد من أفكار ومنتجات وأفراد .. وغير ذلك . أما اليوم فهو عالم القرية الصغيرة، فأنت تجلس في غرفتك وعلى مكتبك وبكبسة زر واحدة وفي لحظات تتصل بالعالم كله صوتا وصورة، وتتفاعل معه من خلال قنوات اتصال متنوعة لا يمكن مراقبتها أو إيقافها ؛ فلا جدران ولا حدود بعد اليوم .. وهذا يتطلب منا أن نضع مفهوما جديدا للمنهج ينعكس في صورة إجرائية تخرج لنا أفرادا غير متقوقعين على أنفسهم بل تقدم أفرادا

منفتحين على العالم، ومتسلحين بعقلية ناضجة، وفكر مستنير، وبقيم وتقاليد وعادات صحيحة متفاعلين مع الآخر نافعين له منتفعين به متجنبين سلبياته وأخطاره ..

ج- أنه عصر المعلوماتية:

فالمعلومات في مختلف المجالات تتغير كل يوم بل في كل ساعة، وهي تزداد تشعبا وتنوعا وتعقيدا يوما بعد يوم، والكل يجري ليلاحق الجديد وإلا فسوف يكتب عليه التخلف عن الركب ويطويه النسيان .. فما نتعلمه في المدرسة اليوم قد لا يصلح للغد ؛ وهذا يتطلب وضع تصور جديد للمنهج يضع في اعتباره تمكين الأفراد من تعليم أنفسهم بأنفسهم مستقبلا مستخدمين الشبكات ومصادر المعلومات الرقمية ؛ ليتمكنوا من مواصلة التعلم بنجاح .. وهذا يجعل المفهوم التقليدي للمنهج كمن يركب بعيرا ويريد أن ينافس من يركب التفاثات وصواريخ الفضاء ..!

د- عصر الصراعات:

فالكل يتصارع عسكريا واقتصاديا وعلميا وثقافيا .. سعيا لفرض وجوده ووجهة نظره ومصالحة على الآخرين .. " وإذ لم تستأسد أكلتك الذئاب" ..وقد ينتقدني البعض في استخدام هذا التعبير في مجال التربية، ولكن لن أدخل معك في مهاترات طويلة لا طائل من ورائها حول صحة هذه المقولة، وإنما سأترك لك الفرصة للتفكير فيها وإسقاطها على العالم من حولك .. وحينئذ سوف تكتشف إلى أى مدى كانت صادقة في تصوير طبيعة العصر الذي نعيشه الآن..

وبرغم حرص الدول والمنظمات على التقريب بين الحضارات من خلال حوار الحضارات لتصحيح مفاهيمهم الخاطئة حول الإسلام والمسلمين إلا أن النجاح في علاج الصراع بين الحضارات لن ينتهي؛ لأنه لا يقوم فقط على الاختلاف العقدي والثقافي والفكري وإنما يقوم أساسا على أهداف اقتصادية وسياسية وعسكرية مستترة وتظهر على السطح بين الحين والآخر وما تخفي صدورهم أكبر، وبرغم ذلك يجب أن نتواصل معهم حتى لو لم ننجح في حل تلك المشكلة، وهنا يمكن القول لماذا نحاور قوما ونحن نعلم أنهم لن يتغيروا ولن ننجح في تحقيق التفاهم معهم ؟ ! نقول إنه يمكن الانطلاق في

ذلك من قوله تعالى :" " وإذ قالتْ أمةٌ منهم لِمَ تَعِظونَ قوماً الـلـه مُهْلِكُهُمْ أو مُعَذِبهُمْ عَذاباً شـديداً قالوا مَعذِرَة الى ربكم ولعلهم يتقون". (الأعراف :الآية ١٦٤)

(http://mansourdialogue.org)

وهذا يجعل المنهج ومفهومه أمام تحديات كبيرة، فـالمنهج مطالـب بإعـداد الأفـراد وتعـريفهم بتلـك التحـديات والـصراعات المتنوعـة التـي تـدور مـن حـولهم، وتجهيـزهم فكريـا وعلميـا وبـدنيا واجتماعيا وانفعاليا ودينيا .. لمواجهة تلك الصراعات والتغلـب عليهـا أو عـلى الأقـل تفاديهـا وتجنـب أخطارها .. فمنهج الأمس بمفهومـه القـديم لا يـصلح تمامـا لهـذا العـصر الـذي يتـسم بالـصراعات في مختلف المجالات.

هـ- أنه عصر التكنولوجيا :

يقصد بالكتنولوجيا علم الحرفة، وهي ليست قـاصرة عـلى مجـال دون آخـر فقـد صـارت التكنولوجيا في كل شيء كالملح في الطعام، فهي في الصناعة وفي الزراعة وفي التعليم .. والفكرة واحـدة والممارسة والمجالات متنوعة، ولا يمكن لمجتمع أن يتقـدم مـن دون وقـوف أفـراده عـلى التكنولوجيـا شكلا ومضمونا علما وممارسة، ولتحقيق ذلك لا بد أن يكون هناك منهج جديد يراعي ذلك في جميـع مكوناته، ولا يمكن الوصول إلى ذلك المنهج من غير وضـع مفهـوم جديـد يـضع كـل ذلـك في الاعتبـار وينعكس على المنهج في تصميمه وبنائه وتنفيذه وتقويمه وتطويره .

إن كل مـا سـبق مـن عوامـل يمثـل إرهاصـات لمـيلاد مفهـوم جديـد للمـنهج يـسمى بـالمفهوم الحديث، ويمكن توضيحه فيما يلي..

- المفهوم الحديث للمنهج:

هو مجموعـة مـن المعلومـات والمعـارف والمهـارات والخـبرات التـي تجمـع وتنقـى وفق أصول وقواعد نفسية وعلمية وتنظم في تنظـيمات مختلفـة مناسـبة للمتعلمـين مراعيـة لما بينهم من فروق فردية، وتقدم للطلاب داخل المدرسة وخارجهـا بهـدف تحقيـق النمـو الـشامل معرفيـا ومهاريـا ووجـدانيا واجتماعيـا مـع الاسـتعانة بمجموعـة مـن الوسـائل التعليميـة المناسـبة

والتقويم الهادف، يوجهه في ذلك نظرية تربوية ونظرية في المنهج مشتقتان من فلسفة المجتمع.

وقد أدى الأخذ بالمفهوم الحديث إلى حدوث تغيير في أدوار وخصائص العناصر الفاعلة في منظومة المنهج وتتمثل تلك التغيرات فيما يلي :

١- تغيرات في أهداف المنهج :

تغيرت أهداف المنهج في ضوء المفهوم الحديث، وقد تناول ذلك التغير عدة جوانب أهمها :

- تغيرت الأهداف من حيث المجالات فلم تعد أهدافا معرفية فقط بل أصبحت معرفية ومهارية ووجدانية ..

- تغيرت من حيث الكم ؛ فلم تعد بذلك الازدحام المربك لمصممي المناهج وللمعلمين والطلاب.

-تغيرت من حيث الترتيب والتوزيع على الصفوف الدراسية ؛ فقد أصبحت أكثر تنظيما واعتدالا في التوزيع نظرا لاعتمادها على الجوانب العلمية والنفسية المختلفة كخصائص المتعلمين وطبيعة المادة والفروق الفردية وطبيعة المرحلة ..

-تغيرت من حيث المستوى فبدلا من اهتمامها بالمستويات الدنيا في التعلم كالتذكر في الجانب المعرفي .. إلى الاهتمام بمستويات أعلى كالتحليل والتركيب والتقويم ..

- تغيرت في طرق تعلمها والوصول إليها فأصبحت تعتمد على ذاتية التعلم وعلى التعاون والتفكير بمهاراته واستراتيجياته المختلفة (خالد عرفان، ٢٠٠٧م، ص٤٠.)

٢- تغيرات في محتوى المنهج :

نظرا للتغير الذي طرأ في أهداف المنهج الحديث تناول التغيير والتطوير محتوى المنهج أيضا فلم يعد منصبا على المعلومات بما تتضمنه من حقائق ومفاهيم علمية فقط ؛ بل تناول الجوانب المهارية المختلفة سواء كانت مهارات عملية أم لغوية أم اجتماعية أم مهارات عقلية أم حياتية ، إضافة إلى تضمن المحتوى للجوانب الوجدانية التي تعمل على

تنمية الميول والاتجاهات الإيجابية لدى المتعلمين نحو المادة والمعلم والتعلم والمدرسة والمنهج والمجتمع كله .

٣- تغيرات في أنشطة التعليم والتعلم:

حيث تغيرت الأنشطة وتطورت من حيث الكم والنوع، فمن حيث الكم زادت أنشطة التعليم والتعلم لتقابل التنوع والثراء الذي حدث في محتوى المنهج، كما أنها تنوعت نتيجة للتغير الذي حدث في أدوار كل من المعلم والمتعلم ؛ فأصبح هناك أنشطة يقوم بها المعلم كالمحاضرة وإجراء التجارب وتقديم البيانات العملية ..وأصبح هناك أنشطة يقوم بها الطالب كالبحث والتنقيب عن المعلومات وإجراء التجارب والقيام بكتابة التقارير والتعاون مع الزملاء والتعلم الذاتي وعمل المشروعات .. وغيرها . وذلك ليس بهدف الحشو وضياع الوقت وإنما بقصد إكساب المتعلم النمو الشامل ومهارات التعلم التي سيحتاجها في مستقبله العلمي والعملي، فهو في حاجة إليها في ظل عالم متسارع الخطى ديدنه التغير والتطور في شتى المجالات.

- تغيرات في الوسائل التعليمية:

تغيرت الوسائل وتطورت بصورة مذهلة، فهي لم تعد وسائل بدائية تحتاج إلى أماكن واسعة أو صعبة النقل والتداول .. بل أصبحت أكثر مرونة، وأصبحت أصغر حجما وأكثر تنوعا وتحقيقا لأهداف التعليم والتعلم، ويعد في مقدمة هذه الوسائل الحاسب الآلي بما يوفره من إمكانيات متنوعة وثرية في العرض كالصوت والصورة والحركة فيما يسمى ببرامج الوسائط المتعددة Multi Media وتعددت استخداماته ما بين وسيلة تعليمية Media ومساعد تعليمي CAI ومعلم عبر الشبكات بمختلف أنواعها وعلى قمتها الشبكة الدولية للمعلومات المعروفة بالانترنت Internet .

كما أصبحت مناسبة للمعلم وللطالب ولطبيعة المحتوى وأعداد الطلاب، وأصبحت أكثر تفاعلية وتأثيرا في المتعلمين، وأكثر نجاحا في تحقيق أهداف المنهج المختلفة.

- تغير في طرائق التدريس :

فلم تعد تعتمد على الإلقاء من قبل المعلم والاستماع والإنصات من قبل التلميذ بـل أصبحت تعتمد على أساليب تفريد التعليم كالوحدات التعليمية والتعلم الإتقاني والتوجيه السمعي .. وكذالك استراتيجيات التعلم التعاوني المختلفة،وهناك الاستراتيجيات المعرفية وما وراء المعرفية التـي تعتمـد على التفكير ومهاراته .. كما أصبحت أكثر تخصصا ومراعاة لطبيعة المتعلمين فهناك طرائق للمرحلـة الابتدائية تعتمد على نظرية "التعلم من خلال اللعب" التي تناسب أطفال المرحلـة الابتدائيـة .. وهنـاك اسـتراتيجيات للمراحل المتقدمة، بـل هنـاك استراتيجيات خاصـة بكل مـادة عـلى حـدة كاستراتيجية تعليم القراءة والكتابة تعاونيا المسماة بـ SIRC .. وهكذا

أساليب التقويم :

لقد أثر الأخذ بالمفهوم الحـديث للمنهج عـلى التقـويم ؛ فلـم يعد يعتمـد عـلى الاختبـارات التحصيلية التي لا تقيس سوى مستوى التذكر والفهم بل التقويم يعنى بالمستويات المعرفية المختلفة كالفهم والتطبيق والتحليل والتركيب ...، كما لم يعد قاصرا على الجانـب المعـرفي وإنما تنـاول جوانـب التعلم الأخرى كالمهارات والجوانب الوجدانية، ولم يقف عند هذا الحد بل أخذ توجها جديـدا عندما أصبح معتمدا على الشمولية في القياس مع الاهتمام بالتطبيق فظهرت هنـاك مقاييس الأداء الأصيل كملفات التقويم التراكمي Portfolio Assessment والمـشروعات Project وكـذلك الاختبـار ذات النهايـات المفتوحـة Open Ended واختبارات الأداء الأساسية Based Performance. وهـي أدوات تعتمد على قياس جميع جوانب التعلم المرادة على المستويين النظري والتطبيقـي .(عرفان، ٢٠٠٥: ص ٢٦)

-تغيير في دور المعلم :

فدور المعلم في ظل المفهوم الحديث للمنهج لم يعد مجرد ملقن ومحفظ للمعلومات ؛ بـل أصبح موجها ومرشـدا وقـدوة ومـذللا للعقبات ومـشاركا للمتعلمـين في مواقـف التعليم والـتعلم المختلفة.

<u>- تغيير في دور المتعلم :</u>

فالتلميذ صار مشاركا ونشطا في عملية التعلم، وإيجابيا في مواقف التعلم فهو باحث عن المعلومة، ومتعاون مع زملائه في البحث عنها، ومفكر ومبدع مستخدما في سبيل ذلك كل ما لديه من طاقات وقدرات عقلية مختلفة، وأصبح شعاره في التعلم "لا سلبية ولا حفظ آلي بعد اليوم ؛ بل مشاركة وإيجابية ونشاط وتفكير " حتى اتعلم كيف أتعلم.

كما أنه لا يقوم بذلك داخل الفصل والمدرسة بل وخارج المدرسة وفي كل مواقف الحياة ؛ فقد أصبح المنهج يمثل حياة التلميذ كلها داخل المدرسة وخارجها .

ويمكن توضيح أهم أدوار المتعلم في ظل المفهوم الحديث للمنهج فيما يلي :

-باحث عن المعلومات .

-متعلم للمهارات ومعايش للخبرات .

- مستخدم للأجهزة والوسائل التعليمية .

- قائم بأنشطة التعليم والتعلم .

- متعاون مع زملائه ومع معلمه .

- مقوم لنفسه ولزملائه .

- مشارك في وضع المنهج وتنفيذه وتقويمه وتطويره.

-متفاعل مع البيئة ومؤثر فيها.

- مستخدم جيد لتقنية المعلومات.

<u>- دور الوالدين :</u>

فقد أصبح لهما دور لا يقل أهمية عن دور المعلم والمدرسة فهما يتابعان ويوجهان ويساعدان أبناءهما على التعلم في المنزل، وحل الواجبات، والقيام بالتعلم الإثرائي والتواصل مع المعلم والمدرسة لتتكامل الأدوار وخاصة من خلال مجلس الآباء، وتوجيه الأبناء إلى مصادر التعلم الإليكتروني الإثرائي كالتعلم من خلال شبكات الانترنت والكتب الإليكترونية .. وغيرهما فالوالد في ظل المنهج الحديث معلم على قدر جهده

وموجه ومتابع ومشارك للمدرسة في الأخذ بيد الأبناء نحو مزيد من التعلم الفعال المـؤثر في المجتمـع والبيئة مستقبلا.

- تغيير في دور المدرسة :

لم تعد المدرسة هي العصا السحرية المنوط بها فعل كل شيء للتلميذ كما يقولون " مـن الإبـرة للصاروخ " بل أصبح هناك أطراف كثيرة تسهم بشكل فعـال في تنفيذ المـنهج والعمـل عـلى تحقيـق أهدافه، فالمنهج أصبح أكثر عمومية وتشعبا وامتـد إلى خـارج المدرسة وتغلـل بجـذوره في شتى المؤسسات التربوية كالإعلام والمسجد والنادي والأسرة .. وغيرها من المؤسسات، فقـد أصبح لها دور بارز في تنفيذ المنهج فهي تسهم بما تقدمه من بـرامج وإنتـاج في تـشكيل الأبنـاء وبالتـالي في تحقيق أهداف المنهج، لذا ينبغي أن يكون هناك اتساق بين ما تقدمه المدرسة وما تقدمـه هـذه المؤسسات التربوية ؛ بحيث تدعم ما يقدم في المدرسة وتقويه وتزيده ثراء وعمقا، وليس كـما يحـدث اليـوم في الكثير من القنوات الإعلامية التي تم تغريبها فتقدم للأبناء برامج ومؤثرات مختلفة تهدم ما يقدم في المدرسة ؛ فعلى سبيل المثال الطفل قدم له في المدرسة موضوع للقراءة عـن " الـصدق " يـذهب إلى البيت فيشاهد في التلفاز فيلما كارتونيا عن القط والفأر يقوم عـلى الكـذب والخـداع بـين الطرفين .. وبالتالي ما بنته المدرسة في يوم هدمه التلفاز في دقائق .. وهلم جرا.

وهذا يدعونا إلى ضرورة التنسيق بين المؤسسات التربوية المختلفة والمدرسة حتى يعمل الجميع في سبيل تحقيق أهداف المنهج بمفهومه الحديث، فما تقدمه المدرسة يدعمه المسجد ووسائل الإعلام والأندية.. وغيرها ؛ لأن يدا واحدة لن تصفق.

- مفاهيم أساسية مرتبطة بالمنهج.

إن استكمال الحديث عن مفهوم المنهج يتطلب منا توضيحا لبعض المفاهيم الأخرى المرتبطـة به والتي يمكن أن تتداخل معه وتوقع المعلم في حيرة من الأمر و أهم هذه المفاهيم مايلي:

- البرنامج التعليمي : Program

هو تنظيم بنائي للأنشطة التربوية والتعليمية في مجال ما، وهو جزء من المنهج، وله أنواع عدة فمنها البرامج الإنمائية، والإثرائية، والعلاجية .. وغير ذلك، والعلاقة بينه وبين المنهج علاقة عموم وخصوص فالمنهج أعم وأشمل من البرنامج (المرجع السابق، ص ١١) والبرنامج أعم من المقرر، فقد يتضمن برنامج إثرائي في اللغة العربية مقررا للنحو، وثانيا للبلاغة .. وهكذا

- المقرر : Course

هو نظام يتفاعل فيه كل من المعلم والطالب مع المواد التعليمية، ويعد منظومة تعليمية صغيرة تتكون من عدة وحدات محددة الأهداف والمحتوى والمصادر التعليمية، ويمكن تعلمه بطرق شتى، وهو جزء من المنهج ويرتبط بمجال من مجالاته " (أعضاء هيئة التدريس، قسم المناهج،كلية التربية، جامعة الأزهر،٢٠٠٤: ص١٠)

فقد يحتوي المنهج على عدة مقررات ؛ فمنهج اللغة العربية قد يحتوي على مقرر في النحو ومقررا في البلاغة وآخر في الأدب .. وهكذا.

- الكتاب المدرسي: Book

ينظر البعض إلى الكتاب المدرسي على أنه مرادف للمنهج بينما هناك فرق كبير بينهما، فالكتاب المدرسي هو: مادة مطبوعة تحتوى على معلومات مصاغة في صورة بصرية لغوية وغير لغوية مجموعة ومنظمة وفق طريقة من طرق تنظيم المحتوى، موزعة على أبواب وفصول، تقدم موضوعات متعددة، يوجد بينها علاقات واتصال، مدعومة ببعض الصور والرسوم والأنشطة والتدريبات بهدف إكساب الطلاب مجموعة من المعلومات في فترة زمنية محددة . وهو يمثل جزءا في المنهج وليس المنهج كله. والصلة والعلاقة بين الكتاب والمنهج صلة وثيقة ؛ وهي علاقة الجزء بالكل .

التدريس: Teaching

هو التفاعل الإنساني الحادث بين المعلم والمتعلم داخل الفصل الـدراسي في مواقف التعليم والتعلم، ويتبلور في صورة أنشطة تدريسية يتفاعل فيها المعلم والطالب معا، ويعتمد على التخطيط والتنفيذ والتقويم، ويوظف المعلم خلاله الكثير مـن المهـارات والوسائل التعليمية بقصد تحقيق أهداف سلوكية(معرفية- مهارية- وجدانية) لدى المتعلمين محـددة مـسبقا .، وهـو منظومـة فرعيـة من المنظومة التعليمية.

ويعرفه " حسن شحاته بأنـه : " مجموعـة الأداءات التي يـستخدمها المعلم لتحقيـق سـلوك متوقع لدى المتعلمين، وهو أحد عناصر المنهج " (حسن شحاته، ٢٠٠١: ص ٩٥)

التعليم Instruction

هو ما يتم داخل المؤسسات التعليمية من مواقف تعليم وتعلم منظمة يمـر بهـا الطالـب في قاعات الدرس والمعامل،يقوم من خلالها بمجموعة من النشاطات يتفاعل بها مع زملائه ومعلميه مستخدما الوسائل التعليمية المختلفة مكتسبا محتويات علمية متنوعة بقصد تحقيق أهـداف تعليمية في مجالات مختلفة (معرفية – مهارية- وجدانية) محددة سلفا، وبطريقة مقصودة .

- التعلم : Learning

هو النشاط الذاتي المستقل الذي يقوم به الطالب في مختلف مواقف الحياة داخـل المدرسـة وخارجها والذي يـؤدي إلى اكتـساب المتعلم مجموعـة مـن التغـيرات السلوكية (المعرفيـة والمهاريـة والوجدانية) بصورة غير مقصودة ..وهو يحدث في كل مكان، وتسهم فيه المؤسسات المختلفة كالإعلام والأندية والمسجد والأسرة..

نشاط (١)

عزيزي / عزيزتي

قم بالبحث على شبكة الانترنت محاولا التوصل إلى المفاهيم التالية :

- المنهج.

- البرنامج.

- المقرر.

- الوحدة.

- التدريس.

- التعليم.

- التربية

مراجع هذا الفصل:

- أحمد اللقاني، علي الجمل (١٩٩٩) معجم المصطلحات التربوية في المناهج وطرق التدريس، ط٢، ١٩٩٩، القاهرة، عالم الكتب .

- أعضاء هيئة التدريس : قسم المناهج،كلية التربية، جامعة الأزهر بالقاهرة،٢٠٠٤م.

- السيد ياسين : ١٩٩٩م، العولمة و الطريق الثالث، القاهرة: ميريت للنشر،

- جلال أمين : ١٩٩٨م، العولمة ، القاهرة : دار المعارف ، ط٢ ،

- حسن شحاتة، زينب النجار(٢٠٠٣) معجم المصطلحات التربوية والنفسية، الطبعة الأولى، القاهرة، الدار المصرية اللبنانية .

- حسن شحاته : المناهج الدراسية بين النظرية والتطبيق، القاهرة : مكتبة الدار العربية للكتاب، ١٩٩٨م.

- خالد محمود عرفان : ٢٠٠٤م،.التقويم التراكمي الشامل(البرتفوليو) ومعوقات استخدامه في مدارسنا، القاهرة : عالم الكتب،

- خالد محمود عرفان: ١٤٢٨هـ أحدث الاتجاهات في تعليم وتعلم اللغة العربية، الرياض : دار النشر الدولي،.

- خالد محمود عرفان: ١٤٢٨هـ مقدمة في المناهج وطرق التدريس، الرياض: مكتبة الرشد.

- خالد محمود عرفان: ١٤٢٨هـ.مناهج المدرسة الابتدائية، الرياض: مكتبة الرشد.

- محمد هاشم (١٩٩٧)، بناء المناهج التربوية سياسة التخطيط وإستراتيجية التنفيذ، الأسكندرية، المكتب الجامعي الحديث .

-(http://mansourdialogue.org

الفصل الثاني

منظومة المنهج

- تمهيد.
- مفهوم المنظومة.
- مفهوم منظومة المنهج ومكوناتها.
- منظومة المنهج والمنظومات الأخرى

(التربية – التعليم- التدريس)

- العلاقة بين مكونات منظومة المنهج.

أهداف دراسة هذا الفصل

يرجى بعد دراستك لهذا الفصل أن تكون قادرا على أن :

- تشرح مفهوم المنظومة.

- ترسم مخططا لمنظومة المنهج.

- تبين العلاقة بين مكونات منظومة المنهج.

- توضح العلاقة بين منظومة المنهج ومنظومات (التربية – التعليم- التدريس)

الفصل الثاني

منظومة المنهج

تمهيد:

المنهج شأنه شأن أي منظومة من المنظومات في مكوناتها وبنائها وعملها ؛ حيث يتكون المنهج من العديد من المدخلات، وتتم به العديد من العمليات بقصد تحقيق وتقديم مخرجات وفق مواصفات محددة سلفا، ويمكن معرفة ذلك من خلال العرض التالي:

مفهوم النظام:

النظام لغة:

مأخوذ من نظم اللؤلؤ، ينظمه، نظاماً ونظماً، ونظَّمه؛ بمعنى: ألفه وجمعه في سلك أو خيط واحد. لذا فهو كل خيط نظم به لؤلؤ ونحوه، ويطلق على العقد من الجوهر واللؤلؤ وغيرهما، ويجمع على نظم وأنظمة . ويطلق النظام على العادة والطريقة، وهو يطلق بصفة عامة على الجمع والتأليف والترتيب، وهو يكون في الأمور المادية والمعنوية . www.ibnalislam.com.

إن أي شيء من حولنا من أصغر وحدة وهي الذرة إلى أكبرها وهو الكون كله عبارة عن منظومة فرعية وجزء في منظومة أكبر، وهذا الأمر يشمل الأمور المادية - كما سبق توضيحه- والأمور المعنوية والفكرية التي تعد مجموعة من الأنظمة المتداخلة والمنسجمة معا والتي تتفاعل فيما بينها وفق أصول وقواعد لتحقيق مجموعة من الأهداف، مع إخضاعها للتقويم والتطوير والتحسين بصورة مستمرة.

لذا فالمنظومة أوالفكر المنظومي يستخدم بقوة في جميع المجالات والتخصصات فنحن نقول النظام التعليمي، النظام الصحي، النظام السياسي، النظام الاجتماعي .. وهكذا، وهي برغم اختلاف مجالها ومضمونها إلا أنها تتفق جميعا في الأصول

والقواعد، فكل نظام عبارة عن مدخلات وعمليات ومخرجات وتقويم، بغض النظر عن حجم النظام ومجاله ومحتواه..

وكل نظام يتكون من أنظمة فرعية تندرج تحته، وتخضع للقواعد والأصول نفسها .. فالنظام التربوي يندرج تحته أنظمة مختلفة منها النظام التعليمي ...، والأخير يندرج تحته أنظمة أصغر كنظام التدريس ونظام المنهج .. وغير ذلك.

- تعريف المنظومة :

مجموعة من المكونات التي تخضع لنظام، التي تتكامل وتتآذر معـا كي تـؤدي مجموعـة مـن الوظائف أو تحقق مجموعة من الأهداف"(يس قنديل، ٢٠٠٢: ص ١٨)

تعريف منظومة المنهج:

منظومة المنهج هي مجموعة من المدخلات المادية والبشرية التي تتفاعل معا في صورة مواقف وخبرات وأنشطة وفق أصول وقواعد محددة لتحقيق مجموعة من التغيرات السلوكية المختلفة لـدى المتعلمين داخل المدرسة وخارجها مع خضوعها للتقويم والتطوير بـصورة مـستمرة للوصـول بهـا إلى أفضل اداء ممكن .

مكونات منظومة المنهج:

يمكن التعبير عن مكونات منظومة المنهج في الشكل التالي:

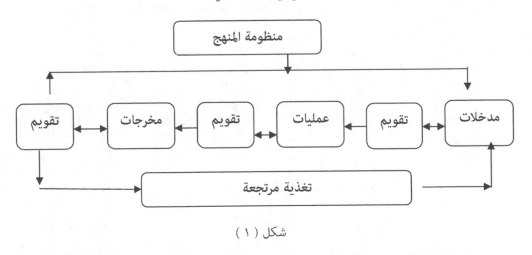

شكل (١)

أولا: المدخلات :

وهي العناصر التي تقوم عليها منظومة المنهج ولا يمكن الاستغناء عن واحدة منها بغض النظـر عن نوعها وحجمها ووظيفتها داخل المنهج، ويمكن توضيحها في الشكل التالي:

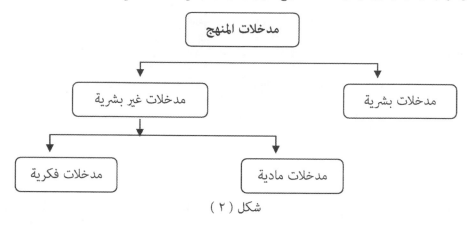

شكل (٢)

وإليك ذلك بشيء من التفصيل:

أ- مدخلات بشرية :

وهي تعني جميع الأفراد الذين يساهمون في إعداد المنهج وتنفيذه وتقويمه وتطـويره، وأهـم هذه العناصر يمكن توضيحها في الشكل التالي:

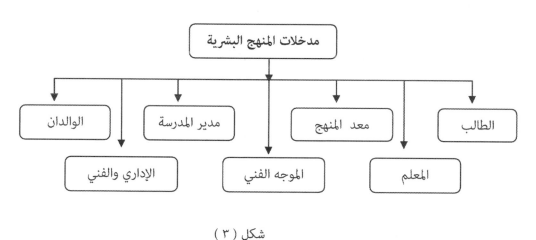

شكل (٣)

١- الطالب :

فمن أجله يبنى المنهج، وعليه أن يشارك في المنهج فيكون مدخلا جيدا حتى يحقق المنهج أهدافه، ولكي يكون الطالب كذلك يجب أن يقوم بالأدوار التالية :

- المساعدة في تصميم المنهج بتوضيح ما يتمتع به من قدرات وميول واتجاهات وخصائص نمو مختلفة والتي تؤثر في تصميم وبناء وتنفيذ المنهج، فالطالب قد يدلي برأيه وخاصة في المراحل المتقدمة فيما ينبغي أن يتضمنه المنهج من أهداف ومحتوى وأنشطة ووسائل وطرائق واستراتيجيات تدريس من خلال توضيح وجهة نظره للقائمين على تصميم المنهج المدرسي حتى وإن كان بصورة غير مباشرة ولكنها مؤثرة ؛ فالعوامل السيكولوجية المختلفة للمتعلمين تؤثر في تصميم المنهج وبنائه بصورة كبيرة .(حسن شحاته، ١٩٩٨، ص٢٢)

- المشاركة في تنفيذ المنهج من خلال القيام بأدواره المختلفة في مواقف التعليم والتعلم من أداء للأنشطة واستخدام للوسائل وتنفيذ لطرائق التعلم واستخدام لأدوات التقويم.

- تقويم المنهج تقوما تكوينيا أثناء تنفيذه باكتشاف نقاط قوته، ونقاط ضعفه، ومميزاته، وعيوبه وما المناسب منه وما هو غير المناسب في جميع المكونات بدءا من الأهداف وانتهاء بالتقويم.

- الإسهام في التقويم النهائي للمنهج من خلال الإجابة عن أدوات التقويم المختلفة والتي تحدد مدى نجاح المنهج في تحقيق أهدافه .

- تقديم مقترحات تطويرية للمنهج بناء على المشاركة في تنفيذه .

٢-المعلم :

ويقوم بعدة أدوار في المنهج أهمها ما يلي:

- مصمم للمنهج : ويتضح ذلك من خلال إسهاماته ومساعدته لمصممي المنهج في تحديد الأهداف، اختيار المحتوى العلمي المناسب وتنظيمه، والمساهمة في اختيار الوسائل التعليمية، اختيار الوسائل التعليمية، ووضع مواصفاتها العلمية والفنية و توزيعها على

الموضـوعـات والخـبرات المختلفـة، ووضـع المواصـفـات الفيزيقيـة اللازمـة لتنفيـذ المـنهج في المدرسـة وخارجها، واختيار أساليب وأدوات التقويم المناسبة .(محمد زياد حمدان، ١٩٨٨٥: ص٣٤)

- منفذ للمنهج :

فهو العنصر الفاعل في تنفيذ المنهج من خلال دوره في عمليـة التـدريس وعمليات التعليم والتعلم داخل المدرسة وخارجها وأهم ما يقوم به :

تنفيذ طرائق واستراتيجيات التدريس، القيام بالأنشطة الغير صفية داخل المدرسة وخارجها، القيام بأدواره الاجتماعية والإدارية داخل المدرسة .

- مقوم للمنهج :

فالمعلم يشارك في تقويم المنهج قبل تنفيذه من خلال تطبيق معايير المـنهج الجيد عـلى جميع مكونات المنهج، وكذلك التقويم التكويني للمنهج أثناء تنفيذه والذي يتناول جميع مكونات المنهج . والتقويم النهائي والذي يحدد فيه المعلم مـدى نجـاح المـنهج في تحقيـق أهدافـه مـن خلال تقويم طلابه .

- مطور للمنهج:

فالمعلم لا يتوقف دوره عند تقـويم المنهج بـل يسـاهم في تطويره مـن خلال مـشاركاته الفعالة في تنفيذ قرارات الجهات المسئولة عن المنهج والتي تتعلق بتطوير المـنهج سـواء بالحـذف ام بالإضافة أم بالتعديل ام بالتغيير الكلي.

٣- مصمم المنهج :

هو مسئول عن تصميم المنهج وبنائه وتجريبه بصورة أولية وتعديله وتطويره قبـل تعميمـه بالمـشاركة مـع بقيـة الأطـراف، كـما يمتـد دوره إلى مرحلـة تقويم المـنهج وتطويره بعـد تنفيـذه في المؤسسات التعليمية فهو يسبق المنهج ويصاحبه ويتبعه بـالتقويم والتطوير ويمكن تحديد أهـم أدواره فيما يلي : (J. Kemp: 1971 في محمد زياد حمدان، مرجع سابق : ص ٣٣)

- وضع المعايير اللازمة لبناء المنهج.

- وضع أهداف المنهج وتوزيعها وفق المعايير العلمية اللازمة .

- اختيار المحتوى العلمي مع تطبيق المعايير اللازمة، وتوزيعه وتنظيمه علميا .

- اختيار الأنشطة التعليمية مع تنوعها ومناسبتها للطلاب والمادة والمعلم .

- اختيار الوسائل التعليمية وموادها العلمية ومراجعة ما تحتويه من محتويات علمية مختلفة.

- رصد طرائق واستراتيجيات التدريس التقليدية والمعاصرة واختيار المناسب منها لتقديم المنهج.

- عمل أو اختيار أدوات وأساليب التقويم المناسبة في المنهج والعمل على ضبطها ومراجعتها علميا، ومعرفة مدى مناسبتها لبقية عناصر منظومة المنهج.

٤- الموجه أو المشرف الفني :

له دوره في متابعة تنفيذ المنهج في المؤسسات التعليمية فيقوم بالتوجيه والإرشاد للمعلمين في المواقف المختلفة في صورة فردية أو جماعية بعقد الاجتماعات أو الدورات مع المعلمين لتدريبهم على القيام بأدوارهم المختلفة في تنفيذ المنهج وتقويمه وتطويره. كما يمكن أن يكون عضوا فاعلا في تصميم وبناء المنهج من خلال مشاركته مصممي المنهج سواء أكان ذلك بصورة إشرافية أم استشارية ؛ نظرا لما يتمتع به المشرف من خبرة ميدانية كبيرة لا يمكن تجاهلها أو إهمالها، ويمكن تحديد أهم أدواره فيما يلي :

- التعريف بالمنهج بمفهومه الواسع الذي يشمل الخبرات التربوية داخل المدرسة وخارجها للمساعدة في النمو الشامل .

- تشجيع المعلمين تنمية الاتجاهات الإيجابية وطرق التفكير الفعال .

- إعداد النشرات الهادفة التي تربط المدرسة بالمجتمع وتتيح فرص التقدم وتطوير أساليب التربية الموجهة .

- متابعة استخدام المعلم للأساليب التقويمية المناسبة .

- تعاون المعلم مع إدارة المدرسة .

- التزام المعلم بالمظهر الإسلامي .(عبد الرحمن الحبيب وآخرون، ١٤٢٣هـ: ص٢)

- تقويم المنهج من حيث أهدافه ومحتواه وأنشطته، ووسائله التعليمية، وطرائق تدريسه، وأساليب تقويمه .

- تقويم المعلم في الجوانب المختلفة الأكاديمية والتربوية والمهنية والثقافية بصفته عنصرا مهما من عناصر المنهج .

- تقويم الطلاب لمعرفة مدى فاعلية المنهج في تحقيق أهدافه وبالتالي رصد الجوانب التي ينبغي أن يتناولها التطوير .

تقديم المقترحات والتصورات المختلفة لعملية التطوير بل والمشاركة فيها .

٥- مدير المدرسة :

مدير المدرسة هو العقل المفكر وكنترول العمل المدرسي كله (التعليمي والإداري) كما يعد حلقة وصل بين الإدارات التعليمية والمعلمين والإداريين والطلاب وأولياء الأمور، ودوره في المنهج لا يقل أهمية عن غيره من الأطراف ؛ حيث يقوم بالإشراف والمتابعة لتنفيذ المنهج، وجمع ورصد المشكلات التي تواجه تنفيذه داخل المؤسسة التعليمية، والعمل على حلها، أو إعداد ا التقارير اللازمة حولها لمخاطبة الجهات الأعلى لاتخاذ القرارات اللازمة بالتعديل والتطوير في أي مكون من مكونات المنهج أو أي عمل من الأعمال المرتبطة به، ويمكن تحديد أهم أدواره فيما يلي :

- الإشراف العام داخل المدرسة على تنفيذ المنهج .

- متابعة تنفيذ الجداول الدراسية وحل ما يقابلها من مشكلات .

- التنسيق العام بين المعلمين في التخصصات المختلفة .

- اتخاذ القرارات اللازمة ومخاطبة المستويات العليا فيما يتعلق بالمنهج وتنفيذه وتطويره .

-الإشراف على الأعمال الإدارية المختلفة في المدرسة كالجوانب الإدارية والمالية والتنظيمية والامتحانية بصفتها من مكونات منظومة المنهج .

- المشاركة في وضع المنهج وتطويره في جميع المكونات من أهداف ومحتوى وأنشطة ووسائل وطرق تدريس وأدوات تقويم.(محمد زياد حمدان، مرجع سابق : ص ٣٤)

-توفير ما يتطلبه تنفيذ المنهج من جوانب مادية وبشرية من خلال مخاطبته للجهات المسئولة

-تقديم المقترحات اللازمة لتطوير منظومة المنهج من خلال ما يجمعه من المعلمين والطلاب والموجهين من ملاحظات حول المنهج، ورفع ذلك في تقارير تتضمن توصيات بالتطوير وجوانبه .

٦- الإداري والفني :

وهما من العناصر المهمة في منظومة المنهج، فالإداري يقوم بالعديد من الأعمال اللازمة في منظومة المنهج من نسخ ومكاتبات ومراسلات وتسجيل لأسماء الطلاب وتواصل مع أولياء الأمور . ومنهم من يقوم بأعمال فنية مثل فني معمل العلوم والحاسب الآلي ومعمل الوسائل التعليمية وأمين المكتبة .. وغير ذلك، وهم جنود مجهولون في منظومة المنهج ولا يمكن تجاهلهم؛ لذا تعقد لهم بين الحين والآخر الدورات التدريبية والاجتماعات والمحاضرات من أجل رفع كفاءتهم المهنية وتطوير أدائهم الوظيفي مما يسهم في رفع كفاءة منظومة المنهج بصفة عامة.كما يقدمون العديد من التوصيات المتعلقة بمجال تخصصهم والتي تهم المنهج من قريب أو بعيد، سواء في بناء المنهج أم تنفيذه أم تطويره ..ويمكن تحديد أهم ما يقومون به فيما يلي :

- وضع معايير فنية للأجهزة والمعدات .

- تجهيز القاعات والمعامل اللازمة من الناحية الفنية .

- الإشراف على استلام الأجهزة ومراجعتها وتشغيلها .

- اختيار أو إعداد المواد التعليمية اللازمة .

- مراجعة المواد التعليمية وفق المواصفات العلمية والفنية .

- القيام بأعمال الصيانة للأجهزة والمعدات .

- تقديم المقترحات اللازمة للتطوير.

- وضع الجداول .

- القيام بالمشاركة في الأعمال الامتحانية.

- تنظيم الأنشطة غير الصفية بالمدرسة.

- القيام بالأعمال الإدارية المتعلقة بالمكاتبات مع الجهات المختلفة.

٦- الوالدان:

فهما في ظل المنهج الحديث يقومان بدور لا يمكن إنكاره في تنفيذ المنهج فهما يتابعان الأبناء في حل الواجبات والقيام ببعض الأنشطة غير الصفية كعمل الأبحاث والدخول على الانترنت .. والمشاركة في تذليل عقبات المنهج من خلال مجلس الآباء .. وتقديم المقترحات لتطوير المنهج الذي يتعلق بإعداد أبنائهما للحياة .. وخاصة إذا كانا على مستوى مرتفع من الثقافة والتعليم ومرتبطان بالعمل التربوي والتعليمي.

ب-المدخلات غير البشرية :

وهي تنقسم إلى نوعين :

١- مدخلات مادية :

وهي تتمثل في كل العناصر المادية التي توفيرها في بيئة المدرسة أو خارجها والمواصفات اللازمة لها من أجل تنفيذ المنهج، وأهمها ما يلي :

- الأبنية التعليمية: من حيث التصميم العام والمواصفات التي ينبغي أن تتوافر فيها من حيث السعة وشكل التصميم وعدد الأدوار..

- الأفنية المدرسية : وما ينبغي أن يتوافر فيها من شروط كالمساحة والنظافة وتوافر الملاعب بها..

- قاعات الدراسة : من حيث التنظيم وتوافر الأساسات والتهوية والإضاءة والوسائل التعليمية، ومناسبتها لعدد المتعلمين ..

- معمل الوسائل : ومدى مطابقته للمواصفات الفنية والعلمية ومدى توافر الوسائل وتنوعها ومناسبتها للمنهج والمتعلمين، وحداثتها، وتوافر موادها التعليمية، وصحة محتواها العلمي، وسلامة إنتاجها الفني، وتخزينها، وتنظيمها، ووجود الصيانة ووسائل الأمان المناسبة والسعة التجهيزات المناسبة للطلاب، ومدى توفر المتطلبات الفيزيقية لتشغيل الأجهزة كالكهرباء والإظلام كما في بعض الأجهزة، والتهوية .. وغير ذلك .(قسم المناهج وطرق التدريس، كلية التربية، جامعة الأزهر بالقاهرة، ٢٠٠٣: ص: ٤٦)

- معمل العلوم : من حيث مدى مطابقته للمواصفات العلمية والفنية المتعلقة بالمعامل والتي سبق ذكرها في معامل الوسائل إضافة إلى بعض المواصفات الخاصة بمعمل العلوم كتوافر المواد الكيميائية والتجهيزات الخاصة بإجراء التجارب ..

- معمل الحاسب الآلي : من حيث توافر أجهزة الحاسب المناسبة الحديثة مع مناسبتها كما وكيفا للطلاب، ووجود الصيانة والمتخصص في المجال الحاسب الذي يقوم بإدارتها وحل ما يقابلها من مشكلات .

- معمل الجغرافيا: وما ينبغي أن يتوافر فيه من أجهزة جغرافية وأدوات وأساسات وخرائط ..والفني المتخصص في المجال إضافة إلى الجوانب الفيزيقية الأخرى .

- المكتبة : من حيث الموقع والمساحة والتنوع وكثرة المصادر المطبوعة والإليكترونية، والاتصال بالشبكات العالمية .. وغير ذلك .

- حجرات أعضاء هيئة التدريس والإداريين ومدى مناسبتها من حيث المساحة والتهوية والإضاءة والتجهيزات ..

وتمر هذه المدخلات بعدة مراحل حتى يتم الموافقة عليها، وتتمثل فيما يلي:

- مرحلة التحديد : ويتم فيها تحديد عدد ونوع العناصر المرادة للمنهج.

- مرحلة وضع المعايير : حيث يتم وضع مجموعة من المعايير المحلية والعالمية لكل مدخل منها.

- مرحلة تطبيق المعايير: حيث يتم فيها تقويم كل مدخل في ضوء المعايير التي تم وضعها.

- مرحلة الاختيار: ووهنا يتم اختيار المدخلات الأفضل والأكثر مناسبة للمنهج.

٢- مدخلات فكرية :

وهي تتمثل في الجوانب النظرية التي توجه او تكون بعض جوانب المنهج ويمكن تحديد أهمها في الشكل التالي:

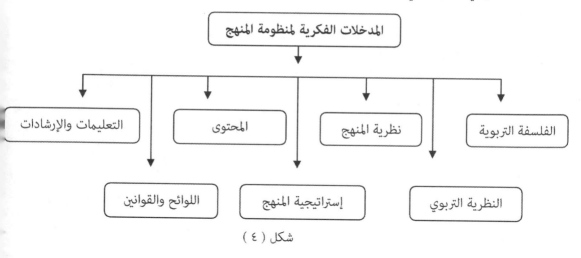

شكل (٤)

من الشكل السابق يتضح أن المدخلات الفكرية للمنهج تتمثل فيما يلي:

- الفلسفة التربوية التي توجه العملية التربوية برمتها بما في ذلك المنهج وهي تكون مشتقة من عقيدة المجتمع وأفكاره وتصوراته حول الكون والحياة والإنسان...

- النظرية التربوية التي يتم تبنيها ؛ حيث يوجد العديد من النظريات التربوية التي تختلف فيما بينها اختلافا كبيرا، ولكل واحدة منها تأثير مختلف على المنهج؛ وعندما

يتم تبني إحدى هذه النظريات فإنها تنعكس على المنهج بجميع مكوناته ويصبح المنهج مرآة تعكس ملامح هذه النظرية.

- نظرية المنهج التي يتم تبنيها والتي تتعلق بالتصورات المتعلقة بالمنهج ومفهومه ومكوناته .. وغير ذلك .وهي تعد ابنة للنظرية التربوية وحلقة وصل بين النظرية التربوية والمنهج ومكوناته، وهي متعددة ومتنوعة، وعلينا دراستها جيدا ومعرفة مميزات وعيوب كل نظرية منها، واختيار النظرية المناسبة لنا ولمناهجنا وواقعنا وإمكانياتنا وإمكاناتنا.

- الإستراتيجية التي توجه عملية المنهج في التصميم والبناء والتنفيذ والتقويم .

- المعلومات والمعارف التي تم اختيارها وتنظيمها لتقديمها للمتعلمين .

- المهارات العملية والعقلية والاجتماعية المتضمنة في المنهج .

- الجوانب الانفعالية كالقيم والميول والاتجاهات التي يحرص المنهج على تنميتها أو إكسابها للمتعلمين .

- الخبرات المنتقاة والمناسبة للمتعلمين في المرحلة التي يبنى المنهج من أجلها.

- أفكار ورؤى وشخصية متخذ القرار وغيره ممن يشاركون في بناء المنهج وتنفيذه وتقويمه كالمعلمين ومديري المدارس والطلاب وأولياء الأمور وأصحاب الفكر في المجتمع..

- اللوائح والقوانين التي تنظم وتحكم أنشطة وتفاعلات العاملين في إعداد المنهج وتنفيذه وتقويمه.

- النظريات الإدارية التي يتم تبنيها في إدارة المنهج في مراحله المختلفة.

- قيم وتقاليد وعادات المجتمع التي يجب على المنهج مراعاتها والعمل على نقلها للطلاب .

- التعليمات والإرشادات المكتوبة والشفهية التي تقدم للعاملين على وضع وتنفيذ وتطوير المنهج كدليل المعلم، ودليل الطالب، والأنظمة واللوائح والقوانين الخاصة بالمنهج .

- النشرات التي ترد للمدارس من الإدارات التعليمية ووزارة التربية والتعليم والتي تتضمن التوجيهات والتعليمات الجديدة التي يجب الأخذ بها في تنفيذ المنهج، ولم يرد ذكرها من قبل .

<u>ثانيا: العمليات :</u>

ويقصد بها النشاطات والإجراءات والتفاعلات التي تحدث بين مدخلات المنهج وفق اسس وقواعد ومسارات محددة سلفا من أجل تحقيق أهداف المنهج المرادة، والتي تتمثل في مجموعة من التغيرات السلوكية لدى المتعلمين في المجالات والجوانب المختلفة لتحقيق النمو الشامل لديهم.

ويمكن تحديد أهم العمليات التي تتم في تنفيذ المنهج في الشكل التالي:

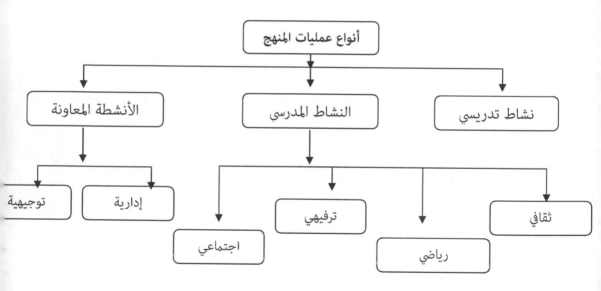

شكل (٥)

يتضح من الشكل السابق أن الأنشطة تتمثل فيما يلي:

أ-النشاط التدريسي:

وهي العمليات التي تتم في حجرة الدراسة أو داخل المعمل والتي يتفاعل خلالها مجموعة من المدخلات (المعلم – المتعلم- الوسائل والأجهزة – المحتوى العلمي ...) وتتم هذه العمليات في صورة تفاعلات تأخذ مسارات عدة للتفاعل منها :

- تفاعل بين المعلم والمتعلم (أحادي الاتجاه)

- تفاعل بين المتعلم المعلم .(أحادي الاتجاه).

- تفاعل تبادلي بين المعلم والمتعلم .(ثنائي الاتجاه).

- تفاعل المعلم مع المحتوى المطبوع (أحادي الاتجاه) .

- تفاعل التلميذ مع المحتوى المطبوع (أحادي الاتجاه) .

- تفاعل المعلم مع المحتوى الرقمي في البرامج الكمبيوترية التفاعلية (ثنائي الاتجاه) .

- تفاعل التلميذ مع المحتوى الرقمي في البرامج الكمبيوترية التفاعلية (ثنائي الاتجاه) .

- تفاعل المعلم مع الأجهزة والمعدات والوسائل.(أحادي الاتجاه)

- تفاعل التلميذ مع الأجهزة والوسائل والمعدات..(أحادي الاتجاه)

- تفاعل المعلم مع الأجهزة والبرامج ذات التقنية العالية كعروض الواقع الوهمي (ثنائي الاتجاه)

إن هذه الأنشطة تتم وفق خطوات علمية مدروسة ومحددة كجزء من استراتيجيات التدريس المتبناة، والتي تعد أنشطة التعليم والتعلم جزء مهما في تكوينها وإجراءاتها..

وتتنوع نشاطات التدريس على النحو التالي :

-نشاطات يقوم بها المعلم كالشرح والتوضيح وتقديم النماذج وتشغيل الأجهزة ..

-نشاطات يقوم بها الطلاب كالقراءة في الكتاب، وحل التمارين، والذهاب للمكتبة للقيام ببحث، أو القيام بعمل تجربة في المعمل ..

-نشاطات يقوم بها المعلم مع التلاميذ كالمناقشة، والقيام بعمل معملي مشترك، وإجراء محادثات ..

-نشاط يقوم به المعلم مع الأجهزة والمعدات كتفاعل المعلم مع الحاسب الآلي وشبكة المعلومات لإعداد الدرس وتعميق معلوماته ..

-نشاط يقوم به الطالب مع الأجهزة والمعدات كالدخول على أحد الواقع الإليكترونية لاكتساب مزيد من المعلومات حول الدرس .

- نشاط يقوم به الطالب مع زميله كأنشطة التعلم التعاوني في أقران أو مجموعات متعاونة أو متنافسة ..

ب - النشاط المدرسي:

يقصد بالنشاط المدرسي تلك الأعمال غير الصفية التي تتم داخل المدرسة والتي يمارس فيها الطلاب هواياتهم وينمون من خلالها مهاراتهم وقدراتهم المختلفة عن طريق تفاعلهم مع زملائهم ومعلميهم في أنشطة مختلفة ثقافية، ورياضية، واجتماعية وترفيهية..، وهي تختلف عن الأنشطة التعليمية التي تتم في الفصل الدراسي أثناء تقديم الدروس بطرائق واستراتيجيات التدريس المختلفة، وهي أنشطة تعليم وتعلم يقوم بها المعلم أو المتعلم أوهما معا بغية اكتساب محتوى وتحقيق هدف أو أكثر من أهداف التعلم .

ويرى بعض أولياء الأمور أن النشاط المدرسي مضيعة للوقت، وأنه يجب قضاء الوقت كله داخل لفصل استعدادا للامتحانات .(حسن شحاته، ١٩٩٨: ص ١٦٢)

والأنشطة المدرسية هي جزء من المنهج وجزء من عملياته التي تتفاعل فيها أطراف مختلفة في العملية التعليمية لتحقيق أهداف تعليم وتعلم مختلفة محددة سلفا .

-أنواع الأنشطة المدرسية :

تقوم الأنشطة المدرسية على جماعات، لكل جماعة أعضاء ورائد، وبرنامج للنشاط، وقواعد لتنظيم هذه الجماعة .(حسن شحاته، المرجع السابق : ص ١٦٤) وتقوم هذه الجماعات بواحد أو أكثر من الأنشطة التالية:

١- الأنشطة الثقافية:

وهي تلك الأنشطة التي تجرى في المدرسة بقصد الارتقاء بالمتعلمين ثقافيا كالأنشطة التي تقوم بها جماعة الخطابة وصحف الحائط والمسرح المدرسي، والمسابقات الدينية والعلمية التي تعقد في المدرسة، والحفلات، والندوات العلمية والأدبية التي تستضيف بعض الشخصيات العلمية والأدبية .. وغيرهما .

٢-الأنشطة الرياضية :

وهي الأنشطة المتعلقة بممارسة أنواع الرياضات المختلفة .؛ كالمسابقات الرياضية في مختلف الألعاب بسواء تلك التي تكون على مستوى المدرسة أم الإدارة أم الوزارة الهادفة إلى بناء الطلاب بدنيا وأخلاقيا ونفسيا ..

٣- الأنشطة الترفيهية :

وهي تلك الأنشطة التي تقوم بها المدرسة في الداخل والخارج بقصد الترفيه عن طلابها، ومن هذه الأنشطة الرحلات التي تقوم بها المدرسة إلى الحدائق والمعالم التاريخية والأثرية أو بقصد تعلم بعض المعلومات والخبرات كالرحلات إلى المصانع والشركات والمتاحف .. أو الحفلات الترفيهية التي تقيمها المدرسة في المناسبات الدينية والوطنية المختلفة .

٤-الأنشطة الاجتماعية :

وهي تلك الأنشطة التي تقوم بها المدرسة من خلال طلابها لخدمة المجتمع سواء المجتمع المدرسي أم المجتمع كله ؛ ومن هذه الأنشطة أنشطة مجلس الآباء.. والأنشطة التي تقوم بها المدرسة داخل المنطقة السكنية التي تقع فيها كالتشجير وخدمة البيئة والحفاظ عليها .. وغيرها مما ينفع المجتمع كله .

جـ- الأنشطة المعاونة:

وبالإضافة إلى ما سبق هناك مجموعة من الأنشطة التي تقوم بها جهات أخرى في المدرسة منها:

١- الأنشطة الإدارية:

وهي الأنشطة التي يقوم بها الموظفون داخل المدرسة وخارجها بقصد تسهيل وتسيير العملية التعليمية سواء أكانت النشاطات الإدارية هذه تتعلق بالمعلمين أم الطلاب أم بالإداريين أنفسهم ..، ومن أمثلتها إدارة اليوم الدراسي وأعمال الجدول والامتحانات والمعامل .. وغيرها من الأعمال الإدارية.

٢- الانشطة التوجيهية:

وهي الأنشطة التي تتم داخل المدرسة بقصد توجيه المعلمين والطلاب والإداريين في سبيل أداء أعمالهم على أكمل وجه، ومن أمثلة هذه الأنشطة توجيه الموجه الفني للمعلم أثناء التدريس، وتوجيه المعلم لطلابه في قاعات الدرس وداخل المعامل المختلفة، وتوجيه مدير المدرسة للمعلمين والإداريين، ويتم ذلك في صورة شفهية أو في صورة تعليمات مكتوبة أو من خلال اللقاءات والاجتماعات التي تعقد في المدرسة أو الإدارات التعليمية .

ثالثا: المخرجات:

تتمثل مخرجات منظومة المنهج في مجموعة من التغيرات السلوكية التي تحدث لدى المتعلمين والتي يعبر عنها بما يسمى بالنمو وهو ما يعني تحقيق أهداف المنهج ؛ حيث يكتسب المتعلمون نتيجة لمرورهم بالخبرات ومواقف التعليم والتعلم التي يوفرها المنهج معلومات (كالحقائق والمفاهيم العلمية) ومهارات (عقلية وتعلم واجتماعية وحركية ولغوية..) ووجدانيات (كالميول والاتجاهات والقيم ..) ويتم تحقيق ذلك بمواقف وخبرات داخل المؤسسات التعليمية وخارجها، ونظرا لتنوع مخرجات منظومة المنهج(الأهداف) يمكن تصنيفها في أشكال عدة كما يلي:

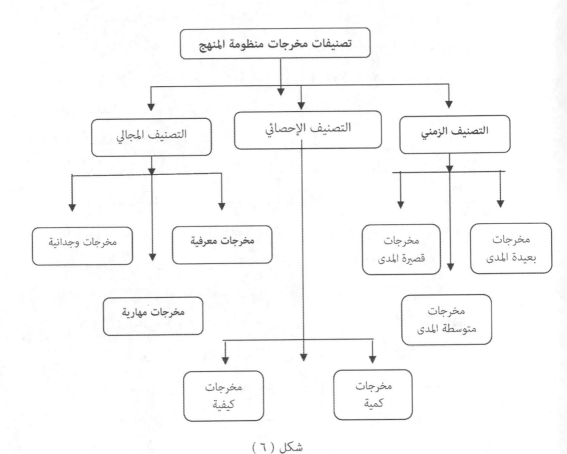

شكل (٦)

بالنظر إلى المخطط الشكل السابق يتضح أن مخرجات منظومة المنهج- التي تعد ترجمة واقعية لأهدافه - متنوعة، ويمكن تصنيفها من عدة زوايا على النحو التالي:

١- التصنيف الزمني لمخرجات منظومة المنهج:

ويقصد به تصنيف مخرجات المنهج على أساس الفترة الزمنية المستغرقة في تحقيقها، وهي:

- مخرجات بعيدة المدى: وهي تلك التي تستغرق فترة زمنية طويلة لتحقيقها، وتكون أكثر استمرارية وثباتا لدى المتعلمين، كتلك التي يتم تحقيقها على مدى مرحلة تعليمية برمتها مثل (تعلم التلميذ اللغة العربية) وهذه المخرجات ترجمة للأهداف التربوية العامة .

- مخرجات متوسطة المدى : وهي تلك التي تحتاج إلى فترة زمنية متوسطة لتحقيقها ؛ كتلك التي تحقق على مدى عام دراسي، مثل (تعلم التلميذ لمهارة القراءة)، وهي تعد ترجمة للأهداف المتوسطة للمنهج أو الأهداف التعليمية، وهي أقل عمومية من المخرجات طويلة المدى، وهي التي تكون المخرجات طويلة المدى عندما يوجد منها سلسلة متتابعة ومترابطة؛ فإذا تعلم التلميذ في الصف الأول مهارة الاستماع، وفي الصف الثاني مهارة التحدث، وفي الثالث القراءة، وفي الرابع الكتابة فإنه يحقق في نهاية المرحلة مخرجا بعيد المدى .

- مخرجات قصيرة المدى:

وهي تلك المخرجات التي يتم تحقيقها في فترة زمنية قصيرة من خلال منظومة التدريس، التي تعد إحدى المنظومات الفرعية للمنهج، وتلك المخرجات هي تحقيق للأهداف السلوكية التي تتعلق بموضوع ما يتم تدريسه في حصة واحدة، مثل : أن يكتب التلميذ الحروف الصاعدة كتابة صحيحة) فهذا هدف سلوكي، ويتحول إلى مخرج عندما يتم تحقيقه بعد شرح الدرس الخاص بالحروف الصاعدة في الخط العربي.

وتتصف تلك المخرجات بالتحديد Specificity والأداء Performance والاندماج الشخصي Involvement والواقعية Realism وإمكانية الملاحظة Observability

٢- التصنيف الإحصائي لمخرجات منظومة المنهج:

يقصد بالتصنيف الإحصائي أي كيف يمكن التعامل مع مخرجات المنهج إحصائيا (كمي أم كيفي)؛ وعليه يمكن أن نصنف المخرجات إلى :

- مخرجات كمية : وهي تلك المخرجات التي يجب أن يتم تحقيقها لدى جميع المتعلمين بدون استثناء ؛ لأنها تمثل الحد الأدنى الذي يجب أن يحققه الجميع، ولا يمكن للطالب أن ينتقل من مرحلة إلى أخرى أو من صف إلى آخر بدونها .فنقول (إن جميع طلاب المدرسة تعلموا القراءة).

- مخرجات كيفية : وهي تلك المخرجات المتعلقة بأنواع معينة من التلاميذ ؛ كالمخرجات الخاصة بالطلاب العباقرة أو بطئي التعلم فنقول مثلا (إن خمسة طلاب من بين مائة طالب تعلموا الكتابة الإبداعية)

وهذا التصنيف الذي يمكن أن تخضع له مخرجات المنهج يعتمد على عمليات إحصائية ؛ لذا سميته مجازا بالتصنيف الإحصائي لمخرجات المنهج.

٣- التصنيف المجالي لمخرجات منظومة المنهج:

ويقوم هذا التصنيف على أساس النظر إلى مخرجات المنهج من زاوية المجال الذي تتعلق به أو تنتمي إليه ؛ حيث يوجد ثلاثة مجالات للتعلم (معرفي- مهاري – وجداني) وعليه يمكن أن نصنف مخرجات المنهج في ضوئها على النحو التالي:

أ- مخرجات معرفية:

وهي تلك التي تعد تحقيقا للأهداف المعرفية للمنهج والمتمثلة في الحقائق والمفاهيم والنظريات العلمية التي يكتسبها التلاميذ نتيجة لمرورهم بالمواقف والخبرات التي يوفرها المنهج داخل المدرسة وخارجها، ويعايشها الطلاب من خلال أنشطة التعليم والتعلم المختلفة وهي تتكون من مستويات مختلفة تتمثل فيما يلي:

المعرفة . Knowledge الفهم- . Comprehension . التطبيق . Application التحليل- . Analysis . التركيب .Synthesis- التقويم Evaluation (رشدي لبيب خاط وآخرون، ١٩٨٤: ص٣٢)

ب- مخرجات مهارية: وهي تلك المرتبطة بتحقيق الطلاب للأهداف المهارية،، وأهم هذه المخرجات هي:

- مهارات عقلية كمهارات التفكير الناقد والإبداعي..
- مهارات اجتماعية كمهارات التعامل مع الآخرين وتقديم الذات، وتكوين الصداقات . .
- مهارات حركية كالقفز والوثب والجري.....

- مهارات لغوية كالقراءة والكتابة والاستماع والتحدث...

- مهارات تعلم ؛ كمهارات البحث والتنقيب والتعامل مع المكتبة، والتقويم الـذاتي، واستخدام المعمل .. وغيرها.

- مهارات حياتية وهي تلك المرتبطة بتوظيف كل ما نتعلمه لتطوير حياتنا بمختلف أنواعها للأفضل كتطبيق مهارات التفكير والتعلم والإدارة والتعامل مع البيئة .. وغيرها

جـ- مخرجات انفعالية أو وجدانية : وهي تلك التي تعد ترجمة واقعيـة وتحقيقا لأهداف المنهج الوجدانية وهي مهمة وضرورية للنجاح في التعلم ومواصلة التعلم وإثرائه مستقبلا وأهمها:

- تنمية الاتجاهات الإيجابية نحو الأمور المهمة كالتعلم والمدرسة والأسرة والوطن والدين..

- تنمية الميول لدى الطلاب كالميول القرائية مثلا.

- إكساب العادات كالنظام والنظافة ..

- بناء نسق قيمي لدى لمتعلمين يكون أساسـه الـدين بمصادره التـشريعية المختلفـة المتعلقـة بالقيم والاتجاهات والميول والحاجات .. وغيرها.

وتعمل هذه النواتج أو المخرجات الانفعالية على ضبط وتوجيه سلوك الأفراد في المواقف المختلفة ؛ لذا فهي مكون مهم وناتج ضروري من نواتج المـنهج، وإهمالها يـؤدي إلى تخريج طلاب مـشوهين لـيس لديهم جوانب انفعالية يعملون من أجلها كعدم وجود نسق قيمي لـديهم .. يوجههم في حيـاتهم، أوعـدم وجود ميول يعملون على تنميتها .. وغير ذلك .

لذا كان رسول اللـه – صلى اللـه عليه وسلم- حريصا علـى غـرس الجوانب الانفعالية في قلوب أصحابه في مختلف المواقف ؛ فقد قال اللـه تعالى على لسان نبيه:" قل إن كنتم تحبون اللـه فاتبعوني يحببكم اللـه ويغفـر لكم ذنـوبكم " وقولـه – صلى اللـه عليه وسلم :" لا يـؤمن أحدكم حتـى أكون أحب إليـه مـن مالـه وولـده ونفسـه .." فهـو يعلمهم العلم ويعلمهم كيف يطبقونه ثم يغرس فيهم ما يساعدهم علـى مواصلة التطبيـق في جميع مواقف الحياة ومختلف مراحل العمر وهذا يتمثل في وجـود جوانـب انفعاليـة

داعمة كحب اللـه ورسوله . ويعد تكوين النسق القيمي من أهم مخرجات المنهج الوجدانية، وقـد حدد كراثول Krathwoel 1964 تصنيفا للأهداف الوجدانية تمثل خطوات متتابعـة لتكوين النسـق القيمي، وهي :

-الاسـتقبال Receiving-الاسـتجابة Responding- التقييم Valuing- التنظيم Organization- التمييـز لمركـب قيمـي Characterizing of value complex (Krathwoel (1964

رابعا: التقويم :

عنصر مهم من عناصر منظومة المنهج أو أي منظومة أخرى، وهـو يكـون سـابقا ومـصاحبا ولا حقا للمنهج، فهو يستخدم لتقويم مدخلات المنهج ، ويستخدم لتقويم عملياته، ويستخدم في تقويم نتائجه، وفي كل مرحلة يقدم تغذية مرتدة تعمل على التحسين والتطـوير وقبـل أن نبـدأ في تناولهـا بالإيضاح نشير إلى تعريف التقويم والفرق بينه وبين التقييم والقياس:

القياس :

يقصد به تكميم الظاهرة موضع القياس، مثل التحصيل (موضوع القياس) يحول إلى درجـات من خلال الاختبار ات .. وهكذا.

التقييم :

هو الحكم على الظاهرة التي تم قياسها بالجودة أو الرداءة في ضوء الدرجات التي تـم الحـصول عليهـا من القياس إذا حصل الطالب على ٨٠% في الاختبار التحصيلي فهو طالب جيد...

التقويم :

هو الحكم على الشيء بـالجودة أو الـرداءة ثم اتخـاذ القرارات للتعـديل والتطـوير، فيـتم تـدعيم الصواب وتصويب الخطأ؛ فمثلا: .الطالب إذا حصل على ٨٠% ينتقل لدراسة موضوع أو مقرر آخر، والـذي حصل على أقل من ذلك يعود لدراسة الموضوع أو المقرر مرة أخرى..

وعليه فالتقويم يعني :

- تحديد الأهداف المراد تعلمها .
- إعداد أدوات القياس .
- تطبيق أدوات القياس ورصد درجاتها وتحليها إحصائيا .
- التوصل إلى نتائج .
- تفسير النتائج .
- اتخاذ القرارارات .(Taba ,H. 1962 في مندور عبد السلام، ٢٠٠٦، ص ١٥)

لذا يعرفه " المفتي " بأنه العملية التي يقوم بها الفرد أو الجماعة لمعرف مدى النجاح في تحقيق الأهداف العامة التي يتضمنها المنهج وللتعرف على نقاط القوة والضعف لتحقيق الأهداف المنشودة " (علي أحمد، وأحمد سالم، ٢٠٠٥، ص١٥)

فالتقويم أعم من التقييم والتقييم أعم القياس . وإذا أردنا أن نعمل تقييما فلا بد أن يكون هناك قياس، وإذا أردنا أن نعمل تقويما فلا بد أن يكون هناك قياس وتقييم. فالعلاقة بينهم علاقة عموم وخصوص .على النحو التالي:

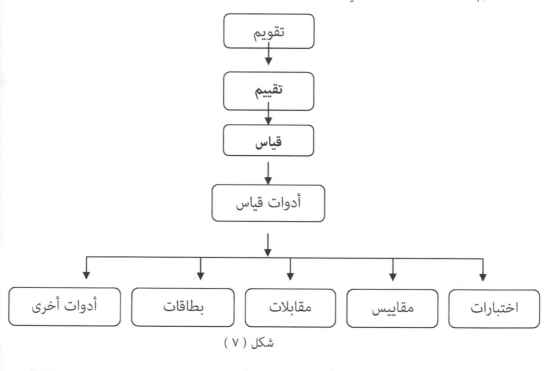

شكل (٧)

-أنواع التقويم :

التقويم المستخدم في المنهج له أنواع عدة يمكن عرضها في ضوء أكثر من تصنيف، وذلك على النحو التالي:

١-أنواع التقويم من حيث زمن إجرائه :

يمكن توضيح ذلك في الشكل التالي: (عرفان، ٢٠٠٤، ص ١٤)

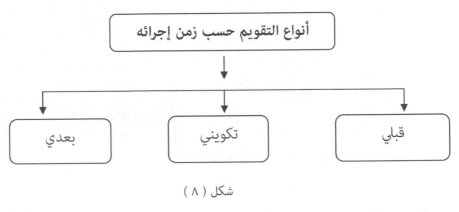

شكل (٨)

أ-التقويم القبلي :

وهو الذي يستخدم في تقويم مدخلات منظومة المنهج لمعرفة مدى مناسبتها، فلكل مدخل من مدخلات أي منظومة مواصفات معينة في ضوء طبيعة المنظومة، والتقويم القبلي يحدد مدى توافر هذه المواصفات من عدمه، ويخضع للتقويم القبلي كل مدخلات المنظومة موضع التقويم سواء أكانت مدخلات مادية أم بشرية.. فعلى سبيل المثال إذا كان من متطلبات الطالب الذي سيدرس برنامج في الرياضيات أن يكون على دراية مسبقة بالعمليات الرياضية الجمع والطرح والضرب والقسمة، فعليه نقوِّم الطالب في هذه العمليات وإذا حقق النجاح المطلوب يكون بذلك لائقا لدراسة هذا الموضوع ؛ وبالتالي يكون الطالب عنصرا مناسبا من عناصر هذه المنظومة..

ب- التقويم التكويني :

وهو الذي يستخدم في تقويم عمليات أي منظومة من المنظومات، لمعرفة مدى التقدم نحو تحقيق الأهداف، وإعطاء تغذية مرتدة تحسن من العمليات المختلفة التي تتم داخل المنظومة؛ فعلى سبيل المثال: التدريس بصفته منظومة وأحد منظومات المنهج تخضع للتقويم، فإذا كان هناك خلل في إجراءات التدريس يتم تعديل ذلك، وهكذا بالنسبة للعمليات الأخرى التي يمكن أن تتم داخل أي منظومة من المنظومات، فهو يعنى باكتشاف الأخطاء واستدراك تصويبها قبل فوات الأوان ..

ج- التقويم البعدي :

وهو الذي يتم في نهاية المنظومة بقصد معرفة ما تم تحقيقه من أهداف المنظومة المرادة سواء أكانت منظومة التربية أم التعليم أم التدريس، ويتم في ضوء هذا اقتراح الحلول واتخاذ القرارات اللازمة للتطوير.

فعلى سبيل المثال إذا كان من أهداف منظومة التدريس أن يكتب الطالب الحروف الهجائية.. فبعد الانتهاء من عمليات التدريس اللازمة يتم تقويم الطالب في ضوء الهدف السابق، فإذا تعلم الطالب كتابة الحروف فإن هذا يعني نجاح منظومة التدريس، وإلا فلا . وعليه يتم اتخاذ القرار بالانتقال إلى درس آخر أو العودة لدراسة الموضوع مرة أخرى.. وهكذا على مستوى أي منظومة من المنظومات.

٢-أنواع التقويم من حيث القائم به :

ويمكن إيضاح أنواع التقويم من حيث القائم بها على النحو التالي :

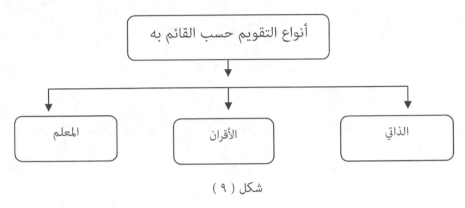

شكل (٩)

أ-تقويم ذاتي :

وهو الذي يقوم به الفرد مع نفسه كالمعلم يقوم بتقويم نفسه، والطالب يقوم بتقويم نفسه .. وهكذا، وذلك باستخدام أدوات تقويم مختلفة منها الاختبارات التحصيلية ؛ واختبارات الأداء ؛ فقد يجيب الطالب على أحد الاختبارات ويصحح لنفسه ويعطي لنفسه درجة ويحصل من ذلك على تغذية مرتدة حول نقاط قوته ونقاط ضعفه . وقد يقوم المعلم بتقويم مهاراته في التدريس من خلال مشاهدة أدائه المسجل على شريط فيديو ويقوِّم ما فعل في التدريس في ضوء بطاقة ملاحظة أو مقياس متدرج للأداء، ويكتشف بنفسه نقاط القوة والضعف في ادائه، ويعمل على تطوير أدائه مستقبلا.. وهكذا

ب-تقويم الأقران :

وهو أن يقوم الطالب بتقويم زميله، أو يقوم المعلم بتقويم زميله المعلم .. وهكذا، حيث يتم تحديد موضوع التقويم، ثم تحدد أدوات القياس المستحدمة وطريقة تصحيحها، ويقدم كل واحد لزميله تغذية مرتجعة حول نقاط قوته ونقاط ضعفه، وقد يتناول التقويم جوانب معرفية أو مهارية أو وجدانية .. وعلى القائم بالتقويم أن يكون على دراية بكيفية تقويم زميله من خلال التدريب المسبق على تطبيقها وتصحيحها.

ج-تقويم المعلم:

وهو التقويم الذي يقوم به المعلم مع طلابه في جوانب التعلم المختلفة المعرفية والمهارية والوجدانية والاجتماعية من خلال تطبيق اختبارات ومقاييس مختلفة على طلابهم ..وهو أكثر أنواع التقويم استخداما .

٣-أنواع التقويم حسب تفسير الدرجة :

ويمكن إيضاح أنواع التقويم من حيث تفسير الدرجة على النحو التالي :

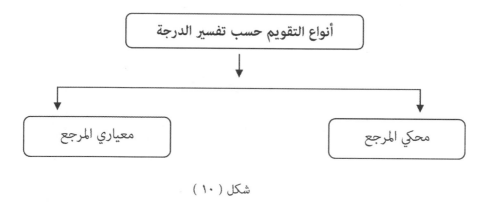

شكل (١٠)

أ-تقويم محكي المرجع :

وهو الذي تفسر درجة مَن نقومهم في ضوء محك محدد مسبقا، كأن تفسر الدرجات في ضوء الأهداف المرادة، وبالتالي نقول أن الطالب أو المعلم حقق ٥٠ أو ٦٠ % من الأهداف ..وهكذا.

ب- التقويم معياري المرجع :

وهو الذي تفسر فيه درجة من خضع للتقويم في ضوء درجة الآخرين من زملائه ؛ فعلى سبيل المثال نقول الطالب محمد أخذ ١٠ درجات ما موقعه وسط زملائه هل هو في الأول أم في الوسط أم في آخر الترتيب .. وعليه نقول " محمد " الأول على الفصل بغض النظر عن درجته التي حصل عليها من الدرجة الكلية للاختبار..

٤-أنواع التقويم حسب الهدف منه:

يمكن بيان أنواع التقويم من حيث الهدف من التقويم على النحو التالي:

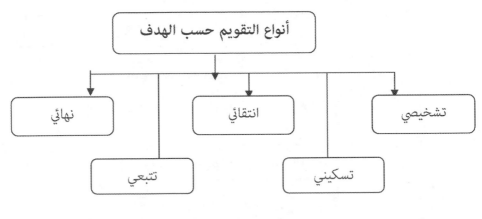

شكل (١١)

فالتشخيصي يهدف إلى تحديد نقاط القوة والضعف، بينما التسكيني يهدف إلى وضع كل أو تلميذ آو معلم في المكان المناسب له، بينما يهدف التقويم الانتقائي إلى انتقاء بعض الأفراد من وسط مجتمع ما، ويسعى التتبعي إلى رصد معدل التقدم نحو تحقيق أهداف ما محددة مسبقا.

٥-أنواع التقويم حسب المجال :

يمكن عرض أنواع التقويم حسب مجال التقويم في الشكل التالي:

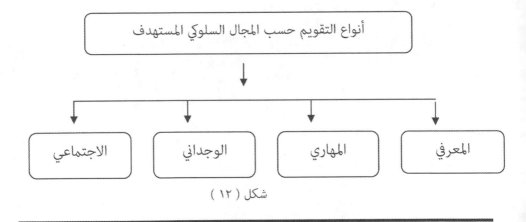

شكل (١٢)

فالأول يتناول تقويم المعلومات بمختلف مستوياتها المعرفية كما ذكرها بلوم، والثاني يتناول تقويم المهارات المختلفة بجانبيها المعرفي والأدائي وبمختلف مستوياتها مثل المستويات المذكورة في تصنيف هارو، والثالث يتناول الجانب الوجداني بما فيه من اتجاهات وميول ....، والأخير يتناول الجوانب الاجتماعية كالعلاقة مع المعلمين والآباء .. وغير ذلك من الجوانب الاجتماعية التي يتناولها التقويم.

٦-أنواع التقويم حسب موضوع التقويم:

موضوعات التقويم متنوعة فقد يكون موضوع التقويم المعلم بكفاياته المختلفة الأكاديمية والتربوية والثقافية، وقد يكون موضوع التقويم التلميذ بجوانبه المعرفية والمهارية والوجدانية والاجتماعية بما يحتويه كل جانب، وقد يكون موضوع التقويم المنهج أو البرنامج أو المقرر بما يتضمنه كل واحد منهم من أهداف ومحتوى وأنشطة ووسائل وطرق تدريس وتقويم، وقد يكون موضوع التقويم مشروعا من المشروعات أو بيئة التعليم والتعلم بمختلف مكوناتها، وقد يكون موضوع التقويم التقويم ذاته بأساليبه وأدواته للتثبت من صحتها ودقتها وضبطها .. وبناء على ذلك يمكن أن نصف التقويم على أساس موضوعه إلى تصنيفات عدة يمكن عرضها في الشكل التالي :

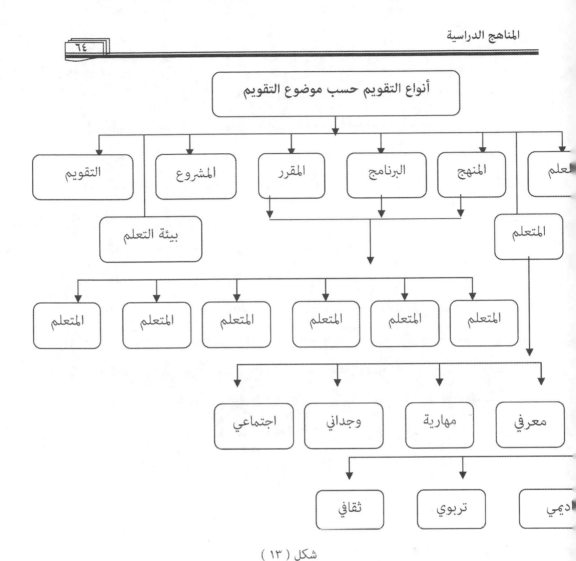

شكل (١٣)

خامسا : التغذية الراجعة:

وهي ما يتم الحصول عليه من معلومات حول مخرجات المنهج، والإفادة منها في تطوير منظومة المنهج بصفة عامة بجميع مكوناتها، ويتم التوصل إلى هذه المعلومات من خلال تقويم مخرجات المنهج، ومكونات منظومة المنهج المختلفة . ويستفاد منها في: تحسين مدخلات منظومة المنهج، وذلك بوضع معايير لاختيار كل عنصر منها، ويشمل ذلك جميع مدخلات المنهج البشرية وغير البشرية، المادية وغير المادية .

وتطوير عمليات المنهج والتي تهدف إلى تقيل الجهد والوقت والتكلفة وعدد الأخطاء قدر الإمكان. وتطوير مخرجات المنهج من الناحيتين الكمية والكيفية بحيث تتفق هذه المخرجات مع المعايير المحلية والعالمية في التعليم .

منظومة المنهج والمنظومات الأخرى:(التربية – التعليم- التدريس)

إن المتأمل لمنظومة المنهج يجد أنها جزء من منظومة أكبر وهي منظومة التعليم الذي يعد بدوره منظومة من منظومة أكبر وهي منظومة التربية التي تتضمن على العديد من المنظومات الأخرى، ويمكن توضيح تلك العلاقات في الشكل التالي:

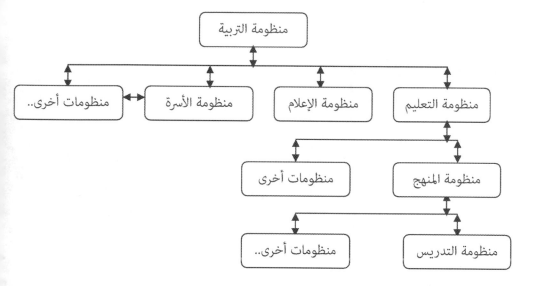

شكل (١٤)

بالنظر إلى الشكل السابق يتضح أن العلاقة بين منظومة المنهج ومنظومة التربية والتعليم والتدريس علاقة عموم وخصوص؛ فمنظومة التربية أعم المنظومات، يليها منظومة التعليم، ثم منظومة المنهج، وأخيرا منظومة التدريس التي تعد إحدى المنظومات الفرعية في منظومة المنهج، والعلاقة قائمة بينها، والتفاعل دائم..

العلاقة بين مكونات منظومة المنهج:

المنهج كأي منظومة لها عدة مكونات متكاملة ومتفاعلة فيما بينها كما في الشكل التالي:

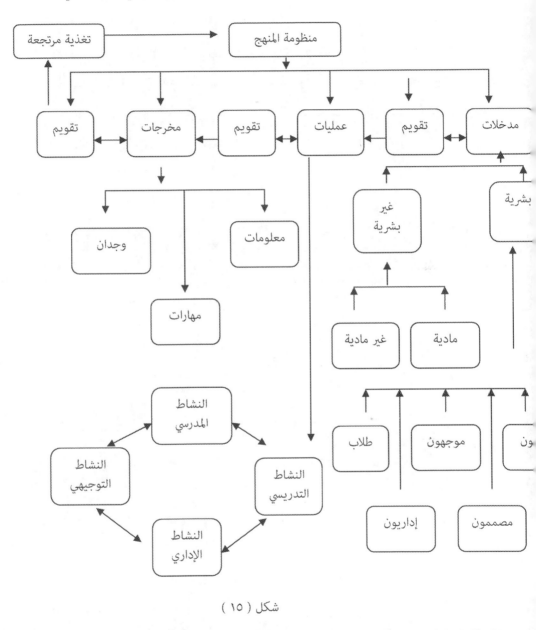

شكل (١٥)

يتضح من الشكل السابق أن منظومة المنهج تتكون من المدخلات بمختلف أنواعها والتي تخضع للتقويم والتعديل للتثبت من مدى صلاحيتها للمنظومة حتى نكتشف ذلك بصورة مبكرة قبل فوات الأوان وضياع الوقت والجهد والمال، ثم تأتي العمليات وهي المكون الثاني وهي تمثل الروح التي تسري في جسم النظام (المنهج) وهي تخضع بعد وضعها واختيارها للتقويم لمعرفة مدى مناسبتها للمنهج وللمتعلمين وغير ذلك من مكونات الموقف التعليمي وتعديلها وتطويرها في ضوء نتائج هذا التقويم المسبق، ثم تأتي المخرجات والتي تخضع أيضا للتقويم في ضوء أهداف المنهج المحددة من قبل، ونحصل بناء على ذلك على تغذية مرتجعة، يجب أن تتصف بالدقة والسرعة كي تعود على منظومة المنهج بالفائدة والتحسين والتطوير .

ويتضح مما سبق أن أي خلل في أي مكون من مكونات المنظومة يعني خللا في المنظومة كلها، فمنظومة المنهج " كالجسد الواحد إذا اشتكى منه عضو تداعى له سائر الجسد بالسهر والحمى"

وهناك من يبسط العلاقة بين مكونات منظومة المنهج في الشكل التالي:
(يعقوب النشوان، ١٩٩١: ص ٢٦)(حسن جعفر: ٢٠٠٣: ص٢٢)

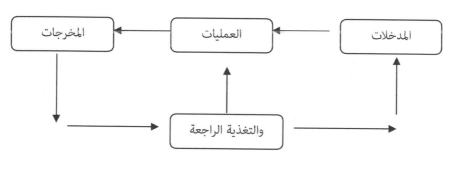

شكل (١٦)

كما أشار سميس Smith إلى أن منظومة المنهج تتكون من نظرية، وتطبيقات ومخرجات وللقيام بذلك يتم عمل مكونات ثم عمليات وتطبيقات والتي تؤدي بدورها إلى مخرج أو منتج، ويمكن توضيح ذلك في الشكل التالي:

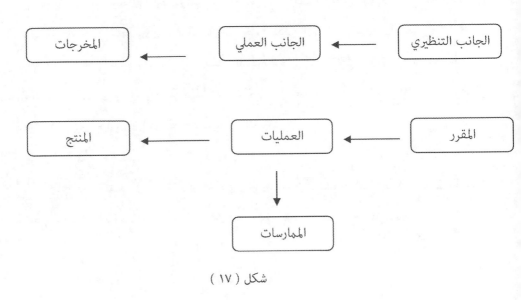

شكل (١٧)

(Smith, M. K. 1996, 2000)

نشاط (٢)

عزيزي / عزيزتي

اكتب ملخصا حول :

- التعريفات المختلفة للمنطومة.
- مكونات المنظومة.
- منظومة المنهج ومكوناتها.
- العلاقة بين منظومة المنهج ومنظومتي التربية والتعليم.
- ارسم مخططاً يوضح المكونات المختلفة لمنظومة المنهج .

مراجع الفصل الثاني :

- حسن جعفر الخليفة (٢٠٠٣م) المنهج المدرسي المعاصر، الرياض : دار الرشد،ط٥ .
- حسن شحاته (١٩٩٨م) المناهج المدرسية بين النظرية والتطبيق، القاهرة : الدار العربية للكتاب .
- خالد محمود عرفان (٢٠٠٤ م) التقويم التراكمي الشامل، البرتفوليو ومعوقات استخدامه في مدارسنا، القاهرة : عالم الكتب .
- رشدي لبيب :(١٩٧٩ م) التقويم وتطوير الأهداف التعليمية، القاهرة : مطبعة العاصمة .
- علي أحمد سيد، أحمد محمد سالم (٢٠٠٥ م) التقويم في المنظومة التربوية، الرياض : مكتبة الرشد .
-عبد الرحمن الحبيب،عبد المحسن الحربي، سلطان بن زيد الختلان، أبو بكر حمود أحمد علي، سعد بن علي المسعري (١٤٢٣هـ) الإشراف التربوي مهام ومعوقات، **الرياض :** جامعة الملك سعود - كلية التربية - مركز الدورات التدريبية- دورة المشرفين التربويين الفصل الدراسي الثاني لعام١٤٢٢ / ١٤٢٣هـ
- قسم المناهج وطرق التدريس (٢٠٠٣ م) الوسائل التعليمية، القاهرة : كلية التربية، جامعة الأزهر.
- ______(٢٠٠٣ م) المناهج المدرسية، القاهرة،كلية التربية، جامعة الأزهر .
- محمد زياد حمدان (١٩٨٥ م) تطوير المنهج مع استراتيجيات تدريسه ومواده التربوية المساعدة، الأردن : دار التربية الحديثة .
- مندور عبد السلام (٢٠٠٦ م) التقويم التربوي، الرياض : دار النشر الدولي .
- يس قنديل (٢٠٠٢ م) عملية المنهج، رؤية في تكنولوجيا المنهج المدرسي، الرياض : دار النشر الدولي .
- يعقوب نشوان (١٩٩١ م) المنهج التربوي من منظور إسلامي، عمان : دار الفرقان . -

-Bloom, B. S.: (1956)Taxonomy of Educational Objectives, Handbook I: Cognitive Domain. The Classification of Educational Goals .London: Longmans. 1956.

-Smith, M. K. (1996, 2000) 'Curriculum theory and practice' *the encyclopedia of informal education*, www.infed.org/biblio/b-curric.htm. Last updated:28 December 2007.

الفصل الثالث

أسس المنهج

- تمهيد

الأسس العقدية الفلسفية.

الأسس النفسية.

الأسس الاجتماعية.

الأسس المعرفية.

الأسس النظرية.

أهداف دراسة هذا الفصل

بعد دراستك هذا الفصل – بمشيئة الــله – ستكون قادرا على أن :

- تشرح الأسس العقدية الفلسفية للمنهج من منظور الإسلام مستشهدا على ما تقول

بالقرآن والسنة.

- تذكر الأسس النفسية التي يقوم عليها المنهج.

- تشرح لماذا يستند المنهج إلى أسس اجتماعية في بنائه .

- توضح أهم الأسس المعرفية في بناء المنهج.

- تذكر أهم الأسس النظرية التي يبنى عليها المنهج.

الفصل الثالث

أسس بناء المنهج المدرسي

تمهيد:

إن أي منظومة ينبغي أن تقوم على أصول وأسس مختلفة تثبت دعائمها وتضفي على المنظومـة العلمية والتأصيل، مما يكسب المنظومة القوة والدقة العلمية، ويجعلها أكثر قبولا لـدى النـاس عامـة والمتخصصين بصفة خاصة، ويجعل المنظومة أكثر قوة وقدرة على تحقيق أهدافها في أقل وقت وجهد ممكنين ؛ إضافة إلى قدرتها على التطوير والتعديل مستقبلا لمواجهة ما يقابلها من تحديات، والمتأمل للمنهج المدرسي يجد أنه يقوم على مجموعة من الأسس – شأنه شأن المنظومـات الأخـرى- ولا يمكن أن يستغني عن واحد منها ؛ فهي تمثل بالنسبة له روافدًا يستمد منهـا جميـع مكوناتـه بـدءا مـن الأهداف وانتهاء بالتقويم، ويمكن أن نعرضها إجمالا ثم تفصيلا على النحو التالي:

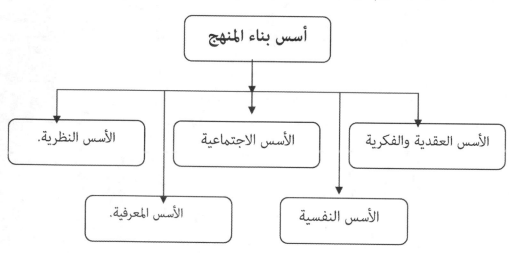

شكل (١٨)

ويمكن توضيح ذلك بالتفصيل فيما يلي:

١- الأسس العقدية والفكرية:

وهي تلك المستمدة من عقيدة المجتمع بمصادرها التشريعية المختلفة والتي تضفي على المجتمع وفكره سمات خاصة تميزه عن غيره من المجتمعات التي يدين بعقائد أخرى مخالفة، وهي تقدم تصورات المجتمع الدينية عن الله والكون والحياة والإنسان .. وغير ذلك من القضايا الفكرية ذات الطابع العام والديني في الوقت نفسه ؛ لذا تختلف المناهج من مجتمع إلى آخر بناء على اختلاف عقائدها، وهذا يدفعنا إلى ضرورة مراعاة ذلك عند بناء المنهج، وإلا فسوف ينظر إلى المنهج على أنه جسم غريب في المجتمع لا يمثل ما يؤمن به من عقائد ولا يتفق مع ما لديه من أفكار وتصورات، وفلسفته ووجهة نظره، وتتعلق في عدة أمور، توضيح أهمها في الشكل التالي:

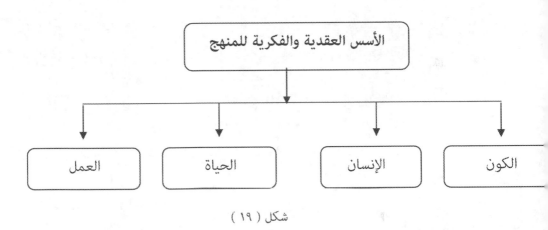

شكل (١٩)

- الكون :

حيث ينظر الإسلام إليه على أنه صنعة الله الذي أتقن كل شيء، وهو أية تثبت وجود الله ووحدانيته وأحقيته في العبادة دون غيره،قال تعالى : " وَلَئِن سَأَلْتَهُم مَّنْ خَلَقَ السَّمَاوَاتِ وَالْأَرْضَ لَيَقُولُنَّ اللَّهُ قُلْ أَفَرَأَيْتُم مَّا تَدْعُونَ مِن دُونِ اللَّهِ إِنْ أَرَادَنِيَ اللَّهُ بِضُرٍّ هَلْ

هُـنَّ كَاشِـفَاتُ ضُرِّهِ أَوْ أَرَادَنِي بِرَحْمَـةٍ هَـلْ هُـنَّ مُمْـسِكَاتُ رَحْمَتِـهِ قُلْ حَـسْبِيَ اللـه عَلَيْـهِ يَتَوَكَّـلُ الْمُتَوَكِّلُونَ) (سورة الزمر : آية ٣٨)

" ويرى الإسلام أن هذا الكون واسع وممتد وفسيح، وأن اللـه عز وجل قد أعلمنا بعض أسراره وأخفي عنا البعض قال تعالى: " وَلاَ يُحِيطُونَ بِشَيْءٍ مِّنْ عِلْمِهِ إِلاَّ بِمَا شَاء.." " البقرة :الآية ٢٥٥. وقال تعالى : " وَعِندَهُ مَفَاتِحُ الْغَيْبِ لاَ يَعْلَمُهَا إِلاَّ هُوَ.." (سورة الأنعام: الآية ٥٩). وقال تعالى : " وَمَا أُوتِيتُم مِّن الْعِلْمِ إِلاَّ قَلِيلاً " (سورة الإسراء: الآية ٨٥).

وبين لنا أصل هذا الكون فقال : " أولَمْ يَرَ الَّذِينَ كَفَرُوا أَنَّ السَّمَاوَاتِ وَالْأَرْضَ كَانَتَا رَتْقاً فَفَتَقْنَاهُمَا وَجَعَلْنَا مِنَ الْمَاء كُلَّ شَيْءٍ حَيٍّ أَفَلَا يُؤْمِنُونَ" (سورة الأنبياء : الآية ٣٠)

وبين لنا حركته وكيفية سيره قال تعالى :" وَكُلٌّ فِي فَلَكٍ يَسْبَحُونَ " (سورة يس: الآية ٤٠). ووضح لنا أنه المتحكم فيه المدبر لأمره؛ فقال : " اللـه لاَ إِلَـهَ إِلاَّ هُوَ الْحَيُّ الْقَيُّومُ لاَ تَأْخُذُهُ سِنَةٌ وَلاَ نَوْمٌ" البقرة : الآية ٢٥٥. وقال تعالى : " إِنَّ اللـه يُمْسِكُ السَّمَاوَاتِ وَالْأَرْضَ أَن تَزُولَا وَلَئِن زَالَتَا إِنْ أَمْسَكَهُمَا مِنْ أَحَدٍ مِّن بَعْدِهِ إِنَّهُ كَانَ حَلِيماً غَفُوراً " (سورة فاطر: الآية ٤١)

وبين لنا مصير هذا الكون ونهايته؛ فقال : " وَحُمِلَتِ الْأَرْضُ وَالْجِبَالُ فَدُكَّتَا دَكَّةً وَاحِدَةً " (الحاقة: الآية ١٤)

إن تلك النظرة الشمولية الدقيقة عن الكون يجب مراعاتها عند بناء المنهج، فكما أن الكون نسق ونظام متكامل ينبغي أن يكون المنهج كذلك، وأن يكون من أهداف المنهج تعريف المتعلم بالكون وطبيعته وأن يكون فهم العالم والتفاعل معه غاية من غاياته، وتوظيف تلك النظر في تحقيق فهم أكبر للحقائق العلمية المختلفة.وجعل المنهج أداة لتعميق الصلة بين العبد وربه وزيادة إيمانه بالخالق.

- **الإنسان:**

بين لنا الإسلام أن الإنسان مخلوق من مخلوقات الله تعالى شأنه في ذلك شأن بقية المخلوقات، قال تعالى : " خَلَقَ الْإِنسَانَ عَلَّمَهُ الْبَيَانَ " (الرحمن: الآية ٣،٤) وأن الله أحسن خلقه ليكون آية وقدر له الرزق وهداه إليه، قال تعالى : " الَّذِي خَلَقَ فَسَوَّى، وَالَّذِي قَدَّرَ فَهَدَى " (الأعلى: الآية ٢،٣)

وبين أن الله وهب الإنسان الكثير من النعم الظاهرة والباطنة قال تعالى : " (الله الَّذِي خَلَقَ السَّمَاوَاتِ وَالأَرْضَ وَأَنزلَ مِنَ السَّمَاءِ مَاءً فَأَخْرَجَ بِهِ مِنَ الثَّمَرَاتِ رِزْقاً لَّكُمْ وَسَخر لَكُمُ الْفُلْكَ لِتَجْرِيَ فِي الْبَحْرِ بِأَمْرِهِ وَسَخَّرَ لَكُمُ الأَنْهَارَ * وَسَخر لَكُمُ الشَّمْسَ وَالْقَمَرَ دَآئِبَينَ وَسَخر لَكُمُ اللَّيْلَ وَالنَّهَارَ *وَآتَاكُم مِّن كُلِّ مَا سَأَلْتُمُوهُ وَإِن تَعُدُّواْ نِعْمَتَ الله لاَ تُحْصُوهَا إِنَّ الإِنسَانَ لَظَلُومٌ كَفَّارٌ " (سورة إبراهيم: الآية ٣٢، ٣٣، ٣٤) وقال تعالى : " أَلَمْ تَرَوْا أَنَّ الله سَخَّرَ لَكُمْ مَا فِي السَّمَاوَاتِ وَمَا فِي الأَرْضِ وَأَسْبَغَ عَلَيْكُمْ نِعَمَهُ ظَاهِرَةً وَبَاطِنَةً وَمِنَ النَّاسِ مَنْ يُجَادِلُ فِي الله بِغَيْرِ عِلْمٍ وَلا هُدًى وَلا كِتَابٍ مُنِيرٍ"(سورة لقمان: الآية ٢٠) وبين لنا سبب وجود هذا الإنسان في الكون؛ فقال تعالى :" وَمَا خَلَقْتُ الْجِنَّ وَالإِنسَ إِلَّا لِيَعْبُدُونِ" (سورة الذاريات: الآية ٥٦) وأن الله تكفل برزقه قال تعالى :" إِنَّ الله هُوَ الرَّزَّاقُ ذو الْقُوَّةِ الْمَتِينُ " (سورة الذاريات: الآية ٥٨)، وبين لنا أيضا طبيعة النفس البشرية وما جبلت عليه ؛ فأشار إلى أن الإنسان يمكن أن يكون خيرا أو شريرا قال تعالى :" وَنَفْسٍ وَمَا سَوَّاهَا* فَأَلْهَمَهَا فُجُورَهَا وَتَقْوَاهَا" (سورة الشمس: الآية ٧، ٨) ووضح أن الله أنزل له منهجا عن طريق رسله، وأنه يجب عينا أن نتبعه ولا نحيد عنه، قال تعالى :" قُلْ هَـذِهِ سَبِيلِي أَدْعُو إِلَى الله عَلَى بَصِيرَةٍ أَنَاْ وَمَنِ اتَّبَعَنِي وَسُبْحَانَ الله وَمَا أَنَاْ مِنَ الْمُشْرِكِينَ " (سورة يوسف: الآية ١٠٨) وبين أن الله سيحاسبه على أعماله قال تعالى:" قُلْ إِنَّ الْمَوْتَ الَّذِي تَفِرُّونَ مِنْهُ فَإِنَّهُ مُلَاقِيكُمْ ثُمَّ تُرَدُّونَ إِلَى عَالِمِ الْغَيْبِ وَالشَّهَادَةِ

فَيُنَبِّئُكُم بِمَا كُنتُمْ تَعْمَلُونَ" (سورة الجمعة : الآية ٨)، وأن الإنسان ليس بلونه ولا بجسمه وإنما بقلبه وبعمله قال تعالى:" يَا أَيُّهَا النَّاسُ إِنَّا خَلَقْنَاكُم مِّن ذَكَرٍ وَأُنثَى وَجَعَلْنَاكُمْ شُعُوباً وَقَبَائِلَ لِتَعَارَفُوا إِنَّ أَكْرَمَكُمْ عِندَ اللهِ أَتْقَاكُمْ إِنَّ اللهَ عَلِيمٌ خَبِيرٌ " (سورة الحجرات: الآية ١٣)، وأعلمه أنه سيثاب على فعل الخير ويعاقب على فعل الشر، قال تعالى:" فَمَن يَعْمَلْ مِثْقَالَ ذَرَّةٍ خَيْراً يَرَهُ *وَمَن يَعْمَلْ مِثْقَالَ ذَرَّةٍ شَرّاً يَرَهُ" (سورة الزلزلة: الآية ٧، ٨)

- **الحياة:**

وضح الإسلام أن الحياة نوعان ؛ حياة الدنيا وحياة الآخرة، وأن الأولى دار عمل واختبار، والثانية دار جزاء وثواب، قال تعالى :" فَلَا تَغُرَّنَّكُمُ الْحَيَاةُ الدُّنْيَا وَلَا يَغُرَّنَّكُم بِاللهِ الْغَرُورُ " (لقمان الآية ٣٣) وقال تعالى: " وَمَا هَذِهِ الْحَيَاةُ الدُّنْيَا إِلَّا لَهْوٌ وَلَعِبٌ وَإِنَّ الدَّارَ الْآخِرَةَ لَهِيَ الْحَيَوَانُ لَوْ كَانُوا يَعْلَمُونَ " (سورة العنكبوت: الآية ٦٤) وبين أن لكل منهما طبيعة تختلف عن الأخرى، فدار الدنيا زائلة قال تعالى :" كُلُّ شَيْءٍ هَالِكٌ إِلَّا وَجْهَهُ لَهُ الْحُكْمُ وَإِلَيْهِ تُرْجَعُونَ" (سورة القصص الآية ٨٨) وأنها دار مؤقتة غير دائمة قال تعالى: "وَاضْرِبْ لَهُم مَّثَلَ الْحَيَاةِ الدُّنْيَا كَمَاء أَنزَلْنَاهُ مِنَ السَّمَاءِ فَاخْتَلَطَ بِهِ نَبَاتُ الْأَرْضِ فَأَصْبَحَ هَشِيماً تَذْرُوهُ الرِّيَاحُ وَكَانَ اللهُ عَلَى كُلِّ شَيْءٍ مُّقْتَدِراً " (سورة الكهف الآية ٤٥) وأنها متقلبة غير ثابتة وأنها دار غرور، قال تعالى :" وَما الْحَيَاةُ الدُّنْيَا إِلاَّ مَتَاعُ الْغُرُور " (سورة آل عمران: الآية ١٨٥) وبين لنا كيف نتعامل معها بأن نجعلها في أيدينا وليس في قلوبنا، وان نجتهد فيها وننجح فهي مطيتنا إلى الحياة الآخرة قال تعالى:" الَّذِينَ إِن مَّكَّنَّاهُمْ فِي الْأَرْضِ أَقَامُوا الصَّلَاةَ وَآتَوُا الزَّكَاةَ وَأَمَرُوا بِالْمَعْرُوفِ وَنَهَوْا عَنِ الْمُنكَرِ وَلِلَّهِ عَاقِبَةُ الْأُمُورِ " (سورة الحج: الآية ٤١) . وأن سرا نجاحنا فيها هو الأخذ بكتاب الله واتباع سنة رسوله قال تعالى:" قُلْ إِن كُنتُمْ تُحِبُّونَ اللهَ فَاتَّبِعُونِي يُحْبِبْكُمُ اللهُ وَيَغْفِرْ لَكُمْ

ذُنُوبَكُمْ وَاللـه غَفُورٌ رَّحِيمٌ" (آل عمران: الآية ٣١) . وقال تعالى مبينا أن الإيمان وبه وطاعته سر كل خير : " وَلَوْ أَنَّ أَهْلَ الْقُرَى آمَنُواْ وَاتَّقَواْ لَفَتَحْنَا عَلَيْهِم بَرَكَاتٍ مِّنَ السَّمَاءِ وَالأَرْضِ وَلَـكِن كَذَّبُواْ فَأَخَذْنَاهُم بِمَا كَانُواْ يَكْسِبُونَ" (سورة الأعراف: الآية ٩٦)

ثم بين لنا أيضا الحياة الآخرة وطبيعتها وأنها دار جزاء فقال تعالى : وَالْآخِرَةُ خَيْرٌ وَأَبْقَى" (سورة الأعلى: الآية ١٧.) فهي دار بقاء وخلود وجزاء،وأنه لا أحد يعلم متى هي إلا اللـه، قال تعالى :" يَسْأَلُونَكَ عَنِ السَّاعَةِ أَيَّانَ مُرْسَاهَا قُلْ إِنَّمَا عِلْمُهَا عِندَ رَبِّي لاَ يُجَلِّيهَا لِوَقْتِهَا إِلاَّ هُوَ" (سورة الأعراف: الآية ١٨٧) وأنه من رحمته أنه جعل لها علامات حتى يتذكر الناس ويعودون إلى ربهم قبل وقوعها، قال تعالى :" فَهَلْ يَنظُرُونَ إِلَّا السَّاعَةَ أَن تَأْتِيَهُم بَغْتَةً فَقَدْ جَاء أَشْرَاطُهَا فَأَنَّى لَهُمْ إِذَا جَاءتْهُمْ ذِكْرَاهُمْ " (سورة محمد: الآية ١٨) وأنها تختلف عن الحياة الدنيا في كل شيء بما فيها من نعيم مقيم أو عذاب أليم.

إن التصورات السابقة حول الكون والإنسان والحياة والمستمدة من مصادر التشريع الإسلامي وأهمها القرآن والسنة، تنعكس في بناء المنهج وفي جميع مكوناته ؛ بحيث يكسب المنهج المتعلمين تلك الأفكار وينمي عندهم تلك التصورات المستمدة من القرآن والسنة، ويكون ذلك بطريقة مباشرة كما في منهج التربية الإسلامية والعلوم الدينية المختلفة أو ضمنيا من خلال مناهج العلوم الأخرى؛ لذا من الخطأ الجسيم أن نتبنى مناهج معدة في دول أجنبية لها فكرها وفلسفتها الخاصة المستمدة من عقائدها، ونقدمها لطلابنا في المدارس دون تنقيح أو تعديل، وعدم مراعاة ذلك سوف يؤدي إلى تكوين أجيال مشوشة فكريا وغالبا تنتمي إلى الإسلام قولا لا فعلا، واسما لا حقيقة .. ومن أراد التثبت من ذلك فلينظر إلى خريجي المؤسسات التعليمية الأجنبية في بلادنا العربية، أو تلك العربية التي تتبنى مناهج أجنبية غير واضعة للاختلاف الفكري والعقدي في الاعتبار .. بحجة أنها أكثر تطورا وتقدما .. ونحن لا ننكر ذلك وإنما يجب أن تخضع للتقويم والتعديل والتطوير في ضوء فكر وتصور المجتمع الإسلامي.

- العمل:

الإسلام دين عملي يدعوا دائما إلى العمل سواء في أمور الدين أم الدنيا وقد علمنا الله في محكم آياته حيث ذلك لا يذكر الإيمان إلا ومعه العمل ووصف العمل بالصلاح الذي يتطلب أداءه على أكمل وجه، قال تعالى : " إِنَّ الَّذِينَ آمَنُوا وَعَمِلُوا الصَّالِحَاتِ أُوْلَئِكَ هُمْ خَيْرُ الْبَرِيَّةِ " (سورة البينة : الآية٧) وقد وردت عشرات المرات، وهو بذلك يلفت انتباهنا إلى الطبيعة العملية التي يسعى الإسلام إلى غرسها في البشرية فالعمل سر من أسرارا التقدم .. قَالَ مُعَاذُ بْنُ جَبَلٍ عن رسول الله :" اعْمَلُوا مَا شِئْتُمْ بَعْدَ أَنْ تَعْلَمُوا فَلَنْ يَأْجُرَكُمُ الله بِالْعِلْمِ حَتَّى تَعْمَلُوا " ؛ لذا كانت الجنة ثمرة من ثمار العمل، قال تعالى :" فَلَا تَعْلَمُ نَفْسٌ مَّا أُخْفِيَ لَهُم مِّن قُرَّةِ أَعْيُنٍ جَزَاء بِمَا كَانُوا يَعْمَلُونَ" (سورة السجدة: الآية ١٧)

وقد عنيت التربية بالجوانب النظرية والعملية على السواء فحرصت على تعليم النشء الجوانب المعرفية والجوانب التطبيقية المرتبطة بها، وقد عرضت لذلك في مناهجها المختلفة، بل أصبح أحدث الاتجاهات في التقويم يعتمد على التطبيق وعلى الجوانب العملية أكثر من الاعتماد على الجوانب النظرية ..

وقد أشار إلى ذلك ابن خلدون بقوله : " إن معرفة العلم شيء وممارسة العلم شيء آخر" وما الفرق بين البلدان المتقدمة والمتخلفة إلا العمل بالعلم؛ فهم يعلمون ويعملون، ونحن نعلم ولا نعمل برغم أن الأخذ بالعلم والعمل به من الإسلام ونحن أولى بهما منهم.

إن أخذ المنهج بالجوانب العملية ومراعاة كيفية اختيارها وتنظيمها وتقديمها للمتعلمين بطرق علمية جيدة ومعاصرة، وربطها بالجانب النظري الذي يوجه العمل يعد أمرا لا غنى عنه، وإهمال ذلك قد يودي إلى عمل منهج يقوم على التنظير ومنفصل تماما عن الواقع، أو لا يوجد فيه ربط جيد وعلمي بين المعرفة والتطبيق، أو اختيار تطبيقات صعبة غير مناسبة للمتعلمين أو خبرات عملية مهلهلة لا يمكن توظيفها أو الربط بينها عمليا؛ مما يجعلها غير مفيدة للفرد والمجتمع ..

٢- الأسس النفسية:

وهي تلك المتعلقة بالمتعلمين وخصائصهم النفسية والجسمية والعقلية والانفعالية والاجتماعية، وتلك المتعلقة بالتعلم ونظرياته وكيفية حدوثه .. وغير ذلك مما يتعلق بسيكولوجية المتعلمين..

فمن الطبيعي أن نضع خصائص الجمهور المستهدف ومتطلباته في الاعتبار وإلا فسوف نقدم له سلعة(المنهج) غير مقبولة لديه، فكما نتعرف على أبعاد البدن عندما نحيك له ثوبا يجب أيضا أن نتعرف على أبعاد سيكولوجية المتعلم حتى نحيك له منهجا مناسبا، وإلا فسوف تذهب جهودنا أدراج الرياح، وأهم الجوانب النفسية التي تعد أساسا لا بد أن يراعى في بناء المنهج بجميع مكوناته ومراحله ما يلي :-

أ- النمو ومراحله:

النمو مجموعة من التغيرات العقلية والجسمية والاجتماعية والانفعالية.. التي يمر بها الفرد نظرا لانتقاله من مرحلة إلى أخرى من مراحل النمو،والتي تؤثر على سلوكه وتفاعله مع الحياة بصفة عامة، ويتسم النمو في مختلف جوانبه بعدة سمات أهمها:

-الاستمرارية : فالنمو يبدأ منذ تلقيح البويضة ويستمر طوال حياة الإنسان حتى موته، وقد عبر القرآن عن ذلك في كثير من الآيات وخاصة تلك التي تصور نمو الإنسان قبل الميلاد لأنه عملية لا يمكن إدراكها، بينما النمو بعد الميلاد عملية مدركة ويعرفها الناس جميعا، قال تعالى :" وَلَقَدْ خَلَقْنَا الْإِنسَانَ مِن سُلَالَةٍ مِّن طِينٍ ، ثُمَّ جَعَلْنَاهُ نُطْفَةً فِي قَرَارٍ مَّكِينٍ ،ثُمَّ خَلَقْنَا النُّطْفَةَ عَلَقَةً فَخَلَقْنَا الْعَلَقَةَ مُضْغَةً فَخَلَقْنَا الْمُضْغَةَ عِظَامًا فَكَسَوْنَا الْعِظَامَ لَحْمًا ثُمَّ أَنشَأْنَاهُ خَلْقًا آخَرَ فَتَبَارَكَ اللَّهُ أَحْسَنُ الْخَالِقِينَ "(سورة المؤمنون :الآيات من ١٢ إلى ١٤)

وقسم علم النفس النمو تقسيمات عدة منها تقسيم إريكسون وهو كما يلي:

- الطفولة **Infant** .
- مرحلة المشي **Toddler**
- ما قبل المدرسة **Preschooler**

- مرحلة طفل المدرسة **School-Age Child**
- مرحلة المراهقة **Adolescent**
- مرحلة بلوغ الشباب **Young Adult**
- مرحلة الشباب المتوسطة **Middle-Age Adult**
- مرحلة الكبار **Older Adult** (http://honolulu.hawaii.edu)

ولكل مرحلة خصائصها التي تنعكس على مكونات وعناصر المنهج المختلفة من الأهداف حتى التقويم، وبناء المنهج مع إهمال ذلك يترتب عليه تقديم منهج غير مناسب للمتعلمين إما لصعوبته أو لسهولته المفرطة..

- التتابع : فليس هناك مرحلة واحدة للنمو وإنما هو مجموعة من المراحل المتتابعة ولكل مرحلة خصائصها العقلية والجسمية والانفعالية والاجتماعية .. التي تميزها عن غيرها من المراحل السابقة واللاحقة.وقد بين القرآن ذلك في كثير من الآيات منها قوله:" " يَا أَيُّهَا النَّاسُ إِن كُنتُمْ فِي رَيْبٍ مِّنَ الْبَعْثِ فَإِنَّا خَلَقْنَاكُم مِّن تُرَابٍ ثُمَّ مِن نُّطْفَةٍ ثُمَّ مِنْ عَلَقَةٍ ثُمَّ مِن مُّضْغَةٍ مُّخَلَّقَةٍ وَغَيْرِ مُخَلَّقَةٍ لِّنُبَيِّنَ لَكُمْ وَنُقِرُّ فِي الْأَرْحَامِ مَا نَشَاء إِلَى أَجَلٍ مُّسَمًّى ثُمَّ نُخْرِجُكُمْ طِفْلًا ثُمَّ لِتَبْلُغُوا أَشُدَّكُمْ وَمِنكُم مَّن يُتَوَفَّى وَمِنكُم مَّن يُرَدُّ إِلَى أَرْذَلِ الْعُمُرِ لِكَيْلَا يَعْلَمَ مِن بَعْدِ عِلْمٍ **شيئا** " (سورة الحج: آيه ٥).

إن مراعاة ذلك في بناء المنهج يحقق التتابع والتسلسل في المناهج الدراسية فيجعل مقررات وبرامج المنهج، وما تقدمه من معلومات ومهارات،وما تنميه من ميول واتجاهات يكمل كل واحد منها ما قبله ويمهد لما بعده، وهو أحد دعائم نجاحه.

-التكامل: فالنمو لا يحدث في جانب دون آخر أو يحدث في الجوانب المختلفة بصورة مستقلة، وإنما هناك تكامل بين النمو الجسمي والعقلي فالعقل السليم في الجسم السليم، وكذلك تكامل بين النمو العقلي والاجتماعي فلا يمكن أن يحدث واحد منهما دون الآخر .. وهكذا بين جوانب النمو الأخرى حتى تنمو الشخصية بصورة

متكاملة خالية من أي قصور أو نقص في جانب من جوانب النمو وإلا فسوف تعد الشخصية شخصية غير سوية تحتاج إلى عناية ورعاية خاصة لمعالجة ذلك القصور ..

وهذا يجعلنا نضع في الاعتبار النظر إلى جوانب التعلم على أنها كل متكامل فهناك ارتباط بين المعرفة والتطبيق، والمعرفة والوجدان .. وهكذا، لأن ذلك يجعل للتعلم معنى لدى الطلاب، بينما الفصل والتفتيت يجعل ما يقدمه المنهج من معلومات ومهارات وخبرات مجرد أشلاء لا دلالة ولا معنى ولا وظيفية من وراء تعلمها.

- الفردية : فالنمو عملية فردية تحدث للجميع ولكن بدرجات مختلفة في جميع جوانبه المعرفية أو المهارية والوجدانية والاجتماعية بناء على اختلاف ما يتعرضون له من مثيرات وخبرات ومواقف وظروف بيئية متنوعة..

فكل فرد ينمو في معزل عن الآخرين، وهذا يدفعنا إلى احترام تلك الفردية في النمو العقلي والاجتماعي والانفعالي والجسمي لدى المتعلمين، ونبني لهم منهجا يراعي تلك الفردية بما يوفره من وسائل وخبرات وأنشطة ووسائل وطرائق تدريس وأدوات تقويم، وعليه ألا ينظر إليهم على أنهم قطيع مستنسخ على غرار النعجة " دولي "

- التأثر بالبيئة والتأثير فيها:

يقولون :" الإنسان ابن البيئة" لذا النمو تغير يحدث نتيجة لتفاعل الفرد مع بيئته الطبيعية والاجتماعية والتعليمية والثقافية..المحيطة به فعندما يتعرض الطفل لبيئة طبيعية جيدة يتأثر نموه البدني بها بصورة إيجابية، وعندما يتفاعل مع بيئة اجتماعية جيدة ومتزنة يؤدي ذلك إلى حدوث نمو اجتماعي جيد .. وهكذا . وإذا كان الفرد يتأثر بالبيئة في تحقيق النمو الشامل فإنه أيضا يؤثر فيها بالإيجاب أو السلب فالشخص الذي ينمو بصورة جيدة يؤثر في بيئته بصورة جيده أيضا ؛ فيعمل على بذل الجهد من أجل تنمية بيئته بمختلف أنواعها الطبيعية والاجتماعية والثقافية .. وذلك من خلال نشاطاته وإسهاماتها فيها . فالإنسان السوي يعطي لبيئته كما يأخذ منها ..لذا ربط القرآن الكريم بين صلاح الإنسان وفساده وصلاح الكون وفساده فقال :" ظهر الفساد في البر والبحر بما كسبت أيدي الناس "الروم الآية: ٤١.

وقد ظهر ذلك جليا في بناء المنهج ؛ حيث يوجد هناك تنظيم للمنهج يسمى بالمنهج البيئي الذي يربط المنهج بما يحتويه من مواقف ومحتويات للتعلم ببيئة المتعلم، وهذا يجعل المتعلم أكثر تعلما ووعيا وتأثيرا في بيئته بصورة إيجابية..

ب- الفروق الفردية:

من الطبيعي أن الناس يختلفون فيما بينهم اختلافا كبيرا وواضحا كما ونوعا، وهذه سنة الله في خلقه حتى يتكامل الناس فيما بينهم ويكون ذلك سببا من أسباب نجاح عمارة الأرض، وهذا التفضيل والتباين الذي أوجده الله في خلقه يعكس حكمته تعالى ويعكس عدله أيضا؛ فبرغم اختلاف الناس فيما بينهم من حيث ما يتمتعون به من قدرات إلا أنهم يتساوون فيما بينهم في مجموع القدرات .. فواحد يتمتع بالذكاء اللغوي وثاني بالذكاء الرياضي وثالث بالذكاء الموسيقي .. وهكذا،وقد صور لنا القرآن الكريم الفروق الفردية بين الأفراد والحكمة في ذلك بقوله تعالى :" أَهُمْ يَقْسِمُونَ رَحْمَتَ رَبِّكَ نَحْنُ قَسَمْنَا بَيْنَهُمْ مَعِيشَتَهُمْ فِي الْحَيَاةِ الدُّنْيَا وَرَفَعْنَا بَعْضَهُمْ فَوْقَ بَعْضٍ دَرَجَاتٍ لِيَتَّخِذَ بَعْضُهُمْ بَعْضًا سُخْرِيًّا وَرَحْمَتُ رَبِّكَ خَيْرٌ مِمَّا يَجْمَعُون " (سورة الزخرف: آية ٣٢) فكل منا مسخر للآخر ويسخر الآخر نظرا لما بينه وبينهم من اختلاف فيما يتمتعون به من قدرات وسمات ونعم.

وهذا يعنى أن يراعي المنهج تلك الفروق والاختلافات فتتنوع الأهداف والمحتويات وتنظيماتها، والوسائل التعليمية المستخدمة، والخبرات المقدمة، وطرائق التدريس، وأساليب التقويم بحيث توفر وتلبي المتطلبات العقلية والجسمية والاجتماعية والانفعالية المختلفة لدى المتعلمين، وإلا فسوف يكون نفع المنهج قاصرا على مجموعة من الطلاب الذين يتناسب المنهج مع ما لديهم من خصائص النمو.

جـ- الاتجاهات والميول:

لا يخفى علينا أهمية المكون الانفعالي كمطلب للتعلم وناتج من نواتج التعلم أيضا،ومنها الاتجاهات والميول، فكلاهما مكون انفعالي يؤثر ويوجه سلوك الفرد نحو

الموضوعات والمواقف والأشخاص .. وغير ذلك، والفرق بينهما أن الاتجاه مكون انفعالي يوجد به جوانب معرفية فمثلا " اتجاهاتي سلبية نحو التدخين لأنني علمت أخطاره وسلبياته، ويوثر ذلك على سلوكي فلا أدخن وأشجع الآخرين على ذلك، كما أن الاتجاه يحتاج إلى فترة طويلة كي يتكون لدى الفرد وتكون درجة ثباته عالية فمن الصعب على المرء أن يغير اتجاهاته بسهولة. بينما الميل مكون انفعالي أيضا ولكن لا يقوم على جوانب معرفية فعلى سبيل المثال " هند تميل أ اللون الأخضر أكثر من بقية الألوان الأخرى، محمد يميل لعلي أكثر من غيره" وعندما تسألها أو تسأله لماذا ؟ لا يكون عنه إجابة على هذا السؤال وخاصة إذا كان كل منهما حديث عهد بالآخر .. وهنا يمكننا القول، إن الاتجاه تستطيع فيه أن تجيب على . لماذ؟ بينما الميل لا تستطيع أن تقدم أي إجابة عن هذا السؤال. والميل أقل ثباتا من الاتجاه كما أنه يسهل اكتسابه ويسهل تغييره أيضا..ويمكن عرض المقارنة بينهما في الجدول التالي :

مقارنة بين الاتجاه والميل

الاتجاه	الميل
- مكون وجداني له أس معرفي. - يحتاج لفترة زمنية طويلة لا كتسابه أو تنميته. - أكثر ثباتا ومقاومة للتغيير. - أكثر تأثيرا في توجيه السلوك. - تستطيع أن تحدد فيه الأسباب من خلال الإجابة عن السؤال : لماذا كان اتجاهك هكذا نحو ..؟	-مكون وجداني ليس له أساس معرفي. - لا يحتاج إلى فترة زمنية طويلة لا كتسابه أو تنميته. -أقل ثباتا ويسهل تغييره. -أقل تأثيرا في توجيه السلوك. -لا تستطيع أن تحدد الأسباب فلا تستطيع أن تجيب على السؤال: لماذا تميل نحو ..؟ وإذا أجبنا يكون الميل قد تحول إلى اتجاه.

إن مراعاة كل منهما في بناء المنهج أمر ضروري فكم من الطلاب حقق نتائج عالية في التعلم نتيجة لكون المنهج بمكوناته مناسبا لهم ومراعيا لاتجاهاتهم وميولهم، وكم

من طلاب أخفقوا في التعلم لكون المنهج غريبا عنهم لا يراعي اتجاهاتهم وميولهم فكرهوا المنهج والمدرسة والتعليم كله ..والأمثلة على ذلك كثير ..

د- التعلم ونظرياته:

لقد بحث الكثير من العلماء قديما وحديثا وما زالوا يبحثون في التعلم وطبيعته والعوامل المؤثرة فيه، ووضعوا نظريات عدة لتفسيره وفهمه، ففهم التعلم يعني وضع المناهج وطرائق التدريس وكل ما يتعلق بالتعلم بصورة تتناسب مع المتعلم وطبيعته، وقد انعكست نظرياتهم المختلفة في التعلم على جميع مكونات منظومة التعليم بما في ذلك المنهج،ويمكن إيضاح أهمها وانعكاساتها على بناء المنهج على النحو التالي :

أ- نظريات المدرسة السلوكية Behaviorism School :

وتضمنت على عدة نظريات قدمت كل واحدة منها تفسيرا للتعليم، وأهم هذه النظريات نظريات ثورندايك Thorndike ١٩١٣، ونظرية بافلوف Pavlov ١٩٢٧، وسكنر Skinner١٩٧٤، والتي ترى جميعها أن التعلم يحدث نتيجة لتفاعل الفرد واستجاباته للمثيرات الخارجية، حيث أشار سكنر إلى أن التعلم يعتبر ذلك السلوك الذي يقوم به المتعلم نحو المثيرات المختلفة (,Skinner ١٩٧٤)

والنظريات السلوكية تجعل من المتعلم كالصندوق الأسود black box وأن العمليات الداخلية لدى المتعلم ليس لها أهمية كبيرة في التعلم،وأنه يجب علينا الاهتمام ببحث العلاقة بين السبب والنتيجة والتي يمكن تأسيسها بالملاحظة. (Gilbert ٢٠٠٥) و أهم تطبيقات نظريات هذه المدرسة هو قيام نظم الحاسب في مراحلها الأولى على المدرسة السلوكية ونظرياتها في تفسير التعلم. والتعلم في وجهة نظر هذه المدرسة هو عملية تغير شبه دائم في سلوك الفرد (أنور محمد الشرقاوي:١٩٨٢, ص ٢٢)

أهم خصائص النظريات السلوكية في تفسير التعلم:

هي أن التعلم :

- يحدث عند الاستجابة الصحيحة التي تتبع مثير معين.

- يمكن التحقق من حدوثه بالملاحظة الحسيه للمتعلم على فترات زمنيه.

- يركز على القياسات والملاحظات السلوكية.

- يقوم على مبدأ أن المتعلم صندوق وأن ما يحدث بالداخل غير معلوم.

- يركز على العلاقة بين متغيرات البيئية والسلوك.

- يعتمد على استخدام التعزيز والمتابعة لسلوك المتعلم.

- يوجه بالأغراض والغايات.

- يقوم على أن الأسباب تعزى للسلوك.

- يتم تحديد شروط حدوثه مسبقا.

- **نظريات المدرسة الإدراكية Cognitivism School** :

وتعنى نظريات هذه المدرسة بإظهار أهمية الجانب الإدراكي لـدى المتعلم في تحقيق التعلـم، وهي جاءت بعـد المدرسـة السلوكية وردا عليها،و تـرى أن التعلـم هـو عمليـة عقليـة تعتمـد علـى استخدام الذاكرة، والدافعية، والتفكير والانعكاسات، وأن التعلم عملية داخلية، وهو عمليـة تتوقف على ما يتمتع به المتعلم من سعة عقلية وعمق المعالجـة للمعلومـات وعلـى مـا لديـه بـه مـن بنيـة عقلية. (Anderson and Elloumi، ٢٠٠٤) ومن روادها ماكس فريتهيمـر، وكوفكا و كـوهلر وهـم مؤسسو الجشتالط الذين يفسرون التعلم بأنه إدراك كلي للموقف.(Wertheimer: 1959, p.23)

أهم خصائص التعلم في ضوء نظريات المدرسة الإدراكية:

- التعلم هو تغير في حالة الإدراك والمعرفة.

- التعلم نشاط عقلي يحدث لدى المتعلم.

- المتعلم مشارك نشط ومتفاعل وإيجابي.

- للبنية المعرفية أهمية كبيرة في التعلم.

- للمعالجة العقلية للمعلومات أهمية كبيرة في التعلم .

- الاهتمام بالعمليات العقلية المختلفة في عملية التعلم كالاهتمام بالتذكر، والاسترجاع،

والتخزين ..

- التعلم عملية نشطة وتتأثر كثيرا بالمتعلم.

- التعلم وحجمه يتوقف على المتعلم ومشاركته ومعالجته للمعلومات وليس على ما يقدم له

من معلومات وخبرات..

- نظريات المدرسة البنائية Constructivism School :

البنائية رائدها جون لوك، وتسمى في فرنسا Le Strucuralisme، نظرية مختلفة عن
نظريات التعلم الأخرى ؛ حيث يرى بياجيه أن التعلم يكتسب عن طريق العالم الخارجي. koffka:
(1965, p. 155)

وهي إحدى نظريات البنائية وأكثرها انتشارا في العصر الحديث، وهي تتفق مع نظريات
المدرسة الإدراكية في أهمية المتعلم في تحقيق التعلم، ولكنها تعنى بالإضافة إلى ذلك بتوظيف التعلم
من خلال السياق الحقيقي، وأهمية الجانب الاجتماعي في تحقيق التعلم. وترى أن الفرد يفسر
المعلومات والعالم من حوله بناء على رؤيته الشخصية، وأن التعلم يتم من خلال عدة عمليات أهمها:
الملاحظة والمعالجة والتفسير و مواءمة المعلومات مع البنية المعرفية للمتعلم وذلك في
سياقات واقعية مختلفة. (Anderson and Elloumi:2004) وترى نظريات هذه المدرسة أن المتعلم
هو محور عملية التعلم وهو نشط وإيجابي، والمعلم ميسر ومشرف على عملية التعلم (Duffy:
1996) ومن أهم نظرياتها نظرية بياجيه (Piaget: 1960,) ونظرية برونر (Bruner:1990 ,)

- **نظريات المدرسة الاجتماعية : socialism School :**

وهي تعتمد على البنائية الاجتماعية Social constructivist وليست البنائية العقلية ترى نظريات هذه المدرسة أن التعلم يتم في سياقات ومواقف اجتماعية وتقلل من دور العوامل الأخرى، ومن هذه النظريات نظرية ديوي١٩٨٠ Dewey الذي أشار إلى أهمية البعد الاجتماعي في التعلم . وكذلك نظرية فيجوتسكي Vygotsky عن التعلم البنائي الاجتماعي Social constructivism، وكذلك نظرية هانج ٢٠٠١ Hung التي تنادي بأن التعلم عملية بنائية في سياق اجتماعي، وتعد بندورا Pandora في التعلم الاجتماعي من أهم نظريات هذه المدرسة والتي أسست عليها الكثير من طرائق واستراتيجيات التدريس وخاصة التعلم التعاوني باستراتيجياته المختلفة، ومن نظريات هذه المدرسة أيضا نظرية التعددية في الذكاء Multi Inelegancy لجاردنر Gardenar(مكتب التربية العربي لدول الخليج: http://www.abegs.orgl)

- **نظريات المدرسة المعرفية وما وراء المعرفية: Cognation & meta-cognation School**

وهي نظريات بعضها يفسر التعلم على أنه عملية عقلية وفكرية تتم في ذهن المتعلم مستخدما خلالها ما يتمتع به من مهارات التفكير، وبعضها يفسر التعلم بأنه نمو مهارات التفكير والذي يعني تحقيق التعلم، وقد عنيت نظريات هذه المدرسة بايجابية ومشاركة المتعلمين وأهمية نشاطهم الفكري وتأملهم من أجل تحقيق التعلم، وأهم نظريات هذه المدرسة التي تفسر التعلم نظرية القبعات الست Six Thinking Hats لدي بونو De Bono 1992 وتصنف هذه النظرية التفكير في ست مهارات رئيسة، اقترح بونو على وضعها تحت ست قبعات بألوان مختلفة، تحتوي كل قبعة على مجموعة من المهارات

فالقبعة الحمراء Red Hat تتضمن مهارات التفكير التي تقوم على الجوانب الوجدانية .

والقبعة الصفراء Yellow Hat تتضمن مهارات التفكير المتعلقة بالكشف عما نتمتع به مـن

معلومات ومهارات يمكن استخدامها في تعلم الموضوعات الجديدة .

القبعة الرجواية : Purple Hat وتتضمن مهارات التفكير الناقد .

والقبعة الخضراء: Green Hat تحتوى على مهارات التفكير المتعلقة بالابتكارية .

والقبعة البيضاء : White Hat تحتوي على مهارات التفكير الخاصـة بـالتعلم وتقيـيم مـا تـم

تعلمه من معلومات ومهارات.

والقبعة الزرقاء: Blue Hat وتتضمن مهارات التفكير التـي تعنـي بإعـادة تنظـيم التفكيـر مـن

خلال التفكير في التفكير وإجراءاته واسترتيجياته لتحسين التفكير وبالتالي تحسين الـتعلم. :De Bono

(1992,P.9-14)

(http://www.mindtools.com)

(http://www.infopeople.org)

ومن نظريات هذه المدرسـة نظريـة الـتعلم المعتمـد عـلى العمليـات Process Based

Instruction والتي تختصر في PBI ترى هذه النظرية أنه يمكـن أن نكـسب الفـرد مهارات التفكير

المناسبة التي تساعده على التفكير حـول تفكيره، والعمـل عـلى تطـوير مـا يتمتـع بـه مـن تفكير،

واستخدام ذلك في تحسين تعلمه، وتطبيق ما تعلم في مواقف حياتية وتعليمية متنوعـة، وذلك وفـق

مخطط يحتوى أربع عمليات هي (البحث -الأداء -المتابعة-التحقق)

ويمكن تلخيص تلك النظريات وتفسيرها للتعلم وتأثيرها في طرائق التدريس في الجدول التالي:

نظريات التعلم في المدارس النفسية المختلفة وانعكاساتها في طرائق التدريس

النظريات / نتائجها	نظريات المدرسة **السلوكية**	نظريات المدرسة **الإدراكية**	نظريات المدرسة **البنائية**	نظريات المدرسة الاجتماعية	نظريات المدرسة المعرفية وما وراء المعرفية
تفسير التعلم	ارتباط بين المثير والاستجابة	تحويل ومعالجة المعلومات	اكتشاف وممارسة	التفاعل الناجح في السياق الاجتماعي	نمو التفكير ومهاراته
أسلوب التعلم	الحفظ والاستظهار	الفهم والتطبيق	حل المشكلات الواقعية	التعاون	التعلم بالتفكير في التفكير
استراتيجيات التعلم	العرض للتدريب والتغذية الراجعة	استراتيجيات التعلم الاستقصائي	استراتيجيات التعلم الذاتي وحل المشكلات المشكلات	استراتيجيات التعلم التعاوني	استراتيجيات تعلم معرفية- وما وراء المعرفية

- **الإسلام ونظريات التعليم والتعلم:**

إذا نظرنا إلى كتاب الله وسنة رسوله نجد أنهما ثريان للغاية بالآيات والأحاديث التي تفسر لنا عملية التعلم وترسم لنا سبل تحقيقه، وهما في هذا المجال لا يحقران شيئا مهما كان صغيرا يساعد على اكتساب العلم والمعرفة؛ نظرا لأن العلم طريق يصل بالمرء إلى الإيمان بالله وعبادته بطريقة صحيحة، لذا نجد أن الله يعلي من قيمة الحواس وأنها نعمة من الله وأن المرء ينبغي أن يستعين بها في اكتساب العلم والخبرات وشتى أمور الحياة، قال تعالى :" وَاللّهُ أَخْرَجَكُم مِّن بُطُونِ أُمَّهَاتِكُمْ لاَ تَعْلَمُونَ شَيْئاً وَجَعَلَ لَكُمُ الْسَّمْعَ وَالأَبْصَارَ وَالأَفْئِدَةَ لَعَلَّكُمْ تَشْكُرُونَ " (سورة النحل: ٧٨)

وهناك الكثير من الآيات التي تتحدث عن الحواس المختلفة السمع والبصر والذوق والشم واللمس بصورة مباشرة أو غير مباشرة منها قوله تعالى : إِنَّ الَّذِينَ كَفَرُوا بِآيَاتِنَا سَوْفَ نُصْلِيهِمْ نَارًا كُلَّمَا نَضِجَتْ جُلُودُهُمْ بَدَّلْنَاهُمْ جُلُودًا غَيْرَهَا لِيَذُوقُوا الْعَذَابَ إِنَّ اللهَ كَانَ عَزِيزًا حَكِيمًا " (سورة النساء : ٥٦) " والجلد هو أداة حاسة اللمس، وقوله تعالى : " وَلَمَّا فَصَلَتِ الْعِيرُ قَالَ أَبُوهُمْ إِنِّي لَأَجِدُ رِيحَ يُوسُفَ لَوْلاَ أَن تُفَنِّدُونِ " (سورة يوسف: آية ٩٤)، والريح يدرك بحاسة الشم، وقوله تعالى :" مَثَلُ الجَنَّةِ التِي وُعِدَ المُتَّقُونَ فِيهَا أَنْهَارٌ مِنْ مَاءٍ غَيْرِ آسِنٍ وَأَنْهَارٌ مِنْ لَبَنٍ لَمْ يَتَغَيَّرْ طَعْمُهُ وَأَنْهَارٌ مِنْ خَمْرٍ لَذَّةٍ لِلشَّارِبِينَ " (سورة محمد : ١٥) إن إدراك ما سبق يكون عن طريق حاسة التذوق لدى الإنسان.. وقد عاب الله على الكافرين عدم استخدامهم لحواسهم في إدراك الحقائق المباشرة وغير المباشرة وأعظمها ما يدل على وجود الله ووحدانيته قال تعالى :

" وَلَقَدْ ذَرَأْنَا لِجَهَنَّمَ كَثِيراً مِّنَ الْجِنِّ وَالإِنسِ لَهُمْ قُلُوبٌ لاَّ يَفْقَهُونَ بِهَا وَلَهُمْ أَعْيُنٌ لاَّ يُبْصِرُونَ بِهَا وَلَهُمْ آذَانٌ لاَّ يَسْمَعُونَ بِهَا أُوْلَـئِكَ كَالأَنْعَامِ بَلْ هُمْ أَضَلُّ أُوْلَـئِكَ هُمُ الْغَافِلُونَ " (سورة الأعراف: الآية ١٧٩)

وهذا يتفق مع أصحاب نظريات المدرسة السلوكية الذين يعلون ويقدرون قيمة الحواس في التعلم وتفسيره ..

وكما اهتم الإسلام بالحواس اهتم أيضا بالعقل لكونه أداة مهمة من أدوات اكتساب العلم والمعرفة فخاطبه في كثير من الآيات ويظهر ذلك في خطاب الله للعقل في قوله :" آيَاتٍ لِّقَوْمٍ يَعْقِلُونَ" (سورة البقرة: الآية ١٦٤)(سورة الرعد: الآية ٤) (سورة النحل: الآية ١٢) (النحل: الآية ٦٧) (العنكبوت الآية ٣٥) الروم الآية ٢٤) (الروم الآية ٢٨) (الجاثية: الآية٥) كما خاطب اللب أيضا فقال (إِنَّ فِي خَلْقِ السَّمَاوَاتِ وَالأَرْضِ وَاخْتِلاَفِ اللَّيْلِ وَالنَّهَارِ لآيَاتٍ لِّأُوْلِي الألْبَابِ " (سورة آل عمران : الآية ١٩٠)، وخاطب التفكير فقال :" لَعَلَّهُمْ يَتَفَكَّرُونَ " (سورة الأعراف: الآية ١٧٦)، وقال أيضا :" لِّقَوْمٍ يَتَفَكَّرُونَ" (سورة يونس: الآية ٢٤) (سورة الرعد : الآية ٣) (سورة النحل: الآية ١١) (سورة النحل الآية ٦٩) (سورة الروم : الآية ٢١) (سورة الزمر: الآية ٤٢) (سورة الجاثية : الآية ١٣)، وهذا يعني دعوة صريحة للعقل وضرورة إعماله لاكتساب العلم ومعالجة ما يتم استقباله من العالم الخارجي من معلومات .

ويتفق الإسلام في تلك النظرة مع أصحاب نظريات المدرسة الإدراكية في أهمية العقل في التعلم.

كما دعا الإسلام إلى ضرورة اكتشاف العالم من حولنا لا كتساب المعلومات والمعارف، وتوظيف ما نتعلمه من معلومات في المواقف الحياتية وحل ما يقابلنا من مشكلات، ودمج ما نتعلمه من معلومات في بني معرفية تحقق الفهم والتوظيف لكل المعلومات التي تصل إلينا، ويتضح ذلك جليا في كثير من الآيات وخاصة تلك التي ربطت بين الإيمان القائم على المعرفة الحقيقية لله والعمل المتفق والمتسق معها، وضرورة أن نصوب أعمالنا وفقا ما لدينا من معلومات دينية وإلا فلا قيمة للعلم والإيمان بدون عمل،لذا لا يذكر في القرآن الإيمان إلا وتبعه العمل؛ حيث ورد ذلك في أكثر من

خمسين موضعا في القرآن الكريم .كما أن نزول القرآن منجما كان يهدف إلى تثبيت فؤاد رسول الله - صلى الله عليه وسلم - في مختلف المواقف حيث ينزل العلم الرباني على قلب رسوله حكما فصلا في مختلف مواقف الحياة قال تعالى :" وَقَالَ الَّذِينَ كَفَرُوا لَوْلَا نُزِّلَ عَلَيْهِ الْقُرْآنُ جُمْلَةً وَاحِدَةً كَذَلِكَ لِنُثَبِّتَ بِهِ فُؤَادَكَ وَرَتَّلْنَاهُ تَرْتِيلاً " (سورة الفرقان: الآية ٣٢)؛ لذا بُني القرآن في حياة المسلمين وفي قلوبهم، وصار لكل آية دلالة حية في عقولهم وجوارحهم ..

وهذا يجعل الإسلام متسقا مع ما أورده اصحاب نظريات المدرسة البنائية التي ترى أن المعرفة يتم بناؤها في عقل الإنسان وأن كل معلومة جديدة لا بد أن يكون لها دلالة من خلال دمجها وتكيفها مع البنية المعرفية للمتعلم وربطها بمواقف الحياة .

كما شجعنا الإسلام على اكتساب المعرفة في سياقات مختلفة سواء السياق اللغوي أم الانفعالي الاجتماعي، وهذا يتضح جليا من توظيف القرآن الكريم للغة العربية بصورة دقيقة بحيث ينقل من خلالها ما يريد من معان وأحكام دينية للناس في دقة متناهية جعلت من اللغة العربية وجها من وجوه إعجازه، قال تعالى : " إِنَّا أَنزَلْنَاهُ قُرْآناً عَرَبِيّاً لَّعَلَّكُمْ تَعْقِلُونَ] (سورة يوسف: الآية ٢)، كما أن للسياقات الانفعالية دور عظيم في الإسلام ويتضح ذلك في مخاطبة القرآن لمشاعر وإفئدة الناس قبل مخاطبة أبدانهم فترى المؤمن عند سماعه لكتاب الله ترق مشاعره ويقشعر جلده من خشية الله تعالى لأنه يصل من خلال التواصل مع السياقات الوجدانية في القرآن إلى معان عظيمة لا يدركها إلا من وهبه الله إيمانا عميقا ومشاعر فياضة، وقد أشار الله إلى ذلك في كثير من الآيات قال تعالى :" اللهُ نَزَّلَ أَحْسَنَ الْحَدِيثِ كِتَاباً مُّتَشَابِهاً مَّثَانِيَ تَقْشَعِرُّ مِنْهُ جُلُودُ الَّذِينَ يَخْشَوْنَ رَبَّهُمْ ثُمَّ تَلِينُ جُلُودُهُمْ وَقُلُوبُهُمْ إِلَى ذِكْرِ اللهِ ذَلِكَ هُدَى اللهِ يَهْدِي بِهِ مَنْ يَشَاءُ وَمَن يُضْلِلْ اللهُ فَمَا لَهُ مِنْ هَادٍ " (سورة الزمر: الآية ٢٣)

وكذلك شجعنا على التعلم في سياقات اجتماعية قائمة على تعاون المتعلمين ومشاركتهم في نشاطات التعلم بل إن التعاون مبدأ إسلامي في شتي مظاهر الحياة، والمتأمل للعبادات يدرك معني الجماعة والتعاون في أسمى صورة .. وقد شجعنا الإسلام على التعلم في سياق اجتماعي تعاوني ومن ذلك قوله تعالى :" وَتَعَاوَنُواْ عَلَى الْبرِّ وَالتَّقْوَى وَلاَ تَعَاوَنُواْ عَلَى الإِثْمِ وَالْعُدْوَانِ وَاتَّقُواْ اللـه إِنَّ اللـه شَدِيدُ الْعِقَابِ " (سورة المائدة : الآية ٢) وأليس من البر بل من سنام البر طلب العلم .. وسنة رسول اللـه مليئة بالأحاديث التي تعكس لنا صورا وأنماطا مختلفة للتعاون ليس في العلم فقط وإنما في مواقف مختلفة في الحياة، وقد شجع على ذلك رسول اللـه في الكثير من الأحاديث منها قوله- صلى اللـه عليه وسلم -:" .. **وَمَا اجْتَمَعَ قَوْمٌ فِي بَيْتٍ مِنْ بُيُوتِ اللـه يَتْلُونَ كِتَابَ اللـه وَيَتَدَارَسُونَهُ بَيْنَهُمْ إِلاَّ نَزَلَتْ عَلَيْهِمُ السَّكِينَةُ وَغَشِيَتْهُمُ الرَّحْمَةُ وَحَفَّتْهُمُ الْمَلاَئِكَةُ وَذَكَرَهُمُ اللـه فِيمَنْ عِنْدَهُ وَمَنْ بَطَّأَ بِهِ عَمَلُهُ لَمْ يُسْرِعْ بِهِ نَسَبُهُ** " . رواه مسلم .

إن هذا الاهتمام بالسياق الاجتماعي والجماعة في الذكر والعلم وشتى المواقف.. يتفق مع ما نادت به نظريات المدرسة الاجتماعية التي تعلى من شأن الجوانب الاجتماعية لتحقيق التعلم وترتب عليها ظهور استراتيجيات متعددة تسمى باستراتيجيات التعلم التعاوني التي تضرب بجذورها في أعماق الإسلام..

وإذا كان الإسلام قد عني بالعقل لاستخدامه في طلب العلم فإنه شجعنا على إعمال ذلك العقل وتنشيطه وتشجيعه على انتاج أفكار جديدة تفيد المسلم في شتى جوانب الحياة، وبل ودعانا جميعا -خاصة رجال العلم- إلى إعمال العقل في أمور ديننا في كثير من المواقف وإلا فكيف يتم الوصول إلى القياس أو الاجتهاد في القضايا المعاصرة من غير إعمال وتنشيط للفكر والعقل شريطة أن يكون ذلك في إطار نص، والمتخصصون في مجال الدراسات والعلوم الدينية لهم باع كبير في هذا المجال .. ونتيجة لذلك حرص القرآن الكريم على مخاطبة العقل للتفكير والتأمل والخروج من ذلك

بفكرة مفادها أن الـلـه واحد لا شريك له .. وكذلك حـرص رسـول الـلـه عـلى مخاطبـة عقـول النـاس وتشجيعهم على استقبال الأفكار والوصول بها إلى أفكار جديدة..

إن نظرة الإسلام المشجعة عـلى إعـمال العقـل وإنتـاج الأفكـار ليـدعوا إلى الدهـشة وكيـف أن الإسلام قد سبق الغرب في هذا المجال، وهو بذلك يتفق مع ما نـادى بـه أصـحاب نظريـات المدرسـة المعرفية وما وراء المعرفية الداعية إلى توظيف التفكير وتنميـة التفكـير ومهاراتـه في مواقـف الـتعلم، فنمو التفكير يؤدي إلى تعلم أفضل .

إن الفرق الجوهري بين نظرة الإسلام ونظرة النظريات الغربية في تفسير التعلم تكمن فيما يلي:

- أن الإسلام يفسر التعلم تفسيرا شاملا وقد عرضنا هنا بعض جوانبه،بينما النظريـات الغربيـة تفسر التعلم تفسيرا جزئيا قاصرا على إدراك جانب واحد مع إهمال بقية الجوانب الأخرى، فهناك من اهتم بالحواس، وثان اهتم بالعقل، وثالث بالتفكير ..

- أن تفسير الإسلام للتعلم يتفق ويتناسب مع ذلك التنوع في مواقف التعلم نـوع المعلومـات أعمار المتعلمين، تنوع العلوم، تعقيدها وبساطتها .. وغير ذلك، بينما تفسير أي نظرية غربيـة للـتعلم يكون مناسبا في بعض العلوم دون البعض، وبعض المواقف دون الأخرى ..

- أن تفسير الإسلام للتعلم كان تفسيرا ممتدا غير محدود، فكلما أطلنا النظر في كتـاب الـلـه وسنة رسوله ندرك جانبا جديدا يوضح لنا طبيعة التعلم كما يراها الإسلام ؛ لذا ما عرضـته هنـا حـول تفسير الإسلام للتعلم هو قطرة من بحر وقليل من كثير.. وأن هـذا التفـسير قابـل للتطـوير والاتـساع كلما ازداد المرء فهما لكتاب الـلـه وسنة رسوله.

- أن العقل الإنساني عندما يجتهد قد يصل إلى حقائق يمكن تدعيمها بما جاء في كتـاب الـلـه وسنة رسوله.. فالعقل والدين يتكاملان لا يتعارضان ..

القدرات العقلية:

عني الإسلام عناية كبيرة بالعقل وبالمهارات العقلية وضرورة استخدامها في كل الأمور كالتعلم والإيمان بالله ؛ لذا هناك الكثير من الآيات والأحاديث التي أشارت إلى ذلك- كما أشرت سابقا- منها قوله تعالى : " إن في ذلك لآيات لأولي الألباب" وقوله :" إن في ذ لك لآيات لقوم يتفكرون "، وقوله تعالى :" إن في ذلك لآيات لقوم يعقلون " ودعانا الإسلام إلى التفكر والتذكر والفهم والتحليل والتركيب والتطبيق والتقويم والتأمل والتدبر والاعتبار والمقارنة والربط والاستنباط والاستقراء .. وغيرها من المهارات العقلية اللازمة للتعلم بصفة عامة ولتعلم كتاب الله وسنة رسوله بصفة خاصة ومن أراد المزيد فليقرأ كتاب الله تعالى وسنة رسوله " ومن ذلك قوله تعالى :

" وَذَكِّرْ فَإِنَّ الذِّكْرَى تَنفَعُ الْمُؤْمِنِينَ " (سورة الذاريات: الآية ٥٥) فهنا دعوة للتذكر.وقوله تعالى :" وَالَّذِينَ إِذَا فَعَلُوا فَاحِشَةً أَوْ ظَلَمُوا أَنفُسَهُمْ ذَكَرُوا اللَّهَ فَاسْتَغْفَرُوا لِذُنُوبِهِمْ وَمَن يَغْفِرُ الذُّنُوبَ إِلَّا اللَّهُ وَلَمْ يُصِرُّوا عَلَى مَا فَعَلُوا وَهُمْ يَعْلَمُونَ " (سورة آل عمران: الآية ١٣٥) دعوة لتأمل الذات وتقويمها . وقوله تعالى :" إِذْ قَالَ لِأَبِيهِ وَقَوْمِهِ مَاذَا تَعْبُدُونَ(٨٥) أَئِفْكًا آلِهَةً دُونَ اللَّهِ تُرِيدُونَ(٨٦) فَمَا ظَنُّكُم بِرَبِّ الْعَالَمِينَ(٨٧) فَنَظَرَ نَظْرَةً فِي النُّجُومِ(٨٨) فَقَالَ إِنِّي سَقِيمٌ(٨٩) فَتَوَلَّوْا عَنْهُ مُدْبِرِينَ(٩٠) فَرَاغَ إِلَى آلِهَتِهِمْ فَقَالَ أَلَا تَأْكُلُونَ(٩١) مَا لَكُمْ لَا تَنطِقُونَ(٩٢) فَرَاغَ عَلَيْهِمْ ضَرْبًا بِالْيَمِينِ(٩٣) فَأَقْبَلُوا إِلَيْهِ يَزِفُّونَ(٩٤) قَالَ أَتَعْبُدُونَ مَا تَنْحِتُونَ(٩٥) وَاللَّهُ خَلَقَكُمْ وَمَا تَعْمَلُونَ " (سورة الصافات: الآيات ٨٥-٩٥). وفيها دعوة للجدل العقلي والحوار البناء، والتفكير الناقد والمنطقي.

وقوله تعالى : " أَلَمْ تَرَ إِلَى الَّذِي حَاجَّ إِبْرَاهِيمَ فِي رَبِّهِ أَنْ آتَاهُ اللَّهُ الْمُلْكَ إِذْ قَالَ إِبْرَاهِيمُ رَبِّيَ الَّذِي يُحْيِي وَيُمِيتُ قَالَ أَنَا أُحْيِي وَأُمِيتُ قَالَ إِبْرَاهِيمُ فَإِنَّ اللَّهَ يَأْتِي بِالشَّمْسِ مِنَ الْمَشْرِقِ فَأْتِ بِهَا مِنَ الْمَغْرِبِ فَبُهِتَ الَّذِي كَفَرَ وَاللَّهُ لَا يَهْدِي الْقَوْمَ الظَّالِمِينَ " (سورة البقرة: الآية ٢٥٨) وفيها دعوة للبرهنة العقلية

وقوله تعالى :" أَفَلَا يَتَدَبَّرُونَ الْقُرْآنَ أَمْ عَلَى قُلُوبٍ أَقْفَالُهَا " (سورة محمد: الآية ٢٤) دعوة للتدبر

" وقوله تعالى :" أَوْ كَالَّذِي مَرَّ عَلَى قَرْيَةٍ وَهِيَ خَاوِيَةٌ عَلَى عُرُوشِهَا قَالَ أَنَّىَ يُحْيِي هَذِهِ اللَّه بَعْدَ مَوْتِهَا فَأَمَاتَهُ اللَّه مِئَةَ عَامٍ ثُمَّ بَعَثَهُ قَالَ كَمْ لَبِثْتَ قَالَ لَبِثْتُ يَوْماً أَوْ بَعْضَ يَوْمٍ قَالَ بَل لَّبِثْتَ مِئَةَ عَامٍ فَانظُرْ إِلَى طَعَامِكَ وَشَرَابِكَ لَمْ يَتَسَنَّهْ وَانظُرْ إِلَى حِمَارِكَ وَلِنَجْعَلَكَ آيَةً لِّلنَّاسِ وَانظُرْ إِلَى العِظَامِ كَيْفَ نُنشِزُهَا ثُمَّ نَكْسُوهَا لَحْماً فَلَمَّا تَبَيَّنَ لَهُ قَالَ أَعْلَمُ أَنَّ اللَّه عَلَى كُلِّ شَيْءٍ قَدِيرٌ " (سورة البقرة : الآية ٢٥٩) دعوة للتأمل والاستدلال على قدرة الله ..

" وقوله تعالى:" أَلَيْسَ اللَّه بِأَحْكَمِ الْحَاكِمِينَ " (سورة التين: الآية ٨) دعوة للإقرار

" وقوله تعالى :" فَفَهَّمْنَاهَا سُلَيْمَانَ وَكُلّاً آتَيْنَا حُكْماً وَعِلْماً وَسَخَّرْنَا مَعَ دَاوُودَ الْجِبَالَ يُسَبِّحْنَ وَالطَّيْرَ وَكُنَّا فَاعِلِينَ " (سورة الأنبياء : الآية ٧٩) دعوة للفهم.

وقوله تعالى :" وَلَئِن سَأَلْتَهُم مَّنْ خَلَقَ السَّمَاوَاتِ وَالْأَرْضَ وَسَخَّرَ الشَّمْسَ وَالْقَمَرَ لَيَقُولُنَّ اللَّه فَأَنَّى يُؤْفَكُونَ " (سورة العنكبوت: الآية ٦١)،دعوة للتساؤل .

وقوله تعالى : "وَلَئِن سَأَلْتَهُم مَّنْ خَلَقَ السَّمَاوَاتِ وَالْأَرْضَ لَيَقُولُنَّ اللَّه قُلِ الْحَمْدُ للَّه بَلْ أَكْثَرُهُمْ لَا يَعْلَمُونَ " (سورة لقمان: الآية ٢٥) دعوة للاستدلال .

وقوله تعالى: وَلَئِن سَأَلْتَهُم مَّنْ خَلَقَ السَّمَاوَاتِ وَالْأَرْضَ لَيَقُولُنَّ اللَّه قُلْ أَفَرَأَيْتُم مَّا تَدْعُونَ مِن دُونِ اللَّه إِنْ أَرَادَنِيَ اللَّه بِضُرٍّ هَلْ هُنَّ كَاشِفَاتُ ضُرِّهِ أَوْ أَرَادَنِي بِرَحْمَةٍ هَلْ هُنَّ مُمْسِكَاتُ رَحْمَتِهِ قُلْ حَسْبِيَ اللَّه عَلَيْهِ يَتَوَكَّلُ الْمُتَوَكِّلُونَ " (سورة الزمر : الآية ٣٨) دعوة لاستخدام التحليل وعرض الأسباب والحجج.

وقوله تعالى :" كُلُوا وَارْعَوْا أَنْعَامَكُمْ إِنَّ فِي ذَلِكَ لَآيَاتٍ لِّأُوْلِي النُّهَى " (سورة **طه** : الآية ٥٤)

وقوله تعالى :" أَفَلَمْ يَهْدِ لَهُمْ كَمْ أَهْلَكْنَا قَبْلَهُم مِّنَ الْقُرُونِ يَمْشُونَ فِي مَسَاكِنِهِمْ إِنَّ فِي ذَلِكَ لَآيَاتٍ لِّأُوْلِي النُّهَى " (سورة طه :الآية ١٢٨) دعوة للتبرير وربط الأسباب بالنتائج.

وقوله تعالى :" وَإِذْ قَالَ إِبْرَاهِيمُ رَبِّ أَرِنِي كَيْفَ تُحْيِـي الْمَوْتَى قَالَ أَوَلَمْ تُؤْمِن قَالَ بَلَى وَلَكِن لِّيَطْمَئِنَّ قَلْبِي قَالَ فَخُذْ أَرْبَعَةً مِّنَ الطَّيْرِ فَصُرْهُنَّ إِلَيْكَ ثُمَّ اجْعَلْ عَلَى كُلِّ جَبَلٍ مِّنْهُنَّ جُزْءاً ثُمَّ ادْعُهُنَّ يَأْتِينَكَ سَعْياً وَاعْلَمْ أَنَّ اللّه عَزِيزٌ حَكِيمٌ " (سورة البقرة: الآية ٢٦٠) دعوة للتفكير العلمي.

وهناك الكثير والكثير من الآيات التي تحتاج إلى المهارات العقلية المختلفة لفهمها فهما جيدا لا يتسع المقام لذكرها ..

ومن السنة أحاديث كثيرة تدعوا إلى استخدام مهارات التفكير منها قوله عليه الصلاة والسلام :" أرأيتم لو أن نهرا بباب أحدكم يغتسل منه كل يوم خمس مرات هل يبقى من درنه شيء قالوا لا يبقى من درنه شيء قال فذلك مثل الصلوات الخمس يمحو الله بهن الخطايا.." رواه مسلم . حيث يتضمن الحديث دعوة لإعمال العقل من أجل الفهم والمقارنة والتحليل.

وقوله – صلى الله عليه وسلم_"إن من الشجر شجرة لا يسقط ورقها. وهي مثل المسلم. حدثوني ما هي؟ فوقع الناس في شجر البوادي. ووقع في قلبي أنها النخلة قال عبد الله: فاستحييت أن أقول ذلك! فقالوا: يا رسول الله أخبرنا بها؟ فقال رسول الله صلي الله عليه وسلم" :هي النخلة ." وهنا دعوة إلى الاستقراء، والتمثيل والتشبيه والربط.

وقوله :" إنما مثل الجليس الصالح والجليس السوء كحامل المسك ونافخ الكير، فحامل المسك إما أن يحذيك، وإما أن تبتاع منه، وإما أن تجد منه ريحًا طيبة، ونافخ الكير إما أن يحرق ثيابك، وإما أن تجد منه ريحًا خبيثة".." دعوة للمقارنة والتمثيل .

وقوله :" مثل القائم على حدود الله والمدهن فيها كمثل قوم استهموا على سفينة في البحر، فأصاب بعضهم أسفلها وبعضهم أعلاها، وكان الذين في أسفلها يخرجون ويستقون الماء، ويصبون على الذين أعلاها فيؤذونهم، فقالوا: لا ندعكم تمرون علينا فتؤذوننا، فقال الذين في أسفلها: أما إذا منعتمونا فننقب السفينة من أسفلها فنستقي. قال: فإن أخذوا على أيديهم فمنعوهم نجوا جميعا، وإن تركوهم هلكوا جميعا " دعوة للتفكير وتوقع النتائج.

وقوله :" إنما مثلي ومثل الناس كمثل رجل استوقد نارا، فلما أضاءت ما حوله جعل الفراش وهذه الدواب التي تقع في النار يقعن فيها، فجعل ينزعهن ويغلبنه فيقتحمن فيها، فأنا آخذ بحجزكم عن النار، وأنتم تقحمون فيه" هكذا قال رسول الله صلى الله عليه وسلم فيما رواه عنه البخاري ومسلم رحمهما الله . وفي رواية: "أنا آخذ بحجزكم عن النار : هلم عن النار، هلم عن النار، فتغلبوني، فتقتحمون فيها (صححه الألباني في صحيح الجامع). وهنا دعوة للتبرير والتمثيل والتوقع.

وقوله :" مثل ما بعثني اله به من الهدى والعلم كمثل الغيث الكثير أصاب أرضاً، فكان منها نقية قبلت الماء فأنبتت الكلأ والعشب الكثير، وكانت منها أجادب أمسكت الماء، فنفع الله بها الناس فشربوا وسقوا وزرعوا، وأصاب منها طائفة أخرى إنما هي قيعان لا تمسك ماءً ولا تنبت الكلأ فذلك مثل من فقه في دين الله ونفعه ما بعثني الله به فعلم وعلم، ومثل من لم يرفع بذلك رأساً، ولم يقبل هدى الله الذي أرسلت به" . رواه البخاري . وهنا دعوة للبحث والتأمل والمقارنة والتجليل.

وقوله :" الطُّهُورُ شَطْرُ الْإِيمَانِ وَالْحَمْدُ لله تَمْلَأُ الْمِيزَانَ وَسُبْحَانَ الله وَالْحَمْدُ لله تَمْلَآنِ أَوْ تَمْلَأُ مَا بَيْنَ السَّمَاوَاتِ وَالْأَرْضِ وَالصَّلَاةُ نُورٌ وَالصَّدَقَةُ بُرْهَانٌ وَالصَّبْرُ ضِيَاءٌ وَالْقُرْآنُ حُجَّةٌ لَكَ أَوْ عَلَيْكَ كُلُّ النَّاسِ يَغْدُو فَبَايِعٌ نَفْسَهُ فَمُعْتِقُهَا أَوْ مُوبِقُهَا " رواه مسلم وهنا دعوة للسرد والتحليل والاستدلال.

ففهم مثل هذه الأحاديث تحتاج منا كي نفهمها فهما صحيحا إلى استخدام مهارات التفكير فمنها ما يحتاج إلى خطوات التفكير العلمي، ومنها ما يحتاج إلى تفكير ناقد، ومنها ما يحتاج إلى استنباط، ومنها ما يتطلب استقراء أو تحليل أو وصف.. وهكذا .

٣- الأسس الاجتماعية:

المدرسة مؤسسة اجتماعية تهدف إلى تحقيق أهداف المجتمع من خلال ما تقدمه من مناهج مختلفة لطلابها، ولكي تنجح المدرسة في تحقيق أهدافها التي وضعها المجتمع يجب أن تراغي في مناهجها مجموعة من الأسس الاجتماعية التي تستمد من المجتمع وطبيعته وثقافته وتوجهاته عند بناء مناهجها ؛ وإلا فسوف تكون تلك المناهج أعضاء غريبة وغير مقبولة وملفوظة من جهة المجتمع، وأهم هذه الأسس ما يلي :

أ- ثقافة المجتمع : ويقصد بالثقافة هنا كل ما في المجتمع من جوانب معنوية ومادية، تميز هذا المجتمع عن غيره من المجتمعات، وتتكون من مجموعة من العناصر هي :

١- عناصر ثقافية معنوية : مثل قيم وتقاليد وعادات ولغة وأفكار المجتمع.

٢- عناصر مادية: كالمأكل والمشرب والملبس والمسكن .. وغير ذلك من الجوانب المادية.

وهذه العناصر الثقافية تتنوع من حيث العموم والخصوص على النحو التالي:

١- عناصر ثقافية عامة : وهي تلك التي تشترك بين جميع طوائف وأفراد المجتمع، كاللغة والدين والقيم والملبس الإسلامي.. وغيرها من العناصر الثقافية المشتركة، سواء كانت مادية أم معنوية، وينبغي أن تراعي في بناء المنهج فيتم تقديمها من خلال المنهج لجميع المدارس والمناطق لعمل أرضية مشتركة عامة بين جميع المتعلمين لكي يكونوا نسيجا واحدا متآلفاً وغير متنافر يدعم المجتمع ويوحده بصورة أفضل..

٢- عناصر الثقافية الخاصة : وهي تلك الجوانب المادية والفكرية التي تختلف من مكان لمكان ومن جماعة لجماعة داخل المجتمع الواحد كاختلاف الملبس والمأكل والمشرب والمنازل والتقاليد والعادات بين الريف والحضر والجنوب والشمال والشرق

والغرب .. وهذا يتطلب منا مراعاة ذلك في بناء المنهج فما نقدمه لطلاب الريف يختلف عـن طـلاب الحضر بحيث يراعي عناصرهم الثقافية الخاصة وهكذا بالنسبة لطلاب المدينـة بـرغم وجـود أرضية مشتركة للثقافة في المنهج كله؛ وذلك لإحداث نوع من التنـوع والـثراء في المـنهج مـما يجعلـه مناسبا لجميع البيئات.

إن مراعاة المنهج لثقافة المجتمع والعمل على إكسابها للطلاب يؤدي إلى تخريج طلاب مؤتلفين بمجتمعهم متفاهمين معه، منصهرين فيه قائمين بما يسند إليهم من أعمال ومهام في مراحل حياتهم المختلفة.

إن ما تعانيه ـ الآن ـ الكثير من المجتمعات العربية والإسلامية مـن مـشكلات اجتماعيـة وأخلاقية تبدو في سلوكيات غير سوية لدى بعض أبنائها هو نتيجة طبيعية لتبني مؤسساتها التعليمية مناهج غربية لا تتفق تماما مع ثقافتنا العربيـة الإسلامية بحجـة أنها أكـثر تطورا علميا وحضاريا، فتخرجت من المدارس أجيال مغربة عن مجتمعها وثقافته، وتكون مجتمعاتنا بـذلك قـد جنت على نفسها " كما جنت على نفسها براقش"..في حين كان ينبغي أن تغربل هذه المناهج وتعاد صياغتها من جديد في ضوء مجتمعاتنا وطبيعتها وثقافتها، ونأخذ محتوياتهـا العلميـة لا الثقافيـة والاجتماعيـة والقيمية، فنأخذ ما ينفعنا ونرد إليهم ما لا ينفعنا..بل ومن العجيب أننا نرى الآباء والأمهات فرحين بأبنائهم الذين درسوا تلك المناهج لأن أبناءهم يتحدثون الإنجليزية أو الفرنسية أو الألمانية .. بطلاقة، ولا يلقون بالا إلى ما يعانيه أبناؤهم من تدن في اللغة العربية والعلوم الدينية وقيم وتقاليد وعادات المجتمع، وما يقومون به من تقليد للمجتمعـات الغربيـة يخـرج المـرء عـن دينـه وثقافته وتقاليـده وقيمه وعاداته الأصيلة وهو لا يدري ..

إنني أؤيد الحداثة ولكن الحداثة الانتقائية التي تقوم على اختيار ما يناسبنا من الغرب ويحقق لنا التقدم والرقي، ولا يضر في الوقت نفسه بديننا وثقافتنا وفكرنا ولغتنا، فالإسلام يدعونا إلى المدنيـة والتحضر وكلما اقترنا منه كلما تحضرنا أكثر..

إن بناء المنهج مع تجاهل للمجتمع وثقافته جرم لا يغتفر في حق أبنائنا، لذا ينبغي أن تستند هذه المهمة إلى الثقات من العلماء والمتخصصين ممن يرضى المجتمع دينهم وأخلاقهم وعلمهم..

٤- الأسس المعرفية:

لا شك أن المعرفة جزء لا يتجزأ من المنهج، فهي مكون وغاية من غاياته ولا يمكن تجاهلها وتجاهل طبيعتها ومصادرها عند بناء المنهج، وهذا يدعونا إلى ضرورة مراعاة عدة أسس معرفية في بناء المنهج تنطلق من المعرفة وطبيعتها ومصادرها، وأهم هذه الأسس ما يلي:

- أن المعرفة متنوعة الموضوعات والمجالات، فلا يوجد مجال من المجالات لا يعتمد على معرفة خاصة ومتعلقة به، سواء كان المجال نظريا أم عمليا، دينيا أم دنيويا..

وينبغي مراعاة ذلك في بناء المنهج من خلال تنوع المناهج وعدم اقتصارها على مجال دون آخر حتى يتوافق المنهج مع طبيعة المعرفة المتنوعة

- أنها شاملة لجميع الجوانب وليست قاصرة على جانب دون آخر، لأن المعرفة إذا كانت غير شاملة فسوف تكون مشوهة، وقد يؤدي الأخذ بها إلى نتائج سيئة لا يحمد عقباها .. فعلينا أن نتخيل أنفسنا إذا عرفنا بعض خطوات حل مسألة رياضية هل يصل بنا ذلك إلى ما نريد من أهداف؟!

- وعليه ينبغي أن نحرص على تقديم المعرفة داخل مناهجنا بصورة تامة غير مبتورة تترك التلميذ في حيرة من أمره لا يدري ما معنى ما تعلم ولا كيف يكمل ما تعلم .

- أن المعرفة متغيرة ومتجددة فليست معرفة اليوم كالأمس أو الغد، فكما يقولون " المرء لا ينزل النهر مرتين " فالمعرفة متجددة دائماً، فالمنهج الذي لا يضع في اعتباره التطور والتغير المعرفي يكون منهجا عقيما لا يصلح للطلاب ولا لحياتهم فكيف يدرسون منهجا منعزلاً عن طبيعة العصر المتفجرة معرفيا.

- أن المعرفة نسبية تختلف من شخص إلى آخر برغم مرجعيتها المعيارية، وهذا يدفعنا إلى مراعاة تلك النسبية في المعرفة لدى المتعلمين فلا نخاطب الطلاب على أنهم يعرفون كل شيء أو أنهم

لا يعرفون أي شيء وإنما تقدم لهم من المعرفة ما يناسب الجميع المنخفض والمتوسط والمرتفع معرفيا وعقلياً ومهارياً، ويظهر ذلك في المحتوى والوسائل وطرائق التدريس والأنشطة التعليمة المتضمنة في المنهج .

- أن للمعرفة مصادر يجب الاهتمام بها، وهي الوحي والعقل والحس في الإسلام، والعقل والحس في غير الإسلام، فلا نضع في مناهجنا من المعارف ما لم يتم التوصل إليه بواحدة مما سبق وإلا فهي معرفة مشكوك فيها لا ترقى إلى درجة الثقة، وكل مصادر المعرفة قابلة للتشكيك والتعديل عدا المعرفة التي مصدرها الوحي (القرآن والسنة) لأنها جاءت إلينا من الله الذي له كل كمال يليق بذاته المقدسة، بينما معرفة الحواس والعقل فهي مسلم بصحتها حتى يتضح العكس .

- أن المعرفة تحتاج إلى البحث والتنقيب لا السلبية والخمول، وعلى المنهج أن ينظم معارفه من خلال أنشطة تعليم وتعلم وطرائق تدريس تساعد وتشجع الطلاب على البحث والتنقيب والمشاركة وإجراء التجارب حتى تكون المعرفة ذات دلالة ووظيفية، ولنا في قصة إبراهيم -عليه السلام- مثال على البحث والتنقيب وإجراء التجربة للوصول إلى المعلومة التي كان يمكن أن يصل إليها ببساطة وبدون جهد عندما سأل الله عز وجل عن كيفية إحياء الموتى قال تعالى : " وَإِذْ قَالَ إِبْرَاهِيمُ رَبِّ أَرِنِي كَيْفَ تُحْيِ الْمَوْتَى " البقرة :الآية ٢٦٠.

- أن للمعرفة أدوات ينبغي توافرها واستخدامها من أجل الحصول على المعرفة، فكيف يمكن لنا الحصول على المعرفة بدون وجود العقل أو الحواس، فبهما يتواصل ويتفاعل الفرد مع العالم من حوله ويكتسب المعرفة من مصادرها المختلفة الدينية والدنيوية، الإلهية والبشرية.. لذا أشار الله إلي ذلك بقوله :" وَاللَّه أَخْرَجَكُمْ مِنْ بُطُونِ أُمَّهَاتِكُمْ لا تَعْلَمُونَ شَيْئًا وَجَعَلَ لَكُمُ السَّمْعَ وَالأَبْصَارَ وَالأَفْئِدَةَ لَعَلَّكُمْ تَشْكُرُونَ " (سورة النحل : الآية ٧٨)

وهذا يعني ضرورة مراعاة المنهج أدوات اكتساب المعرفة فيقدم المعرفة مراعيا السمع والبصر وطبيعتهما من خلال استخدام الوسائل التعليمية المختلفة المناسبة لهما، إضافة إلى تقديم المعرفة بطريقة تخاطب العقل وتدعوه إلى التفكير والتأمل والتدبر في الوصول للمعرفة وفهمها.

- أن المعرفة من موجهات السلوك وتكوين العقليات ورسم خريطة الفرد والأسرة والمجتمع، فلا يمكن أن نقوم بأي عمل من الأعمال إلا بعد اكتسابنا المعرفة الكاملة المتعلقة بهذا العمل ؛ وإلا فسوف يكون عملنا قائم على جهل وعشوائية وفشله أقرب من نجاحه، وهذا يدفعنا إلى ضرورة ربط أي معرفة نقدمها لأبنائنا بمواقف حياتية مختلفة لتطبيق وتوظيف هذه المعرفة، وأي موقف عملي لا بد أن يسبق بمعرفة نظرية كافية، وهذا الأمر ينسحب على أمور الدين والدنيا معا ؛ فعلى سبيل المثال :

- كيف أصلي بدون معرفة جيدة عن الصلاة .

- كيف أبني منزلا بدون معرفة معلومات جيدة عن البناء وأصوله ومهاراته .

- وقد بين الله ذلك وجعل إكساب المعرفة الصحيحة هدفا من أهداف إرسال الأنبياء والرسل قال تعالى :" هُوَ الَّذِي بَعَثَ فِي الْأُمِّيِّينَ رَسُولًا مِنْهُمْ يَتْلُو عَلَيْهِمْ آيَاتِهِ وَيُزَكِّيهِمْ وَيُعَلِّمُهُمُ الْكِتَابَ وَالْحِكْمَةَ وَإِنْ كَانُوا مِنْ قَبْلُ لَفِي ضَلَالٍ مُبِينٍ " (سورة الجمعة: الآية ٢)

- أن للمعرفة موضوعاتها منها ما هو متعلق بالدين كمعرفة الله والملائكة واليوم الآخر والرسل .. ومنها ما هو متعلق بأمور الدنيا كالزراعة والصناعة والطب ..وغير ذلك. وان الأفضلية تأتي لعلوم الدين لأن عليها صلاح الدنيا والآخرة، ثم يليها علوم الدنيا، وأن الإسلام رفع من شأن العلم والعلماء بغض النظر عن كونها علوم دين أم علوم دنيا، قال تعالى:" يَا أَيُّهَا الَّذِينَ آمَنُوا إِذَا قِيلَ لَكُمْ تَفَسَّحُوا فِي الْمَجَالِسِ فَافْسَحُوا يَفْسَحِ اللَّهُ لَكُمْ وَإِذَا قِيلَ انْشُزُوا فَانْشُزُوا يَرْفَعِ اللَّهُ الَّذِينَ آمَنُوا مِنْكُمْ وَالَّذِينَ أُوتُوا الْعِلْمَ دَرَجَاتٍ وَاللَّهُ بِمَا تَعْمَلُونَ خَبِيرٌ " (سورة المجادلة : آية ١١)

وقال رسول الله صلى الله عليه وسلم :" من سلك طريقا يلتمس فيه علما سهل الله له طريقا إلى الجنة " الترمذي في سننه.

وهذا يعني تنوع في محتوى المنهج والربط بين الموضوعات الدينية والدنيوية، فما المانع من تدعيم حقيقة علمية بآية قرآنية أو حديث نبوي، وما المانع من فهم شيء علمي من نص ديني، فالعلم والدين لا ينفصلان.

٥- الأسس النظرية:

يقصد به الأطر النظرية التي يجب أن نعرفها جيدا ونضعها أمام أعيننا كي يتم بناء المنهج بطريقة علمية صحيحة وهي تتمثل في ضرورة وجود نظريات تربوية ونظريات في المنهج يعتمد على واحدة من كل منهما أو أكثر في بناء المنهج ويمكن توضيح ذلك على النحو التالي:

١- النظريات التربوية :

ولها تعريفات عدة؛ فيعرفها " مدكور " بأنها :

" مجموعة من المبادئ المترابطة التي توجه العملية التربوية و تحكم الممارسات التعليمية .

ويعرفها " عميرة " بأنها:

" مجموعة من المصطلحات والافتراضات،والمنشآت العقلية الأخرى،المترابطة منطقيا، والتي تمثل نظرة نظامية إلى الظواهر التربوية، فتصفها وتشرحها، وتتنبأ بها، لذا هي سياسة لتوجيه العمل واتخاذ القرار.

ويعرفها " اللقاني والجمل " بأنها:

" نوع مختلف عن النظرية في مجالات العلوم الطبيعية ؛ إذ إنها تصف العمليات والإجراءات التي يجب القيام بها،وتقدم من التوصيات ما يفيد في عملية التدريس من وجهة نظر معينة .

ويشير "عطيفة" إلى أن النظرية التربوية ليست في قوة النظرية في مجال العلوم الطبيعية، ورغم أن دورها في المجالات التربوية غير واضح إلا أن لها مكانافي البحوث التربوية .

ويرى " مذكور " إلى أن أي نظرية لا بد أن تبنى على ثلاثة أمور أساسية وهي : المصادر، والمقاصد والغايات، والوسائل والأساليب والطرائق، ويستطيع أصحاب النظرية تغيير وتطوير ما يشاءون منها ؛ إلا النظرية التي تبنى في ضوء التصور الإسلامي فإن المصادر والغايات ثابتة لأنهما مستمدتان من العقيدة، أما الوسائل والأساليب والطرائق فهي قابلة للتطوير.

http://www.almualem.net

أهم النظريات التربوية :

- أولا -نظرية القيمة : Theory of Value

تسعى إلى الإجابة عن السؤالين التاليين : ما المعلومات والمهارات المهمة والنافعة التي يجب أن نتعلمها ؟ ما هي أهداف التربية؟

وترى هذه النظرية أن التربية المثالية هي تلك التي تنمي القدرات العقلية، فليس اهتمامها موجهاً إلى الحاجات العاجلة، كما أنها ليست تربية خاصة، أو تتعلق بالتعليم قبل المهني، كما أنها ليست تربية نفعية، بل هي تربية تعنى بتنمية العقل، وهو توجه قديم تقليدي .

وأنه بدون التكنيكات الفكرية التي نحتاجها لفهم الأفكار وبدون معرفة الأفكار الرئيسة التي أثرت في تاريخ البشرية لا يمكن أن ندعي بأننا مربو.ن

وترى أيضا أنه يجب أن ننمي لدى الأطفال الأفكار العامة من خلال إكسابهم الموضوعات والمعلومات الأساسية حول العالم بجانبيه المادي والروحي على حد سواء من

خـلال اطلاعهـم عـلى الكتـب العظيمـة التـي تناولت ذلك ككتـب الفلـسفة واللغـات والتاريخ و والرياضيات والعلوم الطبيعية، والفنون الجميلة. والغرض من ذلك التعليم ليس تقليد وتعلم ما هو موجود في الحياة ولكن من أجل الإعداد للحياة .

من البديهي أن الموضوعات التي تحتاج إلى مستوى عالٍ من النضج يجـب أن تعلم للناضجين في التربية المتقدمة. بينما في المرحلة الابتدائية ينبغي أن ينصب التعليـم في المـستوى الابتـدائي عـلى الأساسيات كالقراءة والكتابة والحساب ليتمكنوا من التعلم لاحقا. ويجب عـلى المـربي تغيـير طريـق التربية من الطريق الخطأ إلى الطريق الذي ينبغي أن يكون عليه..(Dzuback, IX)

- إن الغرض من التعليم العالي هو زعزعة عقول الشباب، وتوسيع آفاقها، لتأجيج أفكارهم... .

(Hutchins, 1936, 48).

- إن تناولنـا لكليـة التربيـة العامـة يجـب أن يكـون مـستقلا، وربـما بمعـزل عـن الجامعـة.

(Hutchins, 1936, 10)

- إن الغرض من الجامعة ليس أقل من اكتساب أخلاق وجوانب روحانية، وإحداث ثورة فكرية في جميع أنحاء العالم.

ثانيا - نظرية المعرفه :.Theory of Knowledge

تحاول الإجابة عن السؤالين التاليين :كيـف تختلـف المعرفـة عـن العقيـدة ؟ ومـا هـو الخطأ؟ ترى النظرية المعرفية أن المعرفة لا تتغير مـن مكـان إلى مكـان (فـإذا لم تـتعلم هنـا فلن تتعلم في أي مكان آخر، وأن اكتساب المعرفة هـو الهـدف الأساسي مـن التربيـة . وأنـه علينا ألا نضيع وقتنا ووقت الآخرين مـن أصحاب العقـول الناضجة في اكتـشاف الـذات، في حـين أننـا يمكـن أن نكـسبهم المعرفـة المطلوبـة في دقـائق معـدودة. كـما أن المعرفـة

موحدة وغير مجزأة . وأن المعرفة الحقيقية لا يمكن الاختلاف عليها ولكن المعرفة هي التي نتفق عليها .

إن الوصول إلى تحديد دقيق لحقيقة االإيما ة في العقل الإنساني تحتاج إلى وقت مع استخدام العلوم المختلفة التي تساعد على تدريب العقل على التفكير الدقيق المطلوب كالرياضيات والفيزياء .، كما أن وحدة الفكر تعتبر منحة ونتيجة للدراسة في المدرسة.

ثالثا - نظرية الطبيعة البشريه : Theory of Human Nature

إن وظيفة الرجل في أي مجتمع من المجتمعات هي كونه رجلا، وهي نتيجة طبيعية لكونه رجلا، والهدف من النظام التربوي في جميع المراحل وفي جميع المجتمعات والعصور هو تحسين الرجل كرجل وتنميته إلى أفضل صورة ممكنة، إضافة إلى أن حقوق الإنسان كإنسان ما زالت ثابتة في كل مكان لأن الطبيعة البشرية واحدة وثابتة أيضا.

إن أهم ما يميز الرجولة هو العقلانية، والتي يجب استخدامها لتوجيه صاحبها توجيها له طابع فطري ووفقا لعالمية الطبيعة البشرية لتحقيق الغايات وهي رجال أحرار، وهي لم تحدد بدقة في الأدب والتاريخ. ومن حق الرجل أن يعيش حياته مع التحكم في غرائزه من خلال ذكائه وضبطه لنفسه مع إتاحة الفرصة له للعيش والتعبير بحرية. وبرغم أن العقلانية قد تكون فطرية إلا أنها في حاجة إلى التهذيب والتثقيف حتى يمكن استخدامها .

إن الطبيعة البشرية لن تتغير وستظل هي الأساس نفسه كما أنها ستظل أيضا أساسا للحياة السعيدة، وإذا كانت حياة معظم الرجال ذات طبيعة قتالية إلا أن هناك مباديء أخلاقية تضبطهم يجب أن يحصلوا عليها من خلال التربية. إن طبيعة الرجل تدل على انه يمكنه مواصلة التعلم طوال حياته ؛ وقد دلت الأدلة العلمية على أن الرجل لديه

القدرة على القيام بذلك. . إن الإنسان كغيره من الثديات يولد ثم يزحف ثم يقف على قدميه بعد ذلك .. وعليه أن نعمل على إعداده للحياة بمفهومها الواسع.

رابعا - نظرية التعلم : Theory of Learning

ترى هذه النظرية أن تذكر الفشل يمكن أن يكون أداة للنجاح، كما ذكرت ذلك أعظم الكتب .

وإن أفضل درس يمكن للفرد أن يتعلمه هو أن يتعلم كيف يكيف نفسه مع العالم من خلال تعديل ما لديه من معلومات وحقائق حول العالم من خلال عملية التعلم . إن الحقائق التي ندرسها وتسجل من خلال الكتابات وأساليب التربية المختلفة تكون أساسا نظريا للتربية. إن دراسة هذه الأعمال يساعد الطالب على تشكيل عقليته، مع مراعاة أن تجاهل ميول المتعلمين أمر يعرقل نمو مواهب الطلاب الحقيقية . إن السير على هذا النهج في قراءة ومناقشة الأعمال العظيمة لكبار المفكرين ينمي الحكمة والانضباط اللازمين للتعلم، كما ينمي العقل والتفكير . وينبغي للتعليم على مستوى الكليات إلا يكون هدفه مهنيا بل يسعى إلى توفير رصيد وقدر مشترك من الأفكار الأساسية . .(Hutchins, 1936, 116)

إن التنمية البشرية وسيلة لغرس الصواب في التفكير، ويؤدي إلى تعلم الأعمال الذكية. وإن المعايير التربوية ليست علمية بل هي مستمدة من ثقافة المجتمع .

خامسا - نظرية الإرسال أو النقل Theory of Transmission

ترى هذه النظرية أن التربية تعني التدريس، التدريس يعني المعرفة، المعرفة تعني الحقيقة، والتربية يجب أن تكون في كل مكان .كما ينبغي علينا ترك التعليم المهني لمن يمارسون هذه المهن .

والتربية تقدم منهجا مشتركا، وغالبا الفنون المتقدمة، كما تتيح للطلاب فرصة اختيار ما يتعلق بمصالحهم وأهدافهم. كما يمكن للفرد من خلال دراسة أفكار الماضي العظيمة أن يتعامل مع المستقبل بصورة أفضل. وعلى المعلمين مساعدة طلابهم على التفكير بهذه العقلية.

ومن المسلم به أنه يمكن للمعلمين الكبار البدء من أية نقطة كما فعل أفلاطون قديما مع أعمق الأفكار.

وعلى الطلاب قراءة الكتب العظيمة، واكتساب المعلومات التي يمكن أن تقدم من خلال موضوعات هذه الكتب، حيث تتميز هذه الكتب بمقاومة الزمن بخلاف الكتب المدرسية التي تصبح بدون أهمية.(Adler, 72).

إن هذا النموذج التعليمي الفريد يمكن أن يكون ثريا وجيدا للغاية

سادسا. نظرية المجتمع :   Theory of Society

الأسرة، الحي، والمجتمع، والدولة، وسائل الاتصال، وعدد كبير من المؤسسات الإنسانية مدرسة يشارك فيها ويتأثر بها الجميع بصورة مقصودة أو غير مقصودة، بما تقدمه من مواقف حياة حقيقية أو مجتمع حقيقي يترجم ما يقدم في المدرسة حتى يكون مجتمعا مثاليا. وأعتقد أن النظام التربوي ليس قادرا بمفرده على بناء الشخصية كما يجب أن تكون، حيث تلعب الأسرة دورا كبيرا من خلال ما تقدمه للطفل من جوانب معنوية. والهدف الأساسي للمجتمع الديمقراطي هو أنه ليس من الضروري أن نتفق وإنما من الضروري أن يسمع كل منا للآخر حتى وإن اختلف معه. ليس من واجبات المدرسة القيام بالإصلاح الاجتماعي للطلاب لأنها لن تكون أداة لتنفيذ برنامج سياسي معين، وإنما هدف المدرسة هو تعليم الديمقراطية من أجل الديمقراطية وليس من أجل إصلاح المجتمع. إن وجود مجتمع ديمقراطي متقدم يرجع إلى وجود نظام

تعليمي جيد يسعى لتحقيق ذلك، وهذا ليس جديداً الاهتمام يجب ألا ينصب على الرفاهية الاجتماعية وإنما ينصب على تلبية احتياجات الغالبية العظمى من الناس في المجتمع،و الكثير من الجامعات تسعى وراء المال مما يجعلها تلبي رغبات المانحين ؛ وهذا يجعلها غير قادرة على اتخاذ قراراتها ذاتيا.(CT Ornstein: 1993).

سابعا. نظرية الفرصة : Theory of Opportunity .

عندما نفعل كل شيء نقوله ؛ فهذا يعني التقدم في التعليم بأن تتاح لك فرصة للتعليم كي تكون إنسانا . وكما أن حقوق الإنسان واحدة في كل مكان فكذلك أيضا حق التعليم لكل إنسان في كل مكان .

وإذا كان هناك بعض الطلاب يحتاج إلى وقت أطول في التعلم فإن هذا لا يعني ضعفا في النظام التعليمي، وإنما يعني ضرورة توفير الوقت والجهد لمساعدة بطيئي التعلم على تعلم نفس الأهداف التي حققها زملاؤهم العاديين من خلال إتاحة فرصة التعلم لهم. حتى لو وصل الأمر إلى أن يذهب بعض الطلاب إلى المدرسة في يوم السبت وهو يوم العطلة من أجل مواصلة التعلم للحاق بأقرانهم العاديين، ويجب تشجيع ذلك فالتعليم للجميع.

إن كل طفل ليس لديه إصابات أو أضرار في المخ يمكنه مواصلة التعلم حتى ولو تعلم قليلا فيمكنه مواصلة التعلم، وقد يكون ذلك موجودا في الأماكن الفقيرة بصورة اكبر وهو نتيجة لمرورهم بهذه الظروف الصعبة التي نعمل على تغييرها ..

وعلى الجامعة ألا تعمل على التمييز بين الطلاب في هذا المضمار . وهذا ما يجب على الجامعة فعله ؛ فهي يجب أن تكون نموذجا للتسامح الاجتماعي وليس للتمييز العنصري في اختيار الطلاب.

وأن إخضاع جميع الطلاب لاختبارات موحدة دون مراعاة ما سبق وسيلة لدوام الفقر والتمييز العنصري في المجتمع . كما يجب مشاركة المرأة في المجالات السياسية والاجتماعية وفي المناظرات المختلفة التي تتناول حقوقها .

<u>ثامنا. نظرية التوافق</u>: **Theory of Consensus**

وتعني هذه النظرية في كلمتين " تحقيق التوافق في مجتمع ديمقراطي وليس من الضروري ان نتفق، ولكن من الضروري أن يشرح ويسمع بعضنا لبعض، فقد يختلف الرأي ولكن عندما يوافق بعضنا بعضا الرأي نكون قد حققنا المعرفه.

وتدافع عن حرية الفكر والرأي، وتعد ذلك قلب التربية والمؤسسات التربوية،وأنه على المؤسسات التربوية أن تضع أنماطا للحكم الذاتي،كما شددت على أهمية المناقشة واتخاذ القرارات بعقلانية، بدلا من الاقناع. (Fernandez:2000)

<u>تاسعا: نظرية الإبداع</u>:

يقصد بها أن يكون المتعلم أو المتمدرس مبدعا قادرا على التأليف والإنتاج ومواجهة الوضعيات الصعبة المعقدة بما اكتسبه من معلومات وخبرات معرفية ومنهجية. وتتمظهر الإبداعية في الاختراع والاكتشاف وتركيب ماهو آلي وتقني، وتطوير ماهو موجود ومستورد من الأشياء وإخراجها في حلة جديدة وبطريقة أكثر إتقانا وجودة . ولابد أن يكون ماهو مطور قائما على البساطة والمرونة والفعالية التقنية والإلكترونية وسهولة الاستعمال. وتستند الإبداعية إلى الذكاء وامتلاك الكفاءة والقدرات الذاتية التعلمية في مواجهة أسئلة الواقع الموضوعي عن طريق تشغيل ما درسه المتعلم واستوعبه في السنة الدراسية أو عبر امتداد الأسلاك الدراسية في التكيف مع الواقع والتأقلم معه إما محافظة وإما تغييرا.

وتهدف الإبداعية إلى تكوين مواطن صالح يغير مجتمعه ويساهم في تطويره والرفع من مراتبه كما يساهم في الحفاظ على كينونة أمته ومقوماتها الدينية، ويسعى

جاهدا من أجـل تنميتهـا بـشريا وماديا وحمايتها مـن المعتـدين عـن طريق الـدفاع عنهـا بـالنفس والنفيس، وإعداد القوة البشرية والعلمية والتقنية من أجل المجابهة والتحصين.(جميـل حمـداوي:

www.jamilhamdaoui.net

عاشرا: النظرية السلوكية :

يقصد بها : مجموعة استجابات ناتجة عن مثيرات المحيط الخارجي؛ و هو إما أن يتم دعمـه و تعزيزه فيتقوى حدوثه في المستقبل، أو لا يتلقى دعما فيقل احتمال حدوثه في المستقبل .

" وقد تأسست على يد وطسون ١٩١٢ في أمريكا .، ومن روادهـا سـكـنر الـذي أثـرت أفكـاره في التربية كثيرا، حيث تغيرت النظرة إلى التعلم فأصبح تغير شبه دائم في السلوك نتيجة لتعلم سـلوكيات جديدة من خلال الربط بين مثير واستجابة، وأن كل ما يتعلمه الطفل يجب أن يكون مفككا لأجـزاء مع وجود علاقات بينها، وأن يكون مثيرا لاهتمامه مشبعا لرغباته، وأن تتناسب مع مستوى نموه .

ثم جاءت بعدها نظرية الجشتالط التي نادت بعكس ما نادت بـه النظريـة السـلوكية ؛ حيـث دعت إلى الإدراك الكلي القائم على الاستبصار والتنظيم وإعادة التنظيم وفهـم المعـنى، والدافعيـة الذاتية للتعلم .

كما أن هناك أيضا النظرية البنائية(Structuralism) لبياجيه والتي دعت إلى أن التعلم يحدث من منابع خارجية من خـلال التكيـف والـتلاؤم والاستيعاب؛ وهـو أن تـتم عمليـة دمـج المعـارف و المهارات ضمن النسيج المعرفي حتى تصبح عادة مألوفة. و التلاؤم هو عملية التغير و التبني الهادفة للحصول على التطابق بين المواقف الذاتية مع مواقف الوسط والبيئة. (http://www.mtc.edu.sa)

الحادي عشر : نظرية الكفايات:

وهي تلك التي ترى أن الغاية من التربية والتعليم إكساب المتعلمين مجموعة من الكفايات المختلفة بأبعادها المعرفية والمهارية والوجدانية والتي تمكنهم من القيام بأداء أعمال مختلفة .

وتقول إن التعليم بالكفايات، هو تعليم متمركز حول المتعلم. وتتحول بذلك وظيفة المدرس من مالك وحيد للمعرفة إلى متدخل نوعي ودقيق يستجيب لحاجات المتعلمين، وكان لزاما عليه أن يمتلك بدوره كفايات مهنية وإستراتيجية، من قبيل معرفة متعلمه معرفة جيدة وإلمامه النظري والتطبيقي بمهنته وآلياتها النفسية والبيداجوجية. ولعل هذا التحول الذي طال وظيفة المدرسة جراء هذه النظرية، فقد حول وظيفة مكونات المدرسة نفسها. وأصبحت أطراف الفعل التعليمي أقرب ما تكون إلى التشارك.(رشيد الكنبور، ٢٠٠٦) http://www.marocsite.net

٢- نظرية المنهج:

أ -تعريف نظرية المنهج:

تعددت تعريفات نظرية المنهج كما تعددت تعريفات نظرية التربية، من بين هذه التعريفات:

- أنها مجموعة مترابطة من المفاهيم والمقترحات حول المنهج .
- أنها تقديم وبيان لكل ما يتعلق بالظواهر (بالحالة). . .
- أنها تصور لتحديد العلاقات بين المتغيرات (المكونات). . .
- أنها تفسير الظواهر والتنبؤ بها (الحالة).

وعرفتها "هيلدا تابا Hilda Taba ؛ بأنها :

" طريقة لتنظيم التفكير حول قضايا تخص تطوير المنهج مثل مكونات المنهج أو أهم عناصره، وكيفية اختيارها وتنظيمها، ومصادر القرارات المنهجية، وكيفية ترجمة

المعلومات والمعايير النابعـة مـن هـذه المـصادر لأجـل بناء قرار منهجـي محـسوس" (صـالح عبـد الله،٢٠٠١: ص ٢٣١)

وعرفها بوشامب Bouchamp بأنها :

" مجموعة من العبارات المترابطة التي تعطي معنى لمنهج المدرسة عن طريق إبراز العلاقات التي تربط بين عناصره و تطويره واستخدامه وتقويمه " (المرجع السابق)

وتذهب كون (Cwynn) إلى أن نظرية المنهج :

" مجموعة المعتقدات التي يتبناها الفرد ويستخدمها كقاعدة لقراراته الخاصة في تنفيـذ المنهج، وتشتق هذه المعتقدات مـن مبـادئ الفكر الفلسفي والاجتماعـي المتداخلـة ومـن المرئيـات المتعلقة ببنية المعرفة وطبيعتها.(جورج بوشامب، ١٩٨٧: ص ٦٨)

ويعرفها " زياد حمدان " بأنها :

" مجموعة المبادئ الفلسفية والتاريخية والثقافية والنفسية والمعرفية التي توجه صناعة المنهج ومكوناته المختلفة من أهداف ومعلومات وأنشطة تربوية متنوعة .

ويعرفها "اللقاني والجمل" بأنها :

مجموعة القرارات التي تسفر عنها دراسة المجتمع وثقافته وفلسفته التي يلتزم بها، ودراسـة المتعلم وطبيعته وعلاقاته وتفاعلاته في السياق الاجتماعـي الـذي ينتمـي إليـه، والتي تـنعكس عـلى أهداف المنهج ومحتواه، وتحدد العلاقة بين المحتوى والمتعلم واستراتيجيات التدريس وغير ذلـك مـن مقومات العملية التعليمية سواء في مستوى القرارات الإستراتيجية أم في مستوى القرارات التكتيكية"

- **تصنيف نظريات المنهج:**

كما تعدد مفهوم نظرية المنهج تعددت نظريات المنهج أيضا، وقد عمل العلماء على تصنيفها في عدة تصنيفات من بينها:

-تصنيف بوتشامب " ؛ حيث صنف نظريات المنهج إلى :

١-نظريات للتصميم أو (نماذج لتصميم المناهج)

٢-نظريات هندسيه أو (نماذج لتطوير المناهج)

- تصنيف ماكدونالد Macdonald:

حيث صنف نظريات المنهج إلى ثلاثة تصنيفات كما يلي:

١-النظريات الضابطة :

وهي تلك المسئولة عن وضع الأطر النظرية التي توجه المنهج وتعمل على زيادة كفاءته.

٢- النظريات التفسيرية :

وهي التي تعنى بتقديم تفسيرات وتوضيحات للمنهج ومظاهره وعملياته وتقدم، تحليلا للظواهر والممارسات المختلفة التي تتم في المنهج .

٣- النظريات الناقدة:

وهي التي تقدم نقدا للحقل المنهجي وفق أطر وقواعد معينة وتعمل على تطويره .

<u>فوائد وجود نظرية للمنهج :</u>

إن وجود نظرية للمنهج يحقق الكثير من الفوائد منها :

- تطوير المنهج بجميع مكوناته من خلال ما تقدمه النظرية من جوانب وصفية وتفسيرية وتطويرية للمنهج.

- تطوير أداء المعلم وجعله أكثر ثقة فيما يتبناه من ممارسات لاعتماده على نظرية في بناء المنهج وتنفيذه.

- تطوير المجتمع في ضوء المنهج المقدم بناء على نظرية المنهج المختارة.

- أنها تتناول دراسة المنهج وأهدافه ومحتواه ومخرجاته وتطويره وتقويمه وسياسات تنفيذه في المدرسة . (Kelly: 1999)

- إن نظرية المنهج تقدم إجابات للعديد من الأسئلة المتعلقة بتصميم وإجراءات المنهج كتلك المتعلقة بالإجراءات التدريسية وما يعرفه المعلم اليوم وما يعرفه بالأمس وغير ذلك من تساؤلات . (university of Manitoba: http://www.umanitoba.ca)

وبرغم ذلك إلا أن هناك انتقادات توجه إلى نظريات المنهج أهمها :

-أنها لم تصل بعد إلى مرحلة النضج الذي وصلت إليه النظريات في العلوم الطبيعية .

تشبك وتشعب العمل التربوي مما يصعب من عملية وجود نظرية تفسر بشكل دقيـق العمـل التربوي أو المنهج. إضافة إلى أن الواقع يثبت كثيرا فشل هذه النظريات.

<u>جوهر نظرية المنهج:</u>

جوهر نظرية المنهج يتمثل في أنها:

- تقدم إطارا منطقيا موحدا للمنهج.

- تنص على التعميمات وغيرها .

-تعمل على تقديم التجارب اللازمة أي التجريب والملاحظة.

<u>مصادر اشتقاق نظرية المنهج :</u>

وضح جورج بوتشامب مصادر اشتقاق نظرية المنهج فيما يلي :

- العلوم الانسانيه.

- العلوم الطبيعيه.

- العلوم الاجتماعية.

<u>-مصادر نظريات المنهج:</u>

تقوم نظريات المنهج على وجود أرضية فلسفية، ومعرفتنا وتصورنا للعالم مـن حولنـا، والنـسق القيمي للمجتمع، والقواعد الأصيلة التي يقوم عليها المنهج.

<u>- نماذج لتصميم المنهج:</u>

يمكن تحويل كل نظرية من نظريات المنهج إلى نموذج لتصميم المـنهج أو نمـوذج لتطـويره، وتكمن أهمية نماذج المنهج فيما يلي:

- يستخدم لتحويل النظريه الى التطبيق.

- يقلل النموذج من عمليات تعقيد نظرية المنهج وذلك لاعتمادة على الممارسة والتطبيق .

- يمكن من خلال النموذج استخدام أدوات وأساليب البحث والتفكير الخاصة بالمنهج مما يؤدي إلى وضع مفاهيم نظرية جديدة حول المناهج .

وفيما يلي نقدم نماذج مختلفة للمناهج :

١-   نموذج ماكدونالد:

يعتمد هذا النموذج بشكل أساسي على توضيح علاقة المنهج بالمنظومات الأخرى وهي البيئة والتعلم والتدريس ؛ نظرا للعلاقة الوثيقة بين المنهج كمنظومة وتلك المنظومات، ويمكن توضيح ذلك في الشكل التالي:

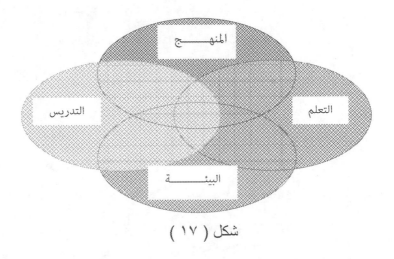

شكل (١٧)

ويلاحظ على هذا النموذج حرصه على الربط بين المنهج والبيئة والتعلم والتدريس، كما أنه لم يفصل بين البيئة والتعلم والتدريس، كما بين التداخل بينهم، كما يبين دور المنهج في البيئة من خلال تفاعله معها والتأثير فيها. وأن التفاعلات بين المكونات الأربعة تتم في أنماط وأشكال مختلفة قد تكون ثنائية، أو ثلاثية، أو رباعية ..

والأخذ بهذا النموذج يجعلنا نراعي ذلك في تصميم وبناء وتقديم المنهج، فينعكس ذلك التفاعل بين المنهج والبيئة والتعلم والتدريس في جميع مكونات المنهج في أهدافه ومحتوياته وأنشطته ووسائله وطرائق تدريسه وأساليب تقويمه ؛ فالمنهج في ضوء هذا النموذج ابن البيئة وخادم لها .

وهذا يجعل التلاميذ يشعرون بأن المنهج له دور في حياتهم وأنهم يدرسون ما يحتاجونه ويوظفونه في جميع مواقف حياتهم، مع العلم أن البيئة هنا تطلق على جميع أنواعها كالاجتماعية والطبيعية ...وليست قاصرة على نوع دون الآخر

٢-نموذج جونسون :

ويعتمد هذا النموذج على الربط بين نظامين هما نظام المنهج وتطويره، ونظام التعليم الذي يعد المنهج نظاما فرعيا منه، ويمكن توضيح ذلك في الشكل التالي :

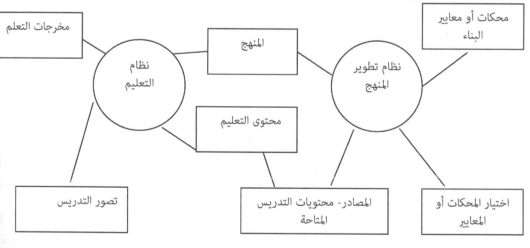

شكل (٢٠)

بالنظر إلى مخطط هذا النموذج نجد أنه عني بالجانب المنهجي في بناء المنهج ؛ حيث وضع نظامين متكاملين للمنهج الأول نظام التطوير، وجاء فيه تحديد محكات ومعايير البناء وكيفية اختيارها ووضعها مع تحديد مصادر ومحتويات التدريس المتاحة .

والنظام الثاني تحت نظام المنهج العام هو نظام التعليم وفيه تقدم المحتويات مـن خـلال التـدريس للوصول لمخرجات التعلم.

ويمتاز هذا النظام بأنه أخذ بأسلوب النظم في وضع النموذج وتحديد مدخلاته ومخرجاته وعملياته كما قدمها في شكل وظيفي في المنهج، كما أنه أظهر العلاقات المختلفة بين مكونات المـنهج، كما يتسم بدرجة عالية من الدقة في عمل المنهج.

٣-نموذج زايس:

يوضح هذا النموذج المنهج من حيث مكوناته كمنظومـة متكاملـة، والمـصادر الفلـسفية والنظرية والاجتماعية والنفسية التي يستمد منها المنهج جذوره، ويقيم عليها دعائمه، ويمكن توضيح ذلك في الشكل التالي :

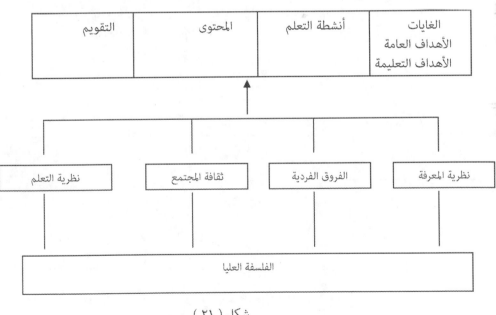

شكل (٢١)

يتناول هذا النموذج المنهج على أنه نظام داخل نظام أكبر يتمثل في المجتمع بفلسفته التي توجهه والتي تنعكس في وجود نظرية توضع المعرفة وطبيعتها، والفروق الفردية ووجهة نظر المجتمع حولها، كذلك ثقافة المجتمع بعناصرها المادية والمعنوية والعامة والخاصة، إضافة إلى وجود نظرية للتعلم يعتمد عليها في بناء المنهج، إن فلسفة المجتمع وانعكاساتها على الجوانب الأربعة السابقة تؤثر في بناء المنهج وتظهر جلية في وضع الغايات والأهداف العامة والتعليمية، كما تنعكس على أنشطة التعليم والتعلم وفي اختيار المحتوى وتنظيمه، كما تؤثر أيضا في وضع أساليب وأدوات التقويم المختلفة.

٤- نموذج طابا:

يوضح نموذج طابا الإجراءات والتكنيكات التي تتبع في بناء المنهج في خطوات متتابعة في صورة خريطة مسارية،تبدأ من تحديد الحاجات المختلفة وتنتهي بالفحص والتوازن والتسلسل، في شكل متصل ومنظومي، ويمكن توضيحه في الشكل التالي:

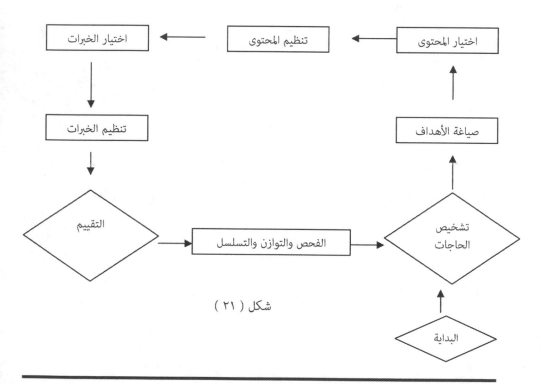

شكل (٢١)

يعد هذا النموذج نموذجا تشخيصيا وعلاجيا في بناء المنهج ؛ حيث انطلق هذا النموذج من تشخيص حاجات المتعلمين المختلفة ومن ثم الانطلاق في صياغة أهداف المنهج العامة والخاصة، ثم اختيار المحتوى المناسب، ثم تنظيمه، واختيار الخبرات المناسبة، وتنظيم الخبرات، ثم تقييم ما تم عمله من أهداف ومحتوى وخبرات، وإتباع ذلك بالفحص والتوازن والتسلسل في عرضه، فهو نموذج مصغر للمنهج .

وهو يتميز بالدقة وإمكانية استخدامه في عمل مناهج دراسية تعنى بالتشخيص والعلاج، كما يمكن استخدامه أيضا لعمل المنهج بصفة عامة .ولكنه لم يظهر العلاقة بين المنهج والبيئة .

٥- نموذج ريتز:

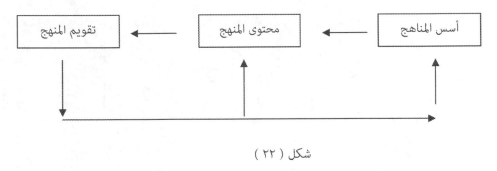

شكل (٢٢)

ويلاحظ على هذا النموذج اهتمامه بثلاثة مراحل، وهي مرحلة وضع أسس لبناء المنهج المستمدة من طبيعة المتعلمين والمجتمع وطبيعة العلم .. والمرحلة الثانية مرحلة اختيار محتوى المنهج بأنواعه المختلفة وتنظيمه وتقديمه .. ثم مرحلة تقويم المنهج بجميع مكوناته واتخاذ القرارات اللازمة لتطويره .

ويتميز هذا النموذج بالبساطة وإمكانية استخدامه ومرونته لما يتصف به من العمومية .

وبرغم هذه الميزات إلا أن غياب التفاصيل قد يوقع القائم ببناء المنهج وتنفيذه في حيرة من أمره ما لم يكن على مستوى عال من الخبرة ..

كما يوجد هناك نماذج أخرى يمكن الرجوع إليها كنماذج تايلر، وويلر، وبوشامب، وطاهر عبد الرازق، وهانكيز، ومحمد عبد المقصود، وأوليفا، وولف وشيفيه، ورشدي لبيب، وكامبل.. وغيرهم

(يس عبد الرحمن قنديل، ٢٠٠٢: ص٤٩)

مراجع الفصل الثالث:

- جورج بوشامب، نظرية المنهج، ترجمة محمود سليمان وآخرون، الطبعة الأولى، الدار العربية للنشر و التوزيع، مقدمة الطبعة الأجنبية، ١٩٨٧م

- خالد محمود عرفان : التقويم التراكمي الشامل(البرتفوليو) ومعوقات استخدامه في مدارسنا، القاهرة : عالم الكتب، ٢٠٠٤م.

- رشيد الكنبور: في رحاب التربية والتكوين ، الجزء الثاني في الكفايات، ٢٠٠٧ م

-زينب الشمري، عصام الدليمي(٢٠٠٣) فلسفة المنهج، عمان : دار المناهج. - صالح عبد الله جاسم،٢٠٠١، بحث بعنوان: نظرية المنهج : استشراف مستقبل العلوم في الدراسات البينية ــ نحو منهج تكاملي، مجلة كلية التربية (التربية وعلم النفس)،العدد الخامس والعشرون،الجزء الأول، كلية التربية،جامعة عين شمس ص: ٢٣١

- علي أحمد مدكور (١٩٩٧) نظريات المناهج التربوية، الطبعة الأولى ، دار الفكر العربي، مدينة نصر .

- أحمد اللقاني، علي الجمل، ١٩٩٩، معجم المصطلحات التربوية المعرفة في المناهج وطرق التدريس، الطبعة الثانية، القاهرة، عالم الكتب .

- يس عبد الرحمن قنديل٢٠٠٢م: عملية المنهج، رؤية في تكنولوجيا المنهج المدرسي، الرياض : دار النشر الدولي،.

-Adler,M.J., *Robert M. Hutchins.* (1982)*A Personal Memoir.* Chicago, IL: The University of Chicago Press

-C.Dennis Carlson.(2005) The Question Concerning Curriculum Theory. U.S.A., Miami University, Journal of the American Association for the Advancement of Curriculum Studies , Vol. 1,

- Department of Curriculum, Teaching and Learning:Theory and Practice of Curriculum Design and Development, university of Manitoba, Course Syllabus, http://www.umanitoba.ca.

- Dubach, M.A. (1991) *Robert M. Hutchins.* Chicago, IL: The University of Chicago Press.

-Fernandez, A. B. , (2000).*The Hutchins College is Alive and Well in Waukegan.*, The University of Chicago [On-Line], http://www.universityofchicago.com

-GB Hutchins, Robert M. .(1954) *Great Books*, Simon and Schuster, Inc

- LS Hutchins, Robert M.(1968) *The Learning Society*, Frederick A. Praeger , Inc.,

-Hutchins, R.M.(1936)CT: Yale. *The Higher Learning in America*. New Haven,.

- Hutchins, R.M. and Adler, M.J. . (1953)*The Great Book World*. Chicago, IL: Encyclopedia Britannica.

- Hutchins, R. M. (1968).*The Learning Society* Chicago, IL: The University of Chicago Press.

- EF Keller. George.(1963) *Foundations of Education*, John Wiley & Sons, Inc.,

-IRE Mayer, F.(1966) *Introductory Readings in Education*, Dickenson Publishing Co., Inc.,

- Kelly, A . V(1999) The curriculum theory and practice, Elementary or public school education,. http://edc.recent.ir

-CT Ornstein ,C. Allan & Hunkins , F.(1993)*Curriculum Foundations. Principles. and Theory,* Allyn & Bacon.

- McGettigan B.(2000) The Educational Theory of Robert M. Hutchins. http://www.newfoundations.com

-Messina J. (2000): The Educational Theory of Robert M.. Hutchins, http://www.newfoundations.com

- Wertheimer, 1959,Productive thinking, New York, Harper, p.23

- http://www.almualem.net

- http://www.umanitoba.ca

- http://www.newfoundations.com

- http://www.marocsite.net

- http://www.newfoundations.com

الفصل الرابع

المكونات الأساسية للمنهج المدرسي

- تمهيد
- الأهداف .
- المحتوى.
- أنشطة التعليم والتعلم .
- الوسائل التعليمية.
- طرق التدريس.
- التقويم.
- التغذية المرتجعة.

أهداف دراسة الفصل

ينبغي بعد دراستك لهذا الفصل أن تكون قادرا على أن :

- تذكر مكونات المنهج المختلفة.

- توضح التصنيفات المختلفة للأهداف

- تشرح معنى المحتوى العلمي للمنهج.

- تذكر التنظيمات المختلفة للمحتوى.

- توضح أهمية الوسائل التعليمية في المنهج.

- توضح أنواع الأنشطة التعليمية.

- تسرد أهم طرق التدريس .

- تقارن بين أدوات أنواع التقويم المختلفة.

- تعد مخططا أوليا لبناء منهج في تخصصك.

الفصل الرابع

المكونات الأساسية للمنهج المدرسي

تمهيد :

يتكون طلاب من عدة مكونات أساسية لا يمكن الاستغناء عن واحدة منها ؛ نظرا لكون كل مكون مرتبطة بما قبله وما بعده من مكونات في شكل شبكي منظومي لا يمكن انفصاله، كما أن هذا المكونات متفاعلة معا بصورة مستمرة كي يحقق المنهج أهدافه، ويمكن توضيح مكونات المنهج في الشكل التالي:

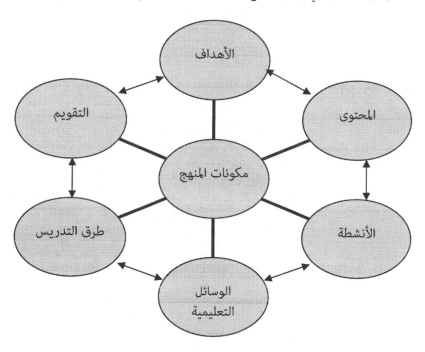

شكل (٢٣)

بالنظر إلى الشكل السابق يتضح أن مكونات المنهج هي:

أولا : الأهداف :

ويقصد بها التغيرات المراد إحداثها في سـلوك المتعلمـين مـن خـلال مـرورهم بمواقـف وخـبرات مختلفة، على المدى البعيد أو القريب، بصورة مباشرة أو غير مباشرة في مختلف مجالات التعلم بغية الوصول بهم للأفضل وتحقيق النمو الشامل لديهم، وهي محددة سلفا بشكل علمي دقيق.

وهنا قد تسأل: ما هو السلوك ؟

السلوك : هو كل ما يصدر عن الكائن الحي (الإنسان) من نشاط عقلي أو مهاري أو وجداني أو اجتماعي.

ويتم إكساب المتعلمين السلوك المراد أو التغيرات السـلوكية المـرادة مـن خـلال تـوفير مواقـف تعليم وتعلم مختلفة يمـر بهـا المتعلمـون تحـت شروط وظـروف محـددة سـلفا داخـل المدرسـة أو خارجها.

-أهمية الأهداف بالنسبة للمنهج :

لا يمكن بناء المنهج بصورة علمية ودقيقة بدون أهداف محددة بصورة مسبقة ودقيقة، تعمـل على توجيه المنهج في جميع مراحله ومكوناته، ويمكن بلورة أهمية تحديد أهداف المنهج فيما يلي :

- أنها تعمل كموجهات للمنهج في جميع مراحله (التصميم - التنفيذ – التقويم- التطوير)

- أساس لاختيار المحتوى بجميع ما يتضمنه من معلومات ومهارات وخبرات ..

- يتم في ضوئها اختيار أو إنتاج الوسائل التعليمية .

- يتم في ضوئها تحديد الأنشطة التعليمة المختلفة المناسبة لتحقيق كل هدف من الأهداف.

- تساعد على اختيار طريقة التدريس وتنفيذها وتطويرها .
- هي الأساس في عمل التقويم بأدواته المختلفة، وكل تقويم لا يتم في ضوء الأهداف لا يتسم بالصدق ولا يمكن الاعتماد على نتائجه في اتخاذ القرارات.
- تحديد الأهداف يحفز الطلاب على تحقيقها.
- تحديد الأهداف أساس لمحاسبة جميع العاملين على تصميم المنهج وتنفيذه وتطويره من قبل المسئولين أو أولياء الأمور أو المجتمع كله.

- **أنواع الأهداف:**

تتنوع أهداف المنهج،وتصنف وفق أسس كثيرة وزوايا عدة، ويمكن عرض أهم تصنيفات أهداف المنهج على النحو التالي :

١-تصنيف أهداف المنهج من حيث المدى الزمني لتحقيقها :

تصنف أهداف المنهج من حيث الفترة الزمنية اللازمة لتحقيقها إلى :

أ- أهداف تربوية (عامة): Goals

وهي تلك التي نحتاج لتحقيقها إلى فترة زمنية طويلة قد تكون مرحلة تعليمية أو عدة مراحل تعليمية، وتكون على مستوى عام كالوزارة أو المنطقة أو الإدارة التعليمية، وهي تتسم بالشمولية والعمومية في الصياغة والمحتوى، وتصاغ دائما لغويا في صورة مصدرية.([1])

مثال:

-إكساب التلميذ القيم الإسلامية.

[1] المصدر في اللغة العربية : لفظ دل على حدث غير مرتبط بزمن ، مثل أكل -شرب- ضرب-كتابة - قراءة

-تنمية الانتماء الديني لدى الطلاب.

-الإلمام بمصادر الشريعة الإسلامية.

-إعداد المواطن الصالح.

-إكساب التلميذ الثقافة العربية.

إن كل هدف من الأهداف السابقة يحتاج إلى فترة زمنية طويلة، كما أنه يتسم بدرجة كبيرة من العمومية، وأنه يقع في اهتمامات مستويات عليا كالوزارة أو الإدارة التعليمية.

ب-الأهداف التعليمية (متوسطة): Aims

وهي أقل عمومية من الأهداف التربوية فقد يتضمن الهدف التربوي عـدة أهـداف تعليميـة، كما أنها تحتاج إلى وقت أقل لتحقيقها، كما أنها تكون على مـدى فصل أو عـام دراسي، وقد يتم تحقيقها عن طريق مقرر أو برنامج تعليمي،وتصاغ في صورة مصدرية أيضا، وهي تقع في اهتمامات المدرسة من الدرجة الأولي لأنها المؤسسة التعليمية المنوط بها تنفيذ المنهج وجميع إجراءات العملية التعليمية .

مثال:

-إكساب التلميذ العمليات الحسابية الأساسية.

- تنمية مهارات التعبير العامة لدى طلاب المرحلة الابتدائية.

-إكساب الطلاب المعلومات اللازمة عن أركان الإسلام.

ويلاحظ عليها إمكانية تحقيقها على مدى مرحلة أو مقرر أو برنامج تعليمي في فصل أو عـام دراسي .

ج- الأهداف السلوكية (خاصة): Objectives

وهي تلك التي يحققها المتعلم في درس من الدروس، ويجب أن تتسم بالتحديد Specificity، والأداء Performance، والاندماج الشخصي Involvement، والواقعية Realism، وإمكانية الملاحظة Observability

وهي تلك التي تكون على مستوى درس أو حصة ولا تستغرق أكثر من ساعة أو عدة ساعات، وهي التي يضعها المعلم دائما في صدارة كل درس يقوم بإعداده، وهو تعبر عن فكرة أو معلومة أو مفهوم أو حقيقة علمية متضمنة في فقرة داخل الدرس، وهو يجب أن يصاغ بدقة معبرا عن فعل سلوكي محدد يمكن ملاحظته وقياسه، ويصاغ في صورة مصدر مؤول على النحو التالي :

أن + الفعل في الزمن المضارع، ويمكن قياسه + الفاعل+ العمل المراد+ شروط الأداء + مستوى الأداء .

مثال :

أن+ يكتب + التلميذ + الحروف الهجائية + مستخدما القلم الرصاص +بدرجة صحة ١٠٠%.

٢- تصنيف الأهداف من حيث المجال :

ويقصد بالمجال هنا أي مجال السلوك ؛ حيث يوجد هناك ثلاثة مجالات للسلوك (معرفي - مهاري- وجداني) وبرغم وجود تداخل بينها(فالهدف المعرفي لا يخلو من جانب مهاري ووجداني، والهدف المهاري لا يخلو من جوانب معرفية ووجدانية .. وهكذا) ووجود صعوبة كبيرة في فصلها إلا أن العلماء قاموا بتصنيفها وذلك للأسباب التالية:

- تحديد ما ينبغي على المعلم فعله داخل الفصل ليعلم طلابه هذه الأهداف، فالهدف هو انعكاس لأداء المعلم داخل الفصل .

- اختيار المحتوى العلمي والخبرات المناسبة لتعلم هذه الأهداف .

- معرفة كيفية تقويمها .

- معرفة طريقة التدريس المناسبة .

- وجود أرضية مشتركة بين العاملين في العملية التعليمية نظرا لاتفاقهم حـول مـا ينبغـي أن نعلـم، وطبيعة ما نريد أن نعلمه.

- سهولة تصنيفها والتعامل معها .

و تصنف الأهداف في ضوء مجالاتها على النحو التالي:

أ- **أهداف المجال المعرفي : The Cognitive Domain**

وهي تلك الأهداف المتعلقة بالمعلومات والحقائق والمفاهيم العلمية التي يحقـق التلميـذ مـن وراء تعلمها نموا عقليا أو معرفيا، وهـي صـنفها العلـماء في تـصنيفات مختلفـة منهـا تـصنيف بلـوم Bloom الذي يتضمن ستة مستويات على النحو التالي :

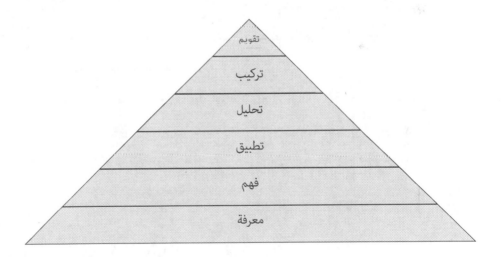

تقويم

تركيب

تحليل

تطبيق

فهم

معرفة

شكل (٢٤)

(http://officeport.com)

-المعرفة . Knowledge

ويتضمن على(الترتيب، التحديد، التكرار، وضع علامة،وعمل قائمة، والاستظهار، والتسمية، والتنظيم، والتعريف، والتوصيل،والتذكر،والتكرار، الاستنساخ..

- الفهم . Comprehension

-ويتضمن (التصنيف، الوصف، المناقشة، الشرح، الإعراب، التحديد، تحديد الأماكن، والتعرف عليها، التقرير، التجديد، الاستعراض، الاختيار، الترجمة)

-التطبيق . Application

-ويتضمن (التطبيق، الاختيار، الإثبات، التهويل، التوظيف، والتوضيح والتفسير، العمل، الجدولة الزمنية، الرسم، الحل، والاستخدام للكتابة).

-التحليل . Analysis

-ويتضمن (التحليل، التقييم، الحساب، التصنيف، المقارنة، وعلى النقيض من ذلك، التمييـز، البحث، التجريب، السؤال، الاختبار).

-التركيب. Synthesis

ويتضمن (الترتيب، التجميع، الجمع، التأليف، البناء، الإنشاء، التصميم، التطوير، الصياغة، الإدارة، التنظيم، التخطيط، الإعداد، الاقتراح،الإنشاء، الكتابة.

-التقويم Evaluation

-ويتضمن(التقويم، الجـدال، التقييم، التعليق، اختيار المقارنة، الـدفاع عـن تقدير القاضي، التنبؤ،التعديل، التأسيس،الاختيار، الدعم) (رشدي لبيب خاطر وآخرون، ١٩٨٤: ص٣٢)

ب-أهداف المجال المهاري أو النفس حركي:Psychomotor Domain

الهدف المهاري : هو ذلك العمل المركب والمعقد الذي يتعلمه التلميذ نتيجة لمروره بخبرات محددة سلفا، ويتم أداؤه في أقل وقت وأقل عدد من الأخطاء .سواء كان هذا العمل عقلي أم حركي أم اجتماعي، ويقوم على جانبين معرفي وأدائي، إضافة إلى الجوانب الوجدانية

وقد حدد كراثوهل معظمها في مهارات الخط والكتابة والمعمل والتربية ..

- تصنيف " ديف" للأهداف المهارية:-

١- المحاكاة :

ويقصد بها قيام المتعلم بتكرار الفعل الذي يشاهده، وتعتمد أهداف هذا المستوى على الاندفاع والتكرار الصريح.

٢-التناول والمعالجة: وهنا يتم تأكيد الفعل من خلال الممارسات الضرورية متتبعاً الخطوات نفسها متحكما في جهازه العصبي وموجها له أثناء قيامه بذلك وتتكون هذه الفئة من:

- اتباع التعليمات: حيث يستطيع القيام بأداء العمل وفق تعليمات منظمة يجب اتباعها في أداء هذا العمل.

-الانتقاء: حيث يرتقي أداء المتعلم فيصبح أكثر تحكما ويكون لديه القدرة على اختيار مجموعة من الأفعال المطلوبة من بين الأداءات الأخرى وفق العمل المطلوب.

-التثبت: حيث ينتقل المتعلم في هذه المرحلة إلى تثبيت أدائه على مستوى معين من الجودة والإتقان، مع وجود درجة من مستويات الأداء العليا والتقليل من العشوائية.

٣- الإحكام: ويصل فيه الأداء لدرجة عالية من الإتقان والضبط والتناسب، ويظهر ذلك في الاسترجاع والتلقائية والآلية وقلة عدد الأخطاء.. وتتألف من الاسترجاع، والتحكم.

٤- التفصيل :

ويتضمن على :

- التتابع : وهو حدوث تآزر بين سلسلة متتابعة من الأفعال .

- التوافق : ويقصد به الاتساق الداخلي بين الأفعال من حيث الزمن والسرعة.

٥-التطبيع :

حيث يصل الأداء لدرجة عالية من الدقة، وبأقل قدر من الشعور، ويتضمن:

- الأوتوماتيكية

-الاستيطان : عندما يصبح الأداء لا شعوري، (قسم المناهج وطرق التدريس، ٢٠٠٤:ص ٢٧)

<u>- تصنيف أنيتا هارو Anita Harrow</u>

قسمت انيتا هارو أهداف المجال المهاري إلى المستويات التالية:

١ - الحركات الانعكاسية Reflex Movements

هي الحركات الغير إرادية، وتظهر في مرحلة مبكرة من العمر، سواء كانت تعبيرا عن الحاجات الأساسية، أو عن حفظ التوازن والحركات الدفاعية .

٢ - الحركات الأساسية Movements Fundamental

وهي عبارة عن تجمع لحركات منعكسة في صورة أنماط أساسية، ويُستعان بها في أداء الحركات الإرادية مثل المشي والجري والقفز والرفع ..مثل إمساك الأشياء ودفعها..

٣- القدرات الحركية الحسية   Perceptual Abilities

يحتاج المتعلم أن يدعم هذه القدرات بالنضج، وخبرات التعلم المناسبة التي تصل به إلى درجة من التحمل والمرونة، تجعله يؤدي النشاطات الحسية بمهارة، مثل القدرة على التمييز حسياً بين أشياء متشابهة كالمكعبات، أو القدرة على التنسيق بين اليد والعين في اللعب بالأشياء .. أن يحاكي رسما لوردة أو حرف أمامه مستخدما الورقة والقلم.

٤ - القدرات الجسمية   Physical Abilities

هي الحركات التي تتصف بالقوة والرشاقة والمرونة والتحمل، ولذلك فإن الأهداف بهذا المستوى تركز على النمو الجسمي السليم للقيام بحركات في مستوى أعلى . كما أن الخبرات التعليمية هي التي تهذب القدرات الحركية الحسية والجسمية . كالقفز خمس قفزات، أو الوثب لمسافة محددة..

٥ - الحركات الماهرة   Movements Skilled

يُتوقع من المتعلم في هذا المستوى أن يكون قادراً على القيام بمهارات حركية عالية، كأن يقوم المتعلم بعد فترة من التدريب بقيادة الدراجة مثلا..

٦ - التعبير الحركي التواصلي المبتكر Nondiscursive Communication Movements

بعد أن يكتسب المتعلم المقدرة على أداء الحركات الماهرة، فإنه قد يستطيع الابتكار والإبداع في أداء الحركات، بحيث يضفي عليها تعبيراً وإبداعاً وجمالاً، مثل حركات المتعلم الابتكارية لتوصيل معاني للآخرين في تمثيلية درامية على المسرح المدرسي فيما يسمى بلغة الجسد body language.

(http://www.geocities.com)

ج-أهداف المجال الوجداني : Affective Domain

صنف كراثوهل Krathwohl وزملاؤه هذا المجال إلى خمسة مستويات تتدرج مـن البـساطة إلى التعقيد، على النحو التالي:(Krathwoel 1964)

١ - الاستقبال Receiving

أي الانتباه إلى الشيء أو الموضوع، بحيث يصبح المتعلم مهتماً به سـواء بـصورة ذاتيـة أم عـن طريق المعلم من خلال استخدامه الأساليب المختلفة. مثل أن يبدي أو يظهر أو ينتبه أو يلتفت ..

- الاستجابة Responding

وهو القيام بسلوك يدل على القبول أو الـرفض لـشيء مـا، مثـل أن يقـترب، يـدنو، يبتعد، يؤيد، يرفض، يتقبل، يرفض،..يفعل يترك..

٣ - تكوين قيمة Valuing

حيث يتحول سلوك المتعلم تجاه الأشياء أو الموضوعات أو المواقف من سلوك ظاهري ألى سلوك ينبع من داخله نظرا لتحول هذا السلوك إلى قيمة أثرت في شخصيته؛ نظرا لأنها تحتل مكانـة كبيرة في نفسه ومجتمعه، وهـي تحتـاج إلى وقت أطـول، كـما تتـسم بدرجـة عاليـة مـن الثبـات والاستمرارية فيوصف بأنه اتجاه أو قيمة يؤمن بها ويعمل من أجلها.مثل يشجع، يساهم، يـشترك، يواجه، يعارض، يتظاهر، يشجب، يثق ..

٤ - تكوين نظام قيمي Organization

حيث يكسب المتعلم في تفاعلاته مع مجتمعه التعليمي قيماً متعددة تتـسق وتنتظم معا حتى تكون إطارا قيميا موجها وضابطا لسلوك صاحبه، وتتباين قيم هذا النظام في تأثيرهـا في الـشخص وتوجيههـا لـسلوكه، مـع العلـم أن هـذا النظام القيمي متطور كما وكيفا، فهو غير ثابت، وينمو مـع نمـو حيـاة الإنسان وخبراته وتفاعلاته

الاجتماعية،وكلما كانت القيم متسقة ومنسجمة معا كلما استطاع الشخص من خلالها تكوين تصور ووجهة نظر وفلسفة صادقة عن الحياة.ومن أمثلة ذلك أن يؤمن، أن يعتقد، أن يجزم، أن ينكر، أن يتبنى ..

٥ - الاتصاف بتنظيم أو مركب قيمي مركب Characterization by a Value Complex

حيث تتسق وتنظم الأنساق القيمية بأنواعها المختلفة مكونة فيما بينها هرما قيميا أو نظاما قيميا معقدا ومركباً يستطيع أن يبني عليه الفرد تصوراته ووجهة نظره في الكون والحياة وكل شيء من حوله مثل أن يتمثل الفرد نظاما قيميا .. أن يكوّن الفرد تصورا عن الحياة ..(شوقي الشريفي، أحمد محمد أحمد، ٢٠٠٤م، ص: ٥٣)

وعند بناء المنهج يمكن أن نتبنى أي تصنيف من التصنيفات في كل مجال من المجالات، المهم في ذلك هو مناسبة التصنيف للطلاب والمادة.. وغير ذلك من أطراف العملية التعليمية.

ثانيا: المحتوى :

يقصد بالمحتوى ماذا سنقدم للطلاب ليحققوا أهداف المنهج المختلفة ؟

وهنا يمكننا القول : إننا نقدم لهم معلومات وخبرات ومواقف مجموعة ومنظمة وفق أسس علمية منطلقة من طبيعة المادة وطبيعة المتعلمين وأسس بناء المناهج، وموزعة على فترة زمنية محددة ..

-أسس اختيار محتوى المنهج:

ينبغي عند اختيار محتوى المنهج مراعاة مجموعة من الأسس أهمها :

١-مناسبة المحتوى لأهداف المنهج ؛ من حيث الكم والكيف، فيغطي المحتوى أهداف المنهج المختلفة بصورة جيدة لا يوجد فيها قصور أو أخطاء، وإلا فسوف يعمل

محتوى المنهج على تحقيق أهداف غير الأهداف المرادة ؛ بل وقد تكون أهـدافاً غـير مرغوبـة أو غـير مناسبة للمرحلة المرادة .

٢-تنوع المحتوى ؛ حيـث يحتـوى المحتـوى جوانـب ومجـالات الـتعلم المختلفـة المعرفيـة والمهاريـة والوجدانية حتى يؤدي إلى نمو شامل ومتكامل في شخصية الطلاب .

٣-مناسبة المحتوى لخصائص المتعلمين في المرحلة المرادة فلا نختار لهم محتويات علمية تافهـة جدا ينصرفون عن تعلمها لتفاهتها ولا نختار لهم محتويات علمية صعبة ينصرفون عنهـا لـصعوبتها، وان يراعي محتوى المنهج أيضا ميولهم واتجاهاتهم، ويلبي حاجاتهم المختلفة حتـى يلقـى قبـولا مـن جانب الطلاب ؛ وإلا فلماذا يدرسون منهجا لا يمثل أهمية بالنسبة لهم؟!

٤-اتسام المحتوى بالجدة والحداثة سـواء كـان فيمـا يتـضمنه المـنهج مـن معلومـات ومهـارات وخبرات أم في طريقة عرضه وتنظيمه .

٥- التنسيق بين المحتوى والأنشطة التعليمية بحيث يناسب كل منهما الآخر.

٦-أن يكون المحتوى صحيحا علميا .

٧- مراعاة الجوانب الفنية والعلمية في عرض المحتوى .

٨- استخدام تنظيم المحتوى المناسب لطبيعة المحتوى والمتعلمين .

٥-أن يعرض المحتوى بطرق وأسـاليب ووسـائل شـتى فلا يعـرض بطريقـة لغويـة فقـط وإنمـا نستخدم في عرضه أشكالا أخرى.

-أساليب عرض محتوى المنهج:

يوجد هناك عدة أساليب يمكن استخدامها في عرض محتوى المنهج أهمها :

١-العرض اللغوي :

حيث يتم عرض ما يقدمه المنهج من محتويات مختلفة في صورة لغوية مطبوعة، وإذا تبنى واضع المنهج هذا الأسلوب فعليه مراعاة جوانب عدة ؛ كصحة المحتوى علميا ولغويا، واستخدام اللغة العلمية المناسبة للمعلومات فهناك لغة متشبعة بالمصطلحات العلمية وأخرى متشبعة بالمصطلحات الرياضية وأخرى بالمصطلحات الأدبية فلكل محتوى لغة خاصة به، فعند عرض المحتوى العلمي بلغة أدبية قد يؤدي ذلك إلى تشويه الحقائق العلمية، فمثلا لا يمكننا القول في محتوى العلوم : عند إجراء تجربة ممتعة لتحضير غاز الهيدروجين ستراه في صورة فقاعات لؤلؤية جميلة " فالكلمات"ممتعة، لؤلؤية، جميلة " كلمات تعكس جمال أدبي وليس دقة علمية . فلكل علم مقال .

إضافة إلى ذلك ضرورة مراعاة استبعاد الكلمات الصعبة والغريبة والتي تحتمل أكثر من معنى، ومراعاة أحجام وأنواع الخطوط وعدد الكلمات، والصحة النحوية والإملائية، وعلامات الترقيم وتنظيم العبارات والجمل .. وغير ذلك.

٢-العرض البصري:

وهنا يتم استخدام الرسوم التعليمية بأنواعها المختلفة كالكاريكاتير، والخرائط، والمخططات، ونماذج الكرة الأرضية، والرسوم البيانية، والرسوم التوضيحية والملصقات، والمصورات، وغيرها وهي تصنف في تصنيفات عدة .

http://ostad.medharweb.net

وينبغي عند استخدام هذا النوع من عرض محتوى المنهج مراعاة ما يلي :

- مناسبة الرسم التعليمي للمحتوى العلمي ؛ فمثلا المحتوى الجغرافي نستخدم معه الخرائط، والأرقام نستخدم معها الرسوم البيانية .. وهكذا.

- مناسبة الرسم للمرحلة التعليمية وخصائص المتعلمين ؛ فعلى سبيل المثال عندما نقدم محتوى علمي للأطفال نستخدم معهم الكاريكاتير، بينما لا يصلح ذلك مثلا في المراحل المتقدمة ..

- سلامة الرسم التعليمي من الناحية الفنية الخاصة بالإنتاج كالألوان والبيانات والتنظيم وعـدد العناصر، والمساحة، وسهولة النقل والتداول..

- التكامل بين الرسوم المختلفة ؛ بحيث يكمل كل منها ما قبله ويمهد لما بعده.

- تنظيم الرسوم بصورة تتناسب مع التنظيم المستخدم في المحتوى كأن تنظم من الكل للجزء أو من القديم للحديث .. وغير ذلك

٣- عرض المحتوى باستخدام العينات الحقيقية والمجسمات البارزة وشبه البـارزة، مع الالتـزام بمواصفاتها الفنية والعلمية.

٤- العرض باستخدام الوسائط المتعددة :

فيمكن عرض المحتوى على مواد سمعية أو بصرية أو سمع بصرية من خلال الوسائل التعليمية المختلفة كالأفلام المتحركة، والسينمائية، وجهاز عـرض الـشرائح الشفافة المـصحوبة بتعليق صوتي، والفيديو تليفزيون، والفيديو بروجكتور، والتليفزيون التعليمي ..

وهنا ينبغي أن يراعي ما روعي في الرسوم التعليمية إضافة إلى بعض الشروط الأخرى الخاصـة بكل وسيلة كنقاء الصوت ووضوحه، وصفاء الصورة ودقتها، والتآزر بين الصوت والصورة .. وغير ذلك ويمكن الاستعانة في ذلك بمركز مصادر التعلم .

٥- عرض المحتوى بصورة إليكترونية، كالاسطوانات المدمجـة، والمواقع الإليكترونيـة فيما يعـرف بالمحتوى الإليكتروني؛ مما يسهل من عملية عرضه من قبل المعلم وتناوله ودراسته من قبـل الطـلاب، بالإضافة إلى العديد من المميزات الأخرى كالتشويق، والإثارة، والمتعة، وسهولة نقله وتداوله وتطـويره .. ويمكن تحديد أهم فوائد عرض المحتوى إليكترونيا فيما يلي :

- يؤدي استخدام المكونات ثلاثية الأبعاد ذات الجودة على الشاشات التفاعلية في قاعات الدروس إلى مشاركة عدد أكبر من الطلاب، وتمكين المعلمين من التعليم بفعالية أكبر يستخدم في تقديم قنوات اتصال فعالة على شبكة الانترنت للمعلمين وأولياء الأمور والإداريين.

- تخفيف مخاطر تبعية المعلم التامة للمحتوى وإزالة الغموض الذي يحيط به أثناء نقل المعرفة.

- يتيح نظام مراقبة و تقييم المدارس الاستخدام الأمثل للموارد.

- ضمان الحصول على محتوى تعليمي بأعلى جودة والتواصل مع أحدث التقنيات.

- زيادة التفاعل مع أولياء الأمور والطلبة و الإداريين في المدرسة.

- المساعدة في الوصول لجميع الطلبة من خلال فتح كل موضوع من عدة زوايا (البصرية والمسموعة و المقروءة).

- ضمان الوصول لأفضل وأحدث المحتويات المتاحة.

- تحسين المهارات من خلال تعزيز الوعي بالتكنولوجيا.

- إتاحة الفرصة للمشاركة النشطة من قبل الأطفال من خلال الألعاب الممتعة والألغاز والتي من شأنها تسهيل التعلم.

- تسهيل إكمال المنهاج في الوقت المحدد

- تمكين المعلمين من خلال تزويدهم بالمكونات التعليمية المرتبطة بالمنهج.

- إمكانية الاتصال عبر شبكة الانترنت مع المعلمين والإداريين وأولياء الأمور الآخرين.

- تحسين وإثراء التجربة التعليمية بالوسائل التحفيزية البصرية.

- زيادة المشاركة وإيقاظ الاهتمام من خلال الشرائح التفاعلية.

- يوفر للطلبة الوصول إلى الدروس الرقمية في المنزل من خلال الاتصال واسع النطاق أو مـن خلال الأقراص الليزرية المضغوطة و أقراص DVD التي يمكن الحصول عليها من قبل المدرسة.

– تشجيع الطلاب غير المهتمين على المشاركة في التعلم..

– إمكانية إتاحة المحتوى عـلى أدوات التشغيل الـصوتية (MP4) لاستخدامه مـن قبل الطلاب. (مالكولم فوربس، على الموقع التالي:http://www.cyberschooltech.org)

٦- العرض التخيلي أو الواقع الوهمي :

حيث يتم عرض المحتوى من خلال برامج كمبيوترية وأجهزة إليكترونية مصاحبة تمكن المتعلم من معايشة الخبرة التي لا يمكن له معايشتها لبعدها الزمـاني أو المكـاني أو لخطورتها .. وغير ذلك، وكأنها واقع حي يدركه بحواسه المختلفة، ومن أمثلـة ذلك بـرامج التـدريب عـلى الطيران وإجـراء العمليات الخطرة، وإجراء التجارب النووية .. وغير ذلك، بل وتستخدم مثل هذه البـرامج عـلى مـدى واسع في العديد من الألعاب الكمبيوترية.

-أنواع تنظيمات المحتوى :

١- التنظيم المنطقي: كما في الرياضيات

٢- التنظيم التاريخي: كما في مادة التاريخ

٣-التنظيم من المعلوم للمجهول : كما في التربية الإسلامية.

٤- التنظيم من الكل للجزء : مثل البدء بالمفاهيم العامة ثم الخاصة

٥- التنظيم من الجزء للكل: كالاستقراء في تنظيم قواعد النمو.

٦-التنظيم عبر المنهج : عندما تقدم مادة من خلال المـواد الأخـرى كالقراءة مـن خـلال فـروع اللغة الأخرى.

٧-التنظيم السيكولوجي: عند تنظيم المحتوى في ضوء نظريات التعليم والتعلم.

٨- التنظيم وفق طرائق التدريس: كالتنظيم وفق التقرير أو التعاون أو المعرفي أو ما وراء المعرفي.

ثالثا: طرق التدريس:

طريقة التدريس هي الإجراءات والخطوات التي يتبعها المعلم أو المتعلم أو هما معا في تعلم الدروس المتضمنة في المنهج داخل القاعات الدراسية بقصد اكتساب معرفة أو تعلم مهارة أو تشكيل وجدان .

-أنواع طرائق التدريس:

لا يوجد طريقة واحدة في التدريس وإنما تعددت وتنوعت وأصبحت اليوم بالعشرات تستخدم في مختلف المواد والمراحل الدراسية، ويرجع تعدد وتنوع طرائق التدريس إلى الإسباب التالية:

- تنوع المواد الدراسية واختلاف طبيعتها أدى إلى تنوع طرائق التدريس، فأصبح لكل مادة طريقة تدريس خاصة بها إضافة إلى الطرائق العامة المشتركة بين جميع المواد.

- نتائج الدراسات التي أجريت في علم النفس وخاصة في مجال التعليم والتعلم، والتي ترتب عليها التوصل إلى نظريات مختلفة في التعليم والتعلم انعكست على طرائق التدريس، فأصبح لكل نظرية مستحدثة طرائق تدريس ناتجة عنها وعن تصوراتها عن التعليم والتعلم .كظهور استراتيجيات التعلم التعاوني نتيجة لنظريا التعلم الاجتماعي لبندورا، والذكاءات المتعددة جاردنر ..

- الاهتمام بالفروق الفردية ترتب عليه عدم صلاحية طرائق التدريس التقليدية لمقابلة تلك الفروق القائمة بين المتعلمين، وهذا أدى إلى طرائق تدريس جديدة مثل التفريد بأساليبه واستراتيجياته المختلفة.

- المستحدثات التكنولوجية وما ترتب عليها من ابتكار طرائق تدريس جديدة قائمة على طبيعتها وعلى استخدامها وتوظيفها في العملية التعليمية كالتعليم البرنامجي والتعليم بمساعدة الحاسب، والتعليم الإليكتروني عبر الشبكات والمواقع الإليكترونية والاسطوانات المدمجة ..

- اختلاف خصائص المتعلمين من صف إلى صف ومن مرحلة إلى أخرى أدى إلى تنوع طرائق التدريس فما ينفع في المرحلة الابتدائية لا ينفع في الثانوية .. وهكذا.

- تعدد نواتج التعلم المراد تحقيقها فهناك الجوانب المعرفية التي يمكن أن تحقق من خلال المحاضرة، وهناك الجوانب المهارية التي يمكن تحقيقها بالتدريب والنمذجة والواقع الوهمي .. وهناك الجوانب الوجدانية والاجتماعية التي يمكن تحقيقها باستراتيجيات التعلم التعاوني ..

- زيادة الأعداد في المدارس والفصول وزيادة الإقبال على التعليم جعل عملية البحث عن طرائق تدريس حديثة تقابل الطلب المتزايد عليه مع كيف مقبول أمرا حتميا..

- ظهور مشكلات جديدة في العملية التعليمية لم تكن على البال ولا الخاطر كالدروس الخصوصية والمشكلات الإدارية والاجتماعية داخل المدرسة أدت إلى ضرورة البحث عن طرائق تدريس تعالج هذه المشكلة مثل استخدام الانترنت والتعليم عن بعد .. وغير ذلك.

ولكن مع هذا الزخم المتزايد من طرائق واستراتيجيات التدريس هل يوجد هناك طريقة تدريس مثلى يمكن للمنهج المدرسي أن يتبناها ؟

بالطبع لا ..! فلا يوجد طريقة أفضل من طريقة، فقد تحقق بالطريقة التقليدية أفضل مما تحققه بالطرائق الحديثة، عندما يكون هناك معلم جيد يستطيع أن يستخدمها ويوظفها في شكل جديد مع قدر من الجودة والإبداع، فكم من قديم صار جديدا باصابع ذهبية أو بفكر مستنير، فليس كل قديم سيء وليس كل جديد حسن .

وعندما نختار طرائق التدريس في المنهج المدرسي نضع نصب أعيينا مجموعة من المعايير يمكن معرفتها من خلال الإجابة عن التساؤلات التالية :

- هل طريقة التدريس المستخدمة مناسبة للمادة وطبيعتها ؟ وبأي درجة؟
- هل طريقة التدريس مناسبة لخصائص المتعلمين ؟
- ما اتجاهات وميول المتعلمين نحو طريقة التدريس المستخدمة؟
-هل توفر طريقة التدريس النشاط والإيجابية والتعلم النشط للمتعلمين؟
-هل معلم الفصل قادر على استخدام الطريقة المختارة ؟
-هل تم تجريب هذه الطريقة من قبل ؟ .
-هل هذه الطريقة بنيت على أسس علمية مستمدة من نظريات علم النفس والنظريات العلمية للمادة ؟
- هل تتفق طريقة التدريس مع قيم وتقاليد وعادات المجتمع؟.
-هل تراعي طريقة التدريس الجوانب الإنسانية في التعليم والتعلم ؟
-هل طريقة التدريس قادرة على تحقيق مختلف أهداف المنهج ؟
-إلى أي مدى يمكن تطوير وتعديل طريقة التدريس المختارة ؟.

إن إجابتك على مثل هذه الأسئلة يجعل طريقة التدريس المختارة في المنهج تقترب إلى مستوى الجودة المطلوبة، ويجعلك إلى الصواب أقرب .

ويمكن أن نصف طرائق التدريس، ونذكر أمثلة تحت كل صنف فيما يلي :

١-الطرائق التقليدية :

وهي تلك الطرائق التي اعتمد في وضعها وتحديد إجراءاتها على تصورات العلماء عن العقل البشري والتي قدمت من خلال الفلسفات القديمة وبعض النظريات النفسية القديمة أيضا، إضافة إلى اجتهادات العاملين في المجال والتي اعتمدت على تجاربهم وخبراتهم السابقة في التدريس، وتعتمد معظمها على إيجابية المعلم وسلبية المتعلم غالبا إلا في بعض الطرق التي تدعو المتعلم إلى المشاركة والبحث، وأهم طرق هذا المحور ما يلي :

- مجموعة العرض : وهي التي تعتمد على إيجابية المعلم وسلبية المتعلم (المحاضرة -المناقشة -هربارت -الاستقرائية)

- مجموعة الاكتشاف : وتعتمد على إيجابية المعلم والمتعلم معا (حل المشكلات -طريقة الاستقصاء -طريقة الاكتشاف)

٢- الطرائق الحديثة :

نتيجة للانتقادات التي وجهت إلى طرائق التدريس التقليدية ظهرت هناك العديد من طرائق واستراتيجيات التعليم والتعلم الحديثة التي اعتمدت على نتائج الدرسات في علم النفس، وقد صنفها العلماء تصنيفات عدة، ويمكن أن نصنفها على النحو التالي:

أ-استراتيجيات التفريد:

وهي تلك الاستراتيجيات التدريسية التي تم وضعت نتيجة للدراسات التي أجريت في علم نفس الفروق الفردية، والتي أشارت إلى وجود فروق بين المتعلمين في الجوانب العقلية

والمهارية والاجتماعية يجب مراعاتها في التعليم والتعلم فيما يعرف بالفروق الفردية Individual Differences وأهم هذه الاستراتيجيات ما يلي :

١- الوحدات التعليمية الصغيرة	Modular Instruction
٢- التعلم بالتعاقد	Learning by contract
٣- استراتيجية بلوم التعلم للإتقان	Mastery Learning
٤-نظام التوجيه السمعي	Audio Tutorial system
٥- التعليم الشخصي	Instruction personalized
٦- الحقائب التعليمية	Instruction Packages
٧- التعلم بمساعدة الحاسب	CAI
٨- التعلم البرنامجي	Programmed Instruction

(خالد عرفان، ٢٠٠٧: ص٤٧)

ب-استراتيجيات التعلم التعاوني:

وقد ظهرت هذه الاستراتيجيات نتيجة لظهور بعض نظريات علم النفس الاجتماعي، وعلى رأسها نظرية " باندورا " التعلم الاجتماعي، والتي أشارات إلى أن المتعلم يتعلم بصورة أفضل عندما يكون متواجدا بين مجموعة من الطلاب ذوي القدرات العقلية المتباينة، الذين يتفاعلون معا في مواقف اجتماعية، كما كان لنظرية " الذكاءات المتعددة" لجاردنر دور كبير في تدعيم فكرة التعلم الاجتماعي، والتي أشارت إلى أن الذكاء أنواع متعددة موزعة بين المتعلمين، وكل نوع له استخدام في جانب من جوانب التعلم، ووجود مجموعة من المتعلمين معا يجعل كل واحد منهم يكمل الآخر، مما يؤدي إلى تعلم أفضل .

ومن أهم استراتيجات التعلم التعاوني التي يمكن استخدامها في المنهج المدرسي ما يلي :

١- استراتيجية فرق الألعاب التعاونية Teams Gems Tournaments

٢-استراتيجية تقسيم الطلاب على أساس التحصي STADE

٣-استراتيجية التفريد لمساعدة الفريق TAI

٤-إستراتيجية البحث الجامعي Group Investigation

٥-إستراتيجية ترتيب المهام المتقطعة Jigsaw

ج-الاستراتيجيات المعرفية:

بعد اهتمام العلماء بالفروق الفردية بين المتعلمين، وبيئة التعلم الاجتماعية في التعلم التعاوني، أخذ اهتمامهم يتجه نحو المتعلمين وما يقومون به من نشاط عقلي أثناء عملية التعلم ؛ فظهر الاتجاه المعرفي في التعلم الذي يقوم على استخدام مهارات التفكير وتوظيفها في مواقف التعلم لتحقيق تعلم أفضل، وكان سؤالهم المحوري : كيف يفكر المتعلم أثناء التعلم؟ وبعد الإجابة عن هذا السؤال نبني له إجراءات التدريس وفق خطوات تفكيره، فنعلمه وفق تفكيره لا تفكيرنا، وقد ترتب على ذلك وضع مجموعة من استراتيجيات التعلم سميت بالاستراتيجيات المعرفية Cognation strategies وأهمها ما يلي:

-استرتيجية تشكيل الموضوعات من خلال قيام المشاهدين بلعب الأدوار.

-استرتيجية التخزين والتجميع .

-استرتيجية الاستماع والمشاهدة الجماعية التعاونية.

-الكلمات ٣×٣ .

-خريطة المفاهيم .

-مخطط فِن .

-تحليل خصائص دلالات الألفاظ .

-الزوايا الأربع .

-قائمة الدعم .

-نموذج المناظرة .

د- الاستراتيجيات ما وراء المعرفية: Metacognation strategies

لم يتوقف علماء علم النفس المعرفي عند الاهتمام بالتفكير وتوظيفه في التعلم بل اتجهوا لأبعد من ذلك أو ما وراء ذلك فاهتموا بتنمية التفكير، لأن الاهتمام بالتفكير وتنميته يؤدي إلى تعلم أفضل، فيما يعرف بالتفكير في التفكير، وقد جاءت نظريات تدعم هذه الفكرة، ومن أهمها نظرية قبعات التفكير الست Six Thinking_Hats_ لدي بونو1992 De Bono ونظرية التعلم خلال العمليات Process Based Instruction

وهي ترى أن هناك ست مجموعات من مهارات التفكير، وأن الاهتمام بتنميتها يؤدي إلى تنمية التعلم فالتعلم من نواتج نمو التفكير ومهاراته.(De Bono: 1992,P.9-14) ، وقد أدي تطبيق هذه النظرية إلى وجود العديد من استراتيجيات التعلم ما وراء المعرفة وأهم هذه الاستراتيجيات ما يلي:

(http://ozpk.tripod.com)

- استرتيجية الحديث أو التساؤل الذاتي

- إستراتيجية نظم/ خطط

- إستراتيجية السيطرة الذاتية على التعلم

- إستراتيجية المراقبة

- إستراتيجية التقييم

- إستراتيجية استخدم ما تعرفه

- إستراتيجية التخمين بناء على المعرفة السابقة

- إستراتيجية التنبوء بناء على المعرفة السابقة

- إستراتيجية التشخيص بناء على المعرفة السابقة

- إستراتيجية نقل المعرفة بناء على المعرفة السابقة

- استرتيجية الاستبدال/ إعادة الصياغة بناء على المعرفة السابقة

- إستراتيجية استخدم الخيال

- إستراتيجية مثل الأدوار.

- إستراتيجية صنف المعتمدة على التنظيم.

- إستراتيجية اكتشاف النمط / تطبق النمط المعتمدة على التنظيم

- استراتيجية ارسم/ دون المعتمدة على التنظيم. (عرفان، ٢٠٠٧: ص ١٤٠)

رابعا: الوسائل التعليمية:

مكون مهم وعنصر فاعل من عناصر منظومة المنهج المدرسي، لما يتميز به من أثر وجاذبية لدى المتعلمين؛ مما يجعلهم يقبلون على التعلم بحب وشغف، شاعرين بالمتعة والتسلية فيما يقدم لهم من معلومات وخبرات، وهذا يجعل التعلم أبقى أثرا وأكثر وضوحا بالنسبة لهم .

- مفهوم الوسيلة التعليمية :

يطلق لفظ الوسيلة التعليمية على كل ما يستخدمه المعلم أو المتعلم أو هـما معـا مـن أدوات وأجهزة ومعدات في تعلم ما يتضمنه المـنهج مـن معلومـات ومهـارات وخبرات لتنميـة الجوانـب الوجدانية في أقل وقت وجهد مع تحقيق أفضل نتيجة ممكنة .

-أنواع الوسائل التعليمية:

للوسائل التعليمية التي يمكن استخدامها في المنهج المدرسي تصنيفات عدة، لا يمكن استعراضها في هذا المقام، وإنما يمكن حصر أهم أنواع الوسائل بغض النظر عن تصنيفاتها التعليمية فيما يلي:

١- سمعية: كالراديو والمسجل.

٢- بصرية : كالشفافيات و الشرائح والصور .

٣- سمعية بصرية : كالتلفزيون -أشرطة الفيديو

٤- ملموسة الأدوات التعليمية المحسوسة مثل المجسمات والعينات.

٥- واقعية : مثل الرحلات والزيارات الميدانية.

٦- ممثلة: كتمثيل مواقف معينة.

٧- مجردة كالكلمة المكتوبة.

٨-الوسائط المتعددة : وهي تلك التي تجمع بين أكثر من عنصرين من عناصر الوسائط المتعددة كأن تجمع بين الصوت والصورة والحركة والموسيقى والنص المكتوب .. وهكذا، وتمثلها هنا البرامج الكمبيوترية.

-أهمية الوسائل التعليمية: تتمثل أهمية الوسائل التعليمية في المنهج فيما يلي:

شكل (٢٥)

وذلك على النحو التالي:

أ-أهمية الوسائل للمنهج :

-أنها تساعد على توضيح محتوى المنهج من معلومات ومهارات وخبرات مختلفة.

-تجعل الطلاب يقبلون على التعلم لما تتمتع به من تشويق .

- تظهر التكامل بين محتويات المنهج لقدرتها العالية على اختزال المعلومات.

- تجعل المنهج واقعيا فيما يقدمه قدر الإمكان.

-أداة لربط طريقة التدريس بمحتوى المنهج وأنشطة التعليم والتعلم .

- جعل خبرات التعلم أكثر واقعية من خلال التغلب بالوسائل على اللفظية في التدريس.

-قد تغير الوسائل في اتجاهات الطلاب نحو التعلم والمادة والمدرسة .

- تبسيط المعلومات وإدراك العلاقات بينها فصورة تغني عن ألف كلمة .

ب-أهمية الوسائل للمتعلم:

للوسائل أهمية كبيرة بالنسبة للمتعلم فهو المستفيد الأول منها، ومن أجله تصمم وتنفذ وتستخدم وتقوم وتطور، ويمكن إظهار أهمية الوسائل بالنسبة للتلميذ فيما يلي :

- تساعد على تحقيق التعلم النشط من خلال مشاركة الطلاب في استخدام بعض الوسائل.

- تجعل تعلمه ذا معنى مما يثبت التعلم ويجعله أبقى أثرا .

- يكتسب التلميذ من خلالها العديد من الخبرات والمعلومات التي يصعب الحصول عليها لخطورتها أو لأنها تتعلق بأشياء كبيرة جدا أو صغيرة جدا يصعب إدراكها .

- تنمي لدى التلميذ روح الاكتشاف والابتكار.

ج- أهمية الوسائل للمعلم:

تساعد الوسائل التعليمية المعلم ليكون معلما ناجحا، ويتضح ذلك من الخدمات الجليلـة التـي تقدمها الوسائل التعليمية للمعلم ومنها :

- توفر وقت المعلم وجهده.

- تساعده في اكتشاف مهارات الطلاب في التعامل مع الأجهزة والمعـدات في مرحلـة مبكـرة مـما يساعد المعلم في توجيههم الوجهة الصحيحة.

- يستخدمها في التعزيز وبالتالي تحسن من الدافعية للتعلم .

- تساعده على تبسيط المعقد ونقل المجرد من المعلومات والخبرات. .

- تساعده على إكساب طلابه روح الفريق والعمل الجماعي من خلال إنتاجهم لـبعض الوسائل بصورة مشتركة.

- تساعده في تنفيذ طرائق واستراتيجيات التدريس المختلفة.

- تحقق له التعاون بينه وبين زملائه المدرسين والفنيين المسئولين عن معمل الوسائل التعليمية.

- <u>معايير إنتاج أو اختيار الوسائل التعليمية :</u>

عند وضع أي وسيلة تعليمية في منهج المرحلة الابتدائيـة يجـب مراعـاة عـدة معايير تـوزع في ثلاثة محاور كما يلي:

أ-المعايير المتعلقة بالمعلم :

وتتمثل في مناسبتها لإمكانات المعلم على استخدامها وتوظيفها من خلال تمتعه بالمهارات

اللازمة لذلك مثل مهارات :

- إعداد الوسيلة .

- إعداد المادة التعليمية التي ستعرضها الوسيلة .

- مراجعة المحتويات العلمية .

- تركيب المادة العلمية على الأجهزة الخاصة بها .

- الفحص والمراجعة .

- العرض والتوظيف .

- الترتيب والتخزين .

ب- المعايير المتعلقة بالمتعلم:

وتتمثل فيما يلي :

-أن تتناسب الوسيلة مع النمو العقلي للطلاب.

-أن تتفق مع ميولهم واتجاهاتهم.

-أن تلبي احتياجاتهم المختلفة .

-أن تتيح لهم قدرا من المشاركة والمعالجة اليدوية.

-البساطة في المكونات وما تتضمنه من مثيرات في النوع والعدد.

-أن تكون جذابة بشرط ألا تطغى الجاذبية على الهدف العلمي للوسيلة.

-أن تخاطب حواسهم المختلفة .

- أن تنمي لديهم التفكير والتأمل .

- أن تراعي ما بينهم من فروق فردية .

ج- المعايير المتعلقة بالمنهج :

وتتمثل في اتصاف الوسيلة بما يلي :

- أن تتفق مع أهداف المنهج وتعمل على تحقيقها .

- أن تعرض محتوى المنهج وليس محتوى آخر غيره .

- البساطة في عرض ما تتضمنه من مثيرات .

- أن تتوافر فيها المواصفات الفنية اللازمة للوسائل التعليمية .

- صحة المحتوى العلمي.

- تتسق مع مكونات المنهج الأخرى كطريقة التدريس والأنشطة التعليمية.

- أن تكون غير مكلفة اقتصاديا .

- سهولة نقلها وتداولها .

- إمكانية توفير موادها العلمية.

- أن تكون آمنة في الاستخدام .

خامسا: الأنشطة التعليمية:

الأنشطة التعليمية بالنسبة للمنهج المدرسي كالدم المتدفق في جسم الإنسان، الذي يعطيه القوة والحيوية والنشاط، فبدون الأنشطة المنهج جسد بلا روح، فكيف سيدرس المعلم وكيف يتعلم الطالب .. من غير قيام كل منهما بنشاط يمثل سبيلا لتحقيق أهداف التعليم والتعلم .

-مفهوم النشاط :

ويمكن أن نعرف النشاط بأنه: كل ما يقوم به المعلم او المتعلم أو هما معا في مواقـف التعلـيم والتعلم داخل الفصل أو المدرسة أو خارجهما بغية تحقيق أهداف المنهج..

-أنواع النشاط:

هناك نوعان من النشاط يتم تضمينهما في المنهج هما :

١-النشاط الصفي :

وهي العمليات التي تتم في حجرة الدراسة أو داخل المعمل والتي يتفاعـل خلالها مجموعة من المدخلات (المعلم – المتعلم- الوسائل والأجهزة – المحتوى العلمي ...) من اجل اكتساب معلومة أو تعلم مهارة، أو تنمية وجدان، وتتم هذه الأنشطة محققة تفاعلات مختلفة تأخـذ مـسارات عـدة منها :

- تفاعل بين المعلم والمتعلم (أحادي الاتجاه)

-تفاعل بين المتعلم المعلم .(أحادي الاتجاه).

- تفاعل تبادلي بين المعلم والمتعلم .(ثنائي الاتجاه).

-تفاعل المعلم مع المحتوى .

- تفاعل التلميذ مع المحتوى .

-تفاعل المعلم مع الأجهزة والمعدات والوسائل.

-تفاعل التلميذ مع الأجهزة والوسائل والمعدات..

وتتم هذه العمليات التدريسية وفق إستراتيجيات تدريس مختلفة منظمة لهذا النوع مـن النشاط..

وتتنوع النشاطات الصفية على النحو التالي :

-نشاطات يقوم بها المعلم كالشرح والتوضيح وتقديم النماذج وتشغيل الأجهزة ..

-نشاطات يقوم بها الطلاب كالقراءة في الكتاب، وحل التمارين، والذهاب للمكتبة للقيام ببحث، أو القيام بعمل تجربة في المعمل ..

-نشاطات يقوم بها المعلم مع الطلاب كالمناقشة، والقيام بعمل معملي مشترك، وإجراء محادثات ..

-نشاط يقوم به المعلم مع الأجهزة والمعدات كتفاعل المعلم مع الحاسب الآلي وشبكة المعلومات لإعداد الدرس وتعميق معلوماته ..

-نشاط يقوم به الطالب مع الأجهزة والمعدات كالدخول على أحد الواقع الإليكترونية لاكتساب مزيد من المعلومات حول الدرس .

-نشاط يقوم به الطالب مع زميله كأنشطة التعلم التعاوني في أقران أو مجموعات متعاونة أو متنافسة ..

-أهمية النشاط الصفي:

تتمثل أهمية النشاط الصفي فيما يلي:

-تحقيق أهداف التعلم.

-تدعيم التعلم وتعميقه.

إكساب الطلاب المهارات اللازمة للتعلم كالبحث والاستقصاء.

-أهداف النشاط الصفي :

-إكساب الطلاب المعلومات والمفاهيم العلمية المختلفة .

-تثبيت وتعميق التعلم المعرفي.

- إكساب الطلاب المهارات المتنوعة العلمية والاجتماعية والعقلية والعمل على إثرائها وتعميقها.

- تنمية الجوانب الوجدانية لدى الطلاب كتنمية الميول والاتجاهات نحو التعلم والوطن .. وغير ذلك.

- إكساب الطلاب الجوانب الاجتماعية كالقيام بالأدوار الاجتماعية المختلفة.

- ربط التعلم بمواقف عملية.

- مشاركة الطلاب في مواقف التعليم والتعليم .

٢ – النشاط غير الصفي:

يقصد بالنشاط غير الصفي تلك الأعمال غير الصفية التي تتم داخل المدرسة والتي يمارس فيها الطلاب هواياتهم وينمون من خلالها مهاراتهم وقدراتهم المختلفة عن طريق تفاعلهم مع زملائهم ومعلميهم في أنشطة مختلفة ثقافية، ورياضية، واجتماعية وترفيهية...، وهي تختلف عن الأنشطة التعليمية التي تتم في الفصل الدراسي أثناء تقديم الدروس بطرائق واستراتيجيات التدريس المختلفة، وهي أنشطة تعليم وتعلم يقوم بها المعلم أو المتعلم أوهما معا بغية اكتساب محتوى وتحقيق هدف أو أكثر من أهداف التعلم .

ورغم أهمية النشاط غير الصفي إلا أن بعض أولياء الأمور يرون أن النشاط غير الصفي مضيعة للوقت، وأنه يجب قضاء الوقت كله داخل لفصل استعدادا للامتحانات .(حسن شحاته، ١٩٩٨: ص (١٦٢)

والأنشطة المدرسية غير الصفية هي جزء من المنهج وجزء من عملياته التي تتفاعل فيها أطراف مختلفة في العملية التعليمية لتحقيق أهداف تعليم وتعلم مختلفة محددة سلفا.

٢-أهدف النشاط غير الصفي :

يهدف النشاط غير الصفي إلى تحقيق العديد من الأهداف المعرفية والمهارية والوجدانية، والاجتماعية، وذلك على النحو التالي :

١-الأهداف المعرفية للأنشطة غير الصفية:

-إكساب الطلاب معلومات ومعارف مختلفة حول مختلف الموضوعات وفي مختلف العلوم والفنون .

-إكساب الطلاب المعلومات اللازمة لتنمية ما يتمتعون به من مواهب فكل موهبة تنمى وتصقل بالمعلومات والممارسات المناسبة .

- إكسابهم المعلومات اللازمة حول أنواع الأنشطة المختلفة كالمكتبة وكيفية البحث فيها، والرحلات وأنواعها وأهميتها، وصحف الحائط وأنواعها .. وغير ذلك.

-إكسابهم المعلومات اللازمة حول البيئة وكيفية الحفاظ عليها.

- تعريفهم بقضايا المجتمع وكيفية المساهمة في حلها .

-إكسابهم المعلومات اللازمة عن العمل الجماعي في الأنشطة وقواعده.

- إكسابهم معلومات حول المهارات الحياتية التي يمكن أن يكتسبوها من خلال الأنشطة غير الصفية

- توعية الطلاب في نواحي الحياة المختلفة (صحية - اجتماعية - بيئية) خلال ندوات ولقاءات مع الدارسين وأولياء الأمور.

-توعية الطلاب بالارتباط القائم بين المدرسة والمجتمع.

٢- الأهداف المهارية للأنشطة غير الصفية :

يكتسب الطالب من الأنشطة غير الصفية العديد من المهارات منها :

- بعض المهارات اللغوية كبعض مهارات الاستماع والتحدث والقراءة والكتابة.

- اكتساب بعض المهارات الحياتية كالاعتماد على النفس في إعداد الطعام وتنظيم الأعمال

والبحث في المكتبة ..

- بعض المهارات المهنية كالطبخ والصحافة والنجارة وبعض المهن الأخرى .

- بعض المهارات الاجتماعية كالتواصل مع الآخرين وأداء الأدوار والتعاون ..

- تنمية بعض مهارات التعلم الذاتي.

- تنمية بعض المهارات الخاصة بالمواد الدراسية المختلفة كالمهارات الحسابية والمعملية..

- اكتساب مهارات التقويم الذاتي وتقويم الأقران .

- أكتساب بعض المهارات الرياضية.

- اكتساب بعض المهارات الإدارية كالتنظيم وتوزيع الأدوار والقيادة..

- تنمية مهاراتهم المتعلقة بما يتمتعون به من مواهب كمهارات الشعر، ومهارات إعداد

وتحرير الصحف، ومهارات الرسوم ..

٣- الأهداف الوجدانية :

- إكساب الطلاب العادات الحسنة كالنظام والنظافة والدقة في العمل..

- تنمية ميولهن نحو الأشياء والموضوعات والمجالات الحسنة..

- تنمية اتجاهاتهم الإيجابية نحو الموضوعات والمجالات الهادفة والمفيدة للمجتمع كتنمية

كالاتجاهات نحو العلم والمدرسة والمجتمع .

- غرس قيم ومبادئ إيجابية لدي الدارسين مثل الاحترام – الأمانة – الصدق..

- زيادة دافعيتهم للتعلم، والمشاركة في الأنشطة المختلفة.

ب-أنواع الأنشطة غير الصفية:

تقوم الأنشطة المدرسية على جماعات، لكل جماعة أعضاء ورائد، وبرنامج للنشاط، وقواعد لتنظيم هذه الجماعة .(حسن شحاتة، المرجع السابق : ص ١٦٤) وتقوم هذه الجماعات بواحد أو أكثر من الأنشطة التالية:

١- الأنشطة الثقافية:

وهي تلك الأنشطة التي تجرى في المدرسة بقصد الارتقاء بالمتعلمين ثقافيا كالأنشطة التي تقوم بها جماعة الخطابة وصحف الحائط والمسرح المدرسي، والمسابقات الدينية والعلمية التي تعقد في المدرسة، والحفلات، والندوات العلمية والأدبية التي تستضيف بعض الشخصيات العلمية والأدبية وغيرهما .

٢-الأنشطة الرياضية :

وهي الأنشطة المتعلقة بممارسة الرياضة بأنواعها المختلفة ؛ كالمسابقات الرياضية في مختلف الألعاب سواء تلك التي تكون على مستوى المدرسة أم الإدارة أم الوزارة ..في مختلف الألعاب الرياضية الهادفة إلى بناء الطلاب بدنيا وأخلاقيا ونفسيا ..

٣- الأنشطة الترفيهية :

وهي تلك الأنشطة التي تقوم بها المدرسة في الداخل والخارج بقصد الترفيه عن طلابها، ومن هذه الأنشطة الرحلات التي تقوم بها المدرسة إلى الحدائق والمعالم التاريخية والأثرية، أو بقصد تعلم بعض المعلومات والخبرات كالرحلات إلى المصانع والشركات والمتاحف .. أو الحفلات الترفيهية التي تقيمها المدرسة في المناسبات المختلفة .

٤-الأنشطة الاجتماعية :

وهي تلك الأنشطة التي تقوم بها المدرسة من خلال طلابها لخدمة المجتمع سواء المجتمع المدرسي أم المجتمع كله ؛ ومن هذه الأنشطة أنشطة مجلس الآباء..

والأنشطة التي تقوم بها المدرسة داخل المنطقة السكنية التي تقع فيها كالتشجير وخدمة البيئة والحفاظ عليها .. وغيرها مما ينفع المجتمع كله .

وبالإضافة إلى ما سبق هناك مجموعة من الأنشطة االتي تقوم بها جهات أخرى في المدرسة منها:

أ- الأنشطة الإدارية:

وهي الأنشطة التي يقوم بها الموظفون داخل المدرسة وخارجها بقصد تسهيل وتسيير العملية التعليمية سواء أكانت النشاطات الإدارية هذه تتعلق بالمعلمين أم الطلاب أم بالإداريين أنفسهم ..، ومن أمثلتها إدارة اليوم الدراسي وأعمال الجدول والامتحانات والمعامل .. وغيرها من الأعمال الإدارية.

ب- الانشطة التوجيهية:

وهي الأنشطة التي تتم داخل المدرسة بقصد توجيه المعلمين والطلاب والإداريين في سبيل أداء أعمالهم على أكمل وجه، ومن أمثلة هذه الأنشطة توجيه الموجه الفني للمعلم أثناء التدريس، وتوجيه المعلم لطلابه في قاعات الدرس وداخل المعامل المختلفة، وتوجيه مدير المدرسة للمعلمين والإداريين، ويتم ذلك في صورة شفهية أو في صورة تعليمات مكتوبة أو من خلال اللقاءات والاجتماعات التي تعقد في المدرسة أو الإدارات التعليمية .

سادساً: التقويم:

أحد مكونات المنهج ، وهو يكون سابقا ومصاحبا ولا حقا للمنهج، فهو يستخدم لتقويم مدخلات المنهج، ويستخدم لتقويم عملياته، ويستخدم في تقويم نتائجه، وفي كل مرحلة يقدم تغذية مرتدة تعمل على التحسين والتطوير، فهو الحكم على الشيء بالجودة أو الرداءة ثم اتخاذ القرارات للتعديل والتطوير، فيتم تدعيم

الصواب وتصويب الخطأ؛ فمثلا .الطالب الذي حصل على ٨٠% ينتقل لدراسة موضوع أو مقرر آخر، والذي حصل على أقل من ذلك يعود لدراسة الموضوع أو المقرر مرة أخرى..

(وقد سبق عرض ذلك بالتفصيل في ص ٥٦).

<u>سابعاً : التغذية الراجعة:</u>

وهي ما يتم الحصول عليه من معلومات حول مخرجات المنهج، والإفادة منها في تطوير منظومة المنهج بصفة عامة بجميع مكوناتها، ويتم التوصل إلى هذه المعلومات من خلال تقويم مخرجات المنهج، ومكونات منظومة المنهج المختلفة .ويستفاد من هذه المعلومات في:

-تحسين مدخلات منظومة المنهج، وذلك من خلال وضع معايير لاختيار كل مدخل منها، ويشمل ذلك جميع مدخلات المنهج البشرية وغير البشرية، المادية وغير المادية .

-تطوير عمليات المنهج والتي تهدف إلى تقليل الجهد والوقت والزمن المستغرق والتكلفة مع تقليل عدد أخطائها قدر الإمكان.

-تطوير مخرجات المنهج من الناحيتين الكمية والكيفية بحيث تتفق هذه المخرجات مع المعايير المحلية والعالمية في التعليم، المتعلقة بجميع جوانب التعلم.

نشاط (٤)

عزيزي / عزيزتي

- قم بوضع تصور لمنهج في مجال تخصصك موضحا فيه :

- الأهداف – عناوين المحتويات- الأنشطة- الوسائل التعليمية- طرق التدريس- التقويم)

مراجع الفصل الثالث :

-إدوارد عبيـد: (٢٠٠٤)برنـامج تـدريب المعلمـين الجـددفي المـدارس التابعـة للأمانـة العامـة للمؤسسات التربوية، الأردن،على الموقع التالي:

http://www.geocities.com

- العبيد، إبراهيم (٢٠٠٤) : الأهداف السلوكية، على الموقع التالي:

www.riyadhedu.gov.sa

- أعضاء هيئة التدريس : (٢٠٠٤)المدخل في المناهج وطرق التدريس، القاهرة : جامعة الأزهـر، كلية التربية، قسم المناهج وطرق التدريس.

- خالد محمود عرفان :(٢٠٠٤)" التقويم التراكمي الشامل (البرتفوليو_ ومعوقات استخدامه في مدارسنا، القاهرة : عالم الكتب .

-Krathwohl, D. R., Bloom, B. S., & Masia, B. B. (1973)

Taxonomy of Educational Objectives, the Classification of Educational Goals.

Handbook II: Affective Domain. New York: David McKay Co., Inc.

http://www.eecs.usma.edu

http://www.valdosta.edu

http://www.uct.ac.zal

http://officeport.com

http://www.almualem.net

الفصل الخامس

تنظيمات المنهج

<u>أهداف دراسة هذا الفصل</u>

ينبغي بعد دراستك لهذا الفصل أن تكون قادرا على أن :

– تكتب تعريفا لتنظيمات المنهج المختلفة.

– تبين مميزات وعيوب كل تنظيم من تنظيمات المنهج.

– تحدد التنظيم المناسب لكل مرحلة من المراحل التعليمية.

– تذكر أي التنظيمات أفضل – من وجهة نظرك- مع التعليل.

الفصل الخامس
تنظيمات المنهج

تمهيد:

يقصد بتنظيم المنهج الشكل الذي يتبناه المنهج في جمع وتنظيم وعرض وتقديم المعلومات والمهارات والخبرات المتضمنة، ويسمى المنهج باسمها .

وقد ظهرت عدة تنظيمات للمنهج نتيجة لعدة أسباب أهمها :

ــ الدراسات في مجال علم النفس التعليمي والتي قدمت لنا نظريات وتصورات مختلفة عن التعلم وطبيعته وكيفية حدوثة وعن المتعلمين وخصائصهم المختلفة وقد ترتب على ذلك تطبيقات في مجال المناهج ظهرت في صورة تنظيمات مختلفة للمنهج .

ــ الدراسات التي تمت في مجال المناهج وطرق التدريس والتي جربت تنظيمات جديدة للمنهج مستمدة من نتائج دراسات علم النفس وقد أثبت العديد من تلك التنظيمات فاعليتها وصلاحيتها للمتعلمين .

ــ تنوع مراحل النمو واختلاف خصائصها الجسمية والعقلية والانفعالية والاجتماعية ؛ مما استدعى ضرورة وجود تنظيمات متنوعة تتناسب مع المراحل المختلفة والمتتابعة للنمو .

ــ التطور الذي شهدته نظريات التربية ونظريات المنهج والتي ترتب عليها انعكاسات كبيرة على المنهج وتنظيماته .

ــ التطور التكنولوجي وظهور أهمية تقنيات ووسائل التعليم في تصميم المناهج وتنفيذها مما استدعى توفير تنظيمات مختلفة للمنهج تقابل تلك التقنيات المستحدثة وطبيعتها ووظائفها .

ــ تغير النظرة إلى العلم وطبيعته من عصر إلى عصر وقد ترتب على ذلك ظهور تنظيمات جديدة للمنهج تتناسب مع تلك النظرات المتعددة للعلم وطبيعته .

— اختلاف العلـوم أدى إلى ضرورة وجود تنظيمات مختلفـة للمـنهج تقابل ذلك الاخـتلاف والتنوع القائم بين العلوم ؛ فطبيعة العلوم الطبيعية غير العلوم الدينية .. وهكذا، ولكل علـم تنظيم يتناسب معه وقد لا يتناسب مع العلوم الأخرى.

ويمكن بيان أهم هذه التنظيمات التي قامت عليها المناهج وسميت بأسمائها فيما يلي:

أولا : منهج المواد الدراسية المنفصلة:

سمي بهذا الاسم لأنه يتمثل في مجموعة من المواد الدراسية المختلفة التي تقدم كل واحدة منها في معزل عن المواد الدراسية الأخرى بين دفتي كتاب فهناك مادة للتاريخ وثانية للجغرافيا وثالثة للنحو .. وهكذا .

وهو مـن أقدم المناهج ويعد انعكاسا للفلسفة المثالية التـي تعنـى بالمعلومـات والمعارف وجمعها وتنظيمهـا وتقـديمهـا للمتعلمـين بطرق تعتمـد علـى الإلقـاء والإيجابيـة مـن جانب المعلـم والسلبية المطلقة غالبا من جانب التلاميذ .

وينظم المحتوى العلمي من السهل إلى الصعب أو من المعلوم للمجهول أو من المحسوس للمجرد أو من القديم للجديد والعكس ..

مميزات منهج المواد الدراسية المنفصلة:

يعد هذا المنهج مرادفا للمقرر الدراسي، وله عدة مميزات أهمها :

— أنه مناسب لإكساب المعلومات والمعارف للتلاميذ .

— سهولة تنفيذه بالنسبة للمعلم ؛ حيـث يعتمـد علـى طرائـق تـدريـس تقليديـة لا تحتاج في تنفيذها إلى جهد .

— سهل بالنسبة للمتعلمين فهو لا يلقي عليهم أي مهام سوى الاستماع للمعلـم واكتـساب مـا يقدمه من معلومات والاحتفاظ بها .

— لا يحتاج إلى تكلفة مادية كبيرة ؛ فهو لا يحتاج إلى قاعـات مجهـزة بطريقـة خاصـة أو إلى أجهزة ووسائل تعليمية .. وغير ذلك.

— ينفذ في فترات قصيرة .

— مناسب مع الأعداد الكبيرة من الطلاب نظرا لاعتماده على طرق إلقائية.

— يكسب المتعلمين بعض المهارات مثل الإنصات وحسن الاستماع .. وغير ذلك.

— مناسب لنقل التراث الثقافي عبر الأجيال.

— سهولة تخطيطه وإعداده وتنفيذه.

— يلقى قبولا لدى أولياء الأمور .

— يشعر المعلمون تجاهه بالارتياح لأنه مخطط مسبقا فلا يحتاج إلى جهد جديد.

— يرضى عنه المسئولون لأنهم نشأوا في ظله.

عيوب منهج المواد الدراسية المنفصلة:

وبرغم تلك المميزات إلا أنه وجه إليها العديد من الانتقادات أهمها :

— أنه يهمل جوانب التعلم الأخرى كالمهارية والوجدانية والاجتماعية .

— لا تنمي لدى المتعلمين استخدام العقل ولا مهارات التفكير المختلفة .

— تجعل التلميذ سلبيا في مواقف التعلم .

— أنها تنظيم ممل في أغلب الأحيان لفقدانه مشاركة وحيوية المتعلمين .

— الجمود في طرائق تدريسه .

— إهماله للوسائل التعليمية .

— عدم مراعاته للفروق الفردية بين المتعلمين .

— يهمل حاجات المتعلمين وميولهم واتجاهاتهم .

— لا يخرج مواطنا معد إعدادا شاملا قادرا على القيام بأدواره في المجتمع .

— لا يتناسب مع طبيعة العصر الذي لا يحتاج إلى المعلومات فقط وإنما يحتاج إلى العديد من المهارات العقلية والاجتماعية كي ينجح الفرد في التعامل معه بنجاح.

— إهماله للخبرات المباشرة.

— أدى إلى تفتيت المعرفة وهو أمر لا يتناسب مع طبيعتها.

— فصل بين المؤسسة التعليمية والحياة العملية للطلاب لانفصاله عن الحياة .

— أن التقويم فيه ينصب على الجانب المعرفي فقط مع اعتماده على اختبارات تقليدية ومستويات تعلم دنيا.

ونتيجة لتلك الانتقادات التي وجهة على منهج المواد الدراسية المنفصلة ظهر هناك تنظيمات أخرى .....

<u>ثانيا : منهج المواد الدراسية المترابطة:</u>

وهو المنهج الذي يعمل على الربط بين مادتين أو أكثر من المواد المتشابهة، بقصد تحقيق قدر الربط بينها والتغلب على مشكلات المواد الدراسية المنفصلة، فظهر الربط بين النحو والصرف تحت مسمى القواعد، والربط بين الجغرافيا والتاريخ والتربية الوطنية تحت مسمى الدراسات الاجتماعية .. وهكذا.

<u>أنواع الربط بين المواد:</u>

١- الربط المنظم :

وهو الذي يتم بين أكثر من معلم من تخصصات مختلفة فمثلا مدرس اللغة العربية مع مدرس الدراسات الإسلامية يشرحان بعض الآيات من القرآن الكريم أحدهما يتناولها دينيا بينما الآخر يتناولها من منظور لغوي وفق ما هو مقرر على الطلاب .. وهكذا .

٢- الربط العرضي :

وهو الذي يترك فيه الحرية للمعلم دون تنسيق مع معلم آخر، فعلى سبيل المثال يمكن لمعلم التاريخ يعرض للطبيعة الجغرافية لبلاد الشام عند شرحه لدرس عن الحملات الصليبية دون تخطيط مسبق .. وهكذا . وهو يعتمد على خبرة المعلم وحنكته وما يتمتع به من معلومات وخبرات ومهارات .

<u>صور الربط بين المواد الدراسية:</u>

كما أن الربط يتم في صورتين هما :

١- الربط بين مجموعة من المواد المتشابهة :

كالربط بين النحو والصرف، والجغرافيا والتاريخ، والجغرافيا والجيولوجيا .. وهكذا.

٢- الربط بين مجموعة من المواد غير المتشابهة :

٣- كالربط بين اللغة والعلوم، والجغرافيا والرياضيات .. وهكذا.

- <u>**مميزات منهج المواد المترابطة:**</u>

هناك عدة مميزات يتميز بها منهج المواد الدراسية المترابطة عن منهج المواد الدراسية المنفصلة

أهمها :

— أنها ربط بين المعلومات والمعارف المختلفة مما جعله أفضل في إظهار العلاقة بين العلوم المختلفة وهذا يتفق مع طبيعة العلم القائمة على الاتصال لا التفتيت.

— جعل الطلاب أكثر إدراكا وفهما للمشكلات التي تواجههم في حياتهم والتي تحتاج معلومات مختلفة لفهمها نظر لتعدد جوانبها والعوامل المؤثرة فيها، فعلى سبيل المثال مشكلة مثل التلوث البيئي تحتاج إلى معلومات جغرافية وتاريخية وبيولوجية وكيميائية مترابطة .. لمعرفتها وهذا ما يحققه منهج المواد المترابطة.

— تجعل التلاميذ يدركون بصورة أفضل العلاقات بين العلوم، وكيفية توظيف كل علم لفهم معلومات في علم آخر فعلى سبيل المثال فهم توزيع درجات الحرارة في العالم يتوقف على معرفة بعض المعالجات الإحصائية .. وهكذا.

— يكسب التلميذ مهارة استخدام مصادر مختلفة ومتنوعة للحصول على المعلومات.

— يدرب التلميذ بصورة أكبر على التفكير للربط بين المعلومات المختلفة .

— يوفر قدرا مناسبا من التشويق لدى المتعلمين مما يجعلهم يقبلون على التعلم.

— يسمح للمتعلمين بقدر من المشاركة العقلية التي لا تتاح في ظل منهج المواد الدراسية المنفصلة.

- <u>**عيوب منهج المواد المترابطة:**</u>

برغم المميزات السابقة لمنهج المواد المترابطة إلا أنه وجهت إليه العديد من الانتقادات أهمها:

— أنه برغم اهتمامه بالربط بين المواد الدراسية إلا أن هذا الربط كان شكليا بين كثير من المواد، فلم يتعد كونه جمعا لموضوعات المواد المتشابهة بين دفتي كتاب دون تحقيق ربط حقيقي بينها .

— أن هذا المنهج يحتاج إلى معلم له قدرات ومواصفات خاصة؛ كتمتعه بمعلومات متنوعة، ومهارات تدريس عالية، وتوظيف جيد للوسائل التعليمية المختلفة، وهذا يصعب توافره في الوقت الراهن .

— يحتاج إلى تطوير برامج إعداد المعلم قبل وأثناء الخدمة في ضوئه.

— يحتاج على وقت أطول للتنفيذ .

— قد يواجه التلميذ صعوبات كبيرة في سبيل التعلم ؛ نظرا لكثرة وتنوع المعلومات التي يطلب منه اكتسابها نتيجة للربط بين الموضوعات المختلفة ففي الدرس الواحد يطلب منه اكتساب معلومات في الجغرافيا والتاريخ والجيولوجيا والكيمياء ..وهذا أمر صعب.

— أنه عني بالمعلومات وأهمل المهارات والجوانب الاجتماعية والوجدانية في التعلم.

— جعل العملية التعليمية تعتمد على المعلم في الغالب مع مشاركة ضعيفة من قبل المتعلمين.

— إهماله لميول وحاجات واتجاهات المتعلمين.

— ان التقويم فيه ينصب على الجانب المعرفي ويهمل الجوانب الأخرى للتعلم.

ثالثا: المنهج المحوري:

هو المنهج الذي يدور حول المتعلم من حيث حاجاته مشكلاته وظائفه الاجتماعية والخبرات المناسبة له أو حول واحدة منها .

فنظرا لإهمال منهجي المواد الدراسية المنفصلة والمترابطة للمتعلمين وميولهم واهتماماتهم ظهر المنهج المحوري الذي تمحور حول المتعلم، وقد ظهر ذلك التمحور في صور وأشكال عدة أهمها :

- التمحور حول مجموعة من حاجات التلاميذ الاجتماعية..كما أشار إلى ذلك كازل .

- التمحور حول مجموعة من الوظائف الاجتماعية والفردية المطلوبة مـن الفـرد مـستقبلا ..

كما أشار إلى ذلك بيرس

- التمحور حول بعض المشكلات التي تهـم المتعلمين وبنـاء المـنهج في ضوئها..

التمحور حول مجموعة من الخبرات المشتركة والضرورية للمتعلمين في مختلـف المجـالات. كما أشار

إلى ذلك أندرسون، وأهـم هـذه الخبرات فهـم (المواطنـة، والنظـام الاقتـصادي، والنظـام الأسري،

والاستهلاك، والجمال، واللغة، والتفكير، والتعاون، وتحمل المسئولية..)

وبرغم الاختلاف بين هذه التنظيمات إلا أنها جميعا تشترك في كونها تـدور وتتمحور حـول

المتعلم الذي أصبح الأساس في بناء المنهج.

مبررات ظهور المنهج المحوري:

هناك عدة مبررات دعت إلى ظهور المنهج المحوري باهتماماته ومنطلقاته المختلفـة والتـي

تدور كلها حـول المجتمـع، وأهـم مبررات ظهـوره الانتقادات الـشديدة التـي وجهـت لمـنهج المـواد

الدراسية المنفصلة ومنهج المواد الدراسية المترابطة لكونهما لم يقدما حلا يعالج اهتمام الـتعلم

بالجوانب النظرية وتفتيت المعرفة وعدم ربطها بالمجتمع . وظهور تخصصات لها مـواد دراسية لم

تكن من قبل وهذا استدعى البحث عن تنظيمات جديدة للمنهج تتناسب مع تلك المـواد وطبيعتها

. كما أن عدم وجـود نمـوذج واحد نـاجح مـن تنظيمات المـنهج أدى إلى ضرورة البحـث عـن نمـاذج

تنظيمية جديدة للمنهج والذي يعد التنظيم المحوري واحدا منها.

كما كان لظهور طرائق تدريس جديدة مثل المشروعات وحل المـشكلات .. دور

في ظهور المنهج المحوري الذي يعد محاولة لإيجاد تنظيم منهج جديد مناسب لهذه

الطرائق الحديثة وإجراءاتها. إضافة إلى أن محاولة الربط بين المواد الدراسية في المنهج المترابط كانت خطوة ومقدمة لظهور المنهج المحوري ..

كما يعد المنهج المحوري ثمرة من ثمار الدراسات التي اهتمت بالفروق الفردية وضرورة مراعاتها في بناء وتنظيم وتقديم المنهج للدارسين.

مميزات المنهج المحوري:

يتصف المنهج المحوري عن غيره من المناهج بعدة مميزات أهمها:

- اهتمامه باختيار الخبرات المناسبة للمتعلمين واعتباره الخبرة أساسياً للتعلم.
- يعني بالمشكلات التي تقابل المتعلمين ويعدها هدفا وغاية من غاياته.
- الاعتماد على مصادر بيئية مختلفة وتوظيفها في بناء المنهج وتقديمه.
- الاهتمام بالجوانب الاجتماعي في التعلم والنظر إلى المعلم وطلابه على أنهم فريق واحد يهدف لتحقيق التعلم.
- يكسب المتعلمين الكثير من المهارات الاجتماعية الضرورية للتعلم والحياة كمهارات التعاون والقيام بالدور .. وغيرهما.
- يجعل التلميذ أكثر مشاركة وإيجابية ويجعل المعلم موجها ومرشدا .
- يستخدم طرائق تدريس حديثة كحل المشكلات والمشروعات.
- يحقق تواصل جيد بين المعلم وطلابه لأنه يجلس معهم أطول فترة ممكنة.
- يزيد من دافعية التلاميذ للتعلم.
- يوظف برامج النشاط الصفي وغير الصفي بصورة جيدة لتحقيق أهداف المنهج.
- يتغلب على الفصل بين العلوم المختلفة .
- يوفر مصادر تعلم متنوعة .
- يزيد من دافعية الطلاب نحو التعلم نتيجة لمشاركتهم في التعلم بصورة فعالة.

عيوب المنهج المحوري:

برغم المميزات السابقة للمنهج التربوي إلا أنه وجهت إليه عدة انتقادات أهمها :

- أنه يحتاج إلى معلم له قدرات عالية على التخطيط والتنسيق .

– يحتاج إلى فترة زمنية طويلة مما يترتب عليه حدوث إجهاد للتلاميذ.

– أدى استخدامه إلى حدوث مشكلات في الجدول المدرسي لحاجته إلى فترات زمنية طويلة.

– يحتاج إلى توفير مصادر بيئية مختلفة قد يصعب توفيرها في مكان واحد.

– قيام المعلمين بأكثر المهام التي ينبغي أن يقوم بها التلاميذ نظرا لكثرتها وصعوبتها عليهم.

– انحيازه إلى طبيعة المجتمع وخصائصه وحاجاته على حساب الفرد وحاجاته وميوله.

– تركيزه على الجوانب المعرفية أكثر من جوانب التعلم الأخرى برغم استخدامه لطريق تعليم وتعلم متعددة.

– تطور الحياة السريع يجعل المنهج المحوري غير قادر على ملاحقة هـذا التطور والتغير الحادث في المجتمع.

– عدم اعتماده على نتائج دراسات أكيده تتعلق بخصائص الطلاب وحاجاتهم يجعل بناءه غير موثوق فيه .

– اعتماده على مجموعة من المفاهيم العامة يجعله يفقد الاستمرارية والتتابع والتكامـل بـين ما يقدمه من معلومات وخبرات مختلفة.

– يحتاج إلى إمكانات مادية وبشرية كبيرة في تنفيذه، لذا منيت معظم تجاربه بالفشل.

– لم ينجح في الحصول على رضا وقبول المسئولين وأولياء الأمور والمعلمين الـذين وجـدوا التعامل مع منهج المواد المنفصلة أفضل وأسهل كثيرا عن المنهج المحوري.

– أدى إلى العديد من المشكلات الإدارية كالجدول والأبنية ..

وبرغم ذلك فإن المنهج المحوري يعد تنظيما رائدا ومستقبليا، وأن فشله يرجع إلى القائمين علـى إعداده وتنفيذه وليس لطبيعته وأهدافه .

رابعا : منهج النشاط :

يعد منهج النشاط امتدادا للمنهج المحوري وردت فعل على فشله، فبعد الاهتمام والتركيز على المجتمع والمادة وإعداد الأفراد في ضوئهما وربط المنهج بالمجتمع والبيئة، انتقل الاهتمام إلى المتعلم ؛ فاهتم المنهج بقدراته وميوله واتجاهاته وحاجاته المختلفة، وتلبيتها له من خلال مشاركته من خلال الأنشطة المختلفة التي يوفرها المنهج،والتي يكتسب من خلالها المعلومات والمهارات والوجدانيات المختلفة التي تحقق له نموا شاملا وتلبية لكل ما سبق .. ويعد جون ديوي المؤسس الأول لمنهج النشاط ؛ حيث صممت مناهج مدرسته التجريبية على هذا النوع من التنظيم عام ١٨٩٦م .

لذا يمكن أن نعرف منهج النشاط بأنه :

هو المنهج الذي يهتم بميول وحاجات التلاميذ وقدراتهم واستعداداتهم ويتح الفرصة للتلاميذ للقيام بالأنشطة المختلفة التي تتفق مع هذه الميول، وتعمل على إشباع تلك الحاجات، ومن خلال هذه الأنشطة ينمو التلاميذ،ويكتسبوا المعلومات والمهارات وتتكون لديهم العادات والاتجاهات وتنمي القيم والجانب الاجتماعي والانفعالي لديهم.

الأسس التي يقوم عليها منهج النشاط :

يقوم منهج النشاط على أساس من نظرية الدوافع التي ترى أن الدافع هو المحرك الأول للنشاط الذي يتعلم التلميذ من خلاله، حيث يوجد هناك أربعة دوافع للنشاط هي :

١- الدافع الاجتماعي: ويتمثل في رغبة المتعلم وميله للتفاعل والتعامل مع من حوله.

٢- الدافع الإنشائي: ويتمثل في قيام المتعلم بحركات وألعاب معينة.

٣- الدافع التعبيري:وهو يتمثل في رغبة المتعلم في التواصل مع الآخرين والتعبير عما يريد.

٤- دافع البحث : وهو يتمثل في رغبة المتعلم في الوصول للمعلومات وحل المشكلات والتي تواجهه وتخطي العقبات.

مزايا منهج النشاط :

لمنهج النشاط مميزات عدة أهمها :

– يشجع المتعلمين على العمل الجماعي المشترك مما يكسبهم العديد من المهارات .

– مراعاته لميول وحاجات المتعلمين في جميع مراحله من الأهداف حتى التقويم مرورا بالمحتوى والأنشطة والوسائل التعليمية وطرائق التدريس.

– يستخدم طرق تدريس فاعلة تشجع التلميذ على التفكير واتخاذ القرار وهي طريقة حل المشكلات.

– يشجع التلميذ على الإيجابية والنشاط فشعاره كن نشيطا تكن متعلما.

– قابليته للتطوير والتعديل نظرا لعدم وضعه مسبقا من قبل المتخصصين.

– يتناول المنهج مشكلات أو مشروعات متعددة يقدم من خلالها محتواه.

– يراعي طبيعة المعرفة التكاملية.

– يراعي الجوانب السيكولوجية المختلفة في بنائه كالدافعية ومراعاة الفروق الفردية وخصائص النمو ومراحله..

– الارتباط الوثيق بين التعلم والبيئة والمجتمع.

– يتغلب على الفصل القائم بين المواد الدراسية المختلفة .

– أنه يعنى بتعليم المتعلم إجراءات التعلم وليس نتائج التعلم فقط .

عيوب منهج النشاط :

- أنه يهمل بعض جوانب التعلم المهمة وعلى رأسها التراث الثقافي الذي يجب نقله من جيل إلى جيل .

- برغم أن عدم وجود تخطيط مسبق له من مميزاته إلا أن غياب التخطيط أدي إلى نسيان أو تجاهل أو إهمال بعض الأمور المهمة في التعلم مما جعل الطلاب غير مؤهلين بدرجة كافية للتعامل مع المجتمع.

- فقدانه لخاصية التتابع والاستمرارية في محتواه لقيامه على اهتمامات التلاميذ وحاجاتهم المتقلبة.

- اعتماده على مفهوم الحرية جعل المعلم يستخدم هذه الحرية في التملص من مهامة والتخلي عن الأهداف التي يجب عليه أن يحققها.

- يحتاج إلى معلم معد إعدادا خاصا ولديه مهارات متعددة كي يتمكن من القيام بتنفيذ هذا المنهج.

خامسا : منهج الوحدات التعليمية المصغرة:

هو المنهج الذي يعتمد في تقديمه للمعلومات والمهارات والخبرات المختلفة للمتعلمين على مجموعة من الوحدات التعليمية المصغرة Modular Instruction كأحد أساليب التفريد التي تقوم على مراعاة الفروق الفردية بين المتعلمين، وتتضمن كل وحدة على مجموعة من الأهداف السلوكية ومحتوى وأنشطة ووسائل تعليمية وأدوات تقويم خاصة بها،وتعتمد على الفردية في تعلمها؛ وذلك من أجل تحقيق مستوى معين من التعلم قد تم تحديده سلفاً .

ويتم بناء كل وحدة بصورة مستقلة عن بقية الوحدات، ويمكن دراسة البرنامج القائم على هذه الوحدات بصورة متشعبة شبكية أو بصورة خطية بحيث تكمل الوحدة ما قبلها وتسهل لما بعدها برغم الاستقلالية في بناء ودراسة كل وحدة.

وقد قام هذا النوع من تنظيمات المنهج على نتائج الدراسات التي أجريت في علم نفس الفروق الفردية والتي توصلت إلى أن هناك فردية بين المتعلمين تجعلهم يختلفون فيما بينهم في التعلم وسرعته ومعدله ووسائله وأساليبه .ز وغير ذلك، وقد استدعى ذلك ضرورة تنظيم المناهج بشكل جديد يوفر الحرية والاختيار للطالب ويتيح له الدراسة بالسرعة المناسبة له ..

ويتم بناء كل وحدة في هذه المنهج على النحو التالي:

- خطوات عمل واستخدام الوحدات التعليمية الصغيرة :

— تقسيم المنهج إلى برامج، وتقسيم كل برنامج إلى مجموعة من الوحدات تتضمن كل وحدة على دارسة، وتستغرق دراسة كل واحدة منها ساعة أو بضع ساعات.

– إعداد كل دارسة في صورة وحدات تعليمية صغيرة متكاملة في الأهداف والأنشطة والوسائل والمحتوى والتقويم، وذلك على النحو التالي :

<u>الخطوة الأولى</u> : تحديد أهداف الوحدة المعرفية والمهارات الوجدانية :

وذلك من خلال تحليل الدرس علمياً في صورة مفاهيم ومهارات ينبغي أن يتعلمها التلميذ، ويتوقف عدد الأهداف ونوعها على حجم ونوع المحتوى العلمي للدرس، فالدرس الذي يحتل صفحتين في الكتاب تكون أهدافه أكثر من الدرس الذي يحتل صفحة واحدة .. وهكذا .

<u>الخطوة الثانية</u> : وضع تعليمات دراسة الوحدة :

حيث يوجد لكل وحدة تعليمات تتعلق بكيفية دراستها، وتنفيذ إجراءاتها،واستخدام وسائلها التعليمية، ودراسة محتواها العلمي، وتطبيق أدوات التقويم الخاصة بها .

<u>الخطوة الثالثة</u>: تحديد الأنشطة المسارية الخاصة بدراسة الوحدة :

اللوحة المسارية ما هي إلا تصور بصري مبسط، يوضح خطوات دراسة الوحدة التي ينبغي على التلميذ الالتزام بها أثناء دراسة الوحدة .

<u>الخطوة الرابعة</u>: تحديد الأنشطة التعليمية المتضمنة في الوحدة :

النشاط التعليمي هو كل ما يقوم به التلميذ لتعلم المحتوى المعرفي والمهاري للوحدة،

مثل:

– قراءة مادة مطبوعة .

– إجراء تجربة علمية .

– الاطلاع في المكتبة .

– الإجابات على اختبارات .

– مشاهدة لقطات فيديو .

الخطوة الخامسة : تحديد الوسائل التعليمية :

الوسائل هي ما يستعان بها من أجهزة وأدوات ومواد تعليمية لنقل المحتوى العلمي للتلميذ، وهي متنوعة فمنها السمعي ومنها البصري ومنها السمعي البصري، ويتم اختيار الوسائل في كل وحدة بناء على طبيعة المادة والموضوع وخصائص المتعلمين مع مراعاة التنوع والثراء، كي يختار كل تلميذ ما يناسب ميوله واتجاهاته .

الخطوة السادسة: عرض المحتوى العلمي الخاص بالوحدة :

وذلك من خلال الأنشطة والوسائل التي حددت سلفاً مع مراعاة التقويم التكويني في الوحدة .

الخطوة السابعة: إعداد القياس القبلي والبعدي للوحدة :

وذلك في الجانبين المعرفي والمهاري للدراسة أو الوحدة التعليمية

الخطوة الثامنة: القياس القبلي:

حيث يتم القيام بتطبيق القياس القبلي على التلاميذ وتقديم الوحدة لمن يناسبها من التلاميذ.

الخطوة التاسعة: دراسة الوحدة:

يتم إعطاء كل تلميذ الوقت اللازم لدراسة الوحدة .

الخطوة العاشرة: القياس البعدي:

القياس البعدي لكل تلميذ بعد انتهائه من دراسة الوحدة .

الخطوة الحادية عشر : توجيه التلاميذ بعد القياس البعدي:

توجيه التلاميذ حسب درجاتهم في القياس البعدي للوحدة، فمن تجاوز الامتحان ينتقل لوحدة أخرى، ومن أخفق يعاود دراسة الوحدة مرة أخرى ...

مزايا المنهج القائم على الوحدات التعليمية المصغرة:

يتميز المنهج القائم على الوحدات التعليمية المصغرة بالعديد من الميزات أهمها :

- أنه يراعي الفروق الفردية بين المتعلمين في جميع مكوناته كالمحتوى وعرضه، والوسائل التعليمية، وأنشطة التعليم والتعلم إضافة إلى تبنيه الوحدات التعليمية كأسلوب من أساليب التفريد يناسب جميع المتعلمين .

- أنه قائم على دراسات علمية متعددة في علم نفس الفروق الفردية .

- أنه يتيح للمتعلم فرصة كبيرة للمشاركة وتوجيه وإدارة موقف التعلم.

- يعطي المتعلم فرصة ليتعلم المنهج في الوقت والزمان المناسبين له .

- يكسب المتعلم العديد من مهارات التعلم الذاتي .

- يمكن استخدامه في تقديم المنهج بصورة كمبيوترية .

عيوب منهج الوحدات التعليمية المصغرة:

- يحتاج إلى وقت طويل في إعداده.

- يتطلب تدريب التلاميذ على كيفية التعلم ذاتيا باستخدام الوحدات التعليمية المصغرة.

- يحتاج إلى تمكن المتعلمين نم العديد من مهارات التعلم الذاتي.

- يحتاج إلى وقت أطول لتنفيذه.

- مكلف أكثر من تنظيمات المناهج الأخرى .

- يحتاج إلى معلم كفء لديه مهارات استخدام أساليب التعلم الذاتي.

- يحتاج للتعامل مع كل تلميذ على حدة في كثير من الحيان مما يلقي على المعلم المزيد من العبء.

- لا يلقى قبولا كبيرا من قبل أولياء الأمور والمسئولين فهم يفضلون التعامل مع تنظيمات المناهج التي يعرفونها.

- تحتاج إلى مهارات عالية في الضبط والسيطرة.

سادسا: منهج المجالات الواسعة:

هو المنهج الذي يقوم في تصميمه وتنفيذه على توزيع العلوم المختلفة في مجموعات بناء على التشابه بينها في المجال، وإزالة ما بينها من حواجز وحدود،بحيث تصبح كمادة واحدة، وعليه تم توزيع المواد المختلفة في عدة مجالات هي:

مجال اللغات: ويشمل التعبير والقراءة والبلاغة والقواعد والإملاء والخط

ـ مجال الرياضيات: ويضم المواد التالية(الحساب والهندسة والجبر وحساب المثلثات والتكامل والتفاضل)

- مجال الدراسات الاجتماعية: ويشمل(التاريخ والجغرافيا والتربية الوطنية)

- مجال العلوم الطبيعية: ويشمل (الفيزياء والكيمياء والأحياء والجيولوجيا)

- مجال التربية الإسلامية: ويشمل(القرآن والحديث والشريعة والفقه والتوحيد).

ويستخدم هذا النوع في المراحل التعليمية الأولى لأنها لا تعنى بالتعمق في المواد المختلفة لصعوبة تحقيق ذلك في ضوء الكم الكبير الذي يتضمنه المجال من المواد .

مزايا منهج المجالات الواسعة:

يتميز منهج المجالات الواسعة بعدة ميزات عن غيره من المناهج أهمها :

— أنه يتفق أكثر من غيره من المناهج مع طبيعة العلم والمعرفة القائمة على الوحدة لا التفتيت.

— أزال الحواجز القائمة بين العلوم المختلفة.

— يجعل التلميذ أكثر فهما للمعلومات والمعارف نظرا لإدراكه للعلاقات بين العلوم المختلفة.

— يتناسب مع البيئة والمجتمع حيث يعتمدان على مجموعات مختلفة من العلوم المترابطة.

— يتناسب مع طبيعة المتعلمين وخاصة في المراحل التعليمية الأولى التي يعنى فيها المتعلم بالفهم العام بعيدا عن التفاصيل والتعقيدات .

— يعد تطبيقا لبعض نظريات التعليم والتعلم التي فسرت التعلم وطبيعته وكيفية حدوثه.

— تتيح للمعلم والطالب فرصا كبيرة للإبداع.

— اعتمادها على طرق تدريس متطورة تراعي التكامل بين العلوم المختلفة كطرق التعاون والمشروعات ..

<u>عيوب منهج المجالات الواسعة:</u>

يعاب على منهج المجالات ما يلي:

— السطحية في معالجة الموضوعات المقدمة نظرا لتناولها من وجهة نظر عدة علوم وليس علما واحدا.

— لا يصلح للمراحل التعليمية المتقدمة التي تعتمد على التخصص بصورة أكبر .

— تحتاج إلى معلم موسوعي وليس معلم تقليدي.

— تحتاج إلى وقت كبير في تنفيذها.

— تحتاج إلى فريق كبير ومتنوع من المتخصصين في إعدادها.

— اعتماده على الفردية في التدريس من قبل معلم واحد برغم أنها تحتاج إلى أكثر من معلم كالتدريس التعاوني.. لذا فهي تصمم بشكل وتنفذ بشكل آخر.

<u>سابعا: المنهج التكنولوجي Curriculum Technology :</u>

هو أحد المفاهيم التربوية الجديدة للمنهج، ويقصد به :

منظومة تصميمية إنتاجية قائمة على استخدام المستحدثات التكنولوجية في تصميم المنهج وبنائه وتنفيذه وتقويمه، وما يتطلبه ذلك من توظيف للأجهزة والمعدات والمهارات والقدرات العقلية في عرض وتخزين ومعالجة واسترجاع المعلومات المتعلقة

بالعملية التعليمية من خلال مواد وبرامج مبنية على أسس وقواعد مستمدة من علم النفس، ويطلق عليه البعض أحيانا المنهج الإليكتروني أو المنهج الرقمي.

وإذا نظرنا إلى كلمة تكنولوجي Technology نجد أن أصلها إغريقي يتكون من كلمتين هما تكنو Techne أي حرفة وكلمة لوجي logos أي علم فهو مصطلح يقصد به " علم الحرفة " فإذا ما جاء بعده المنهج فإنه يقصد به علم حرفة المنهج، وهذا يعني أنه يقوم على جوانب نظرية وجوانب إجرائية، ويعتمد على التقنيات المختلفة في علم المنهج، وإذا أردف بكلمة تعليم Instructional Technology فإنه يقصد به علم حرفة التعليم وليس المنهج فقط ..لذا من الخطأ بمكان النظر إلى كلمة تكنولوجي على أنها أجهزة وأدوات ومعدات فقط وهذا يتنافى مع معناها ودلالتها اللغوية والاصطلاحية، وعليه يمكن أن ننظر إلى المنهج التكنولوجي على أنه منظومة تتكون من عدة مكونات الأجهزة والمعدات جزء منها، وأهم مكونات هذه المنظومة ما يلي :

- النظرية التربوية:Curriculum Theory وهي النظريات التي تقدم لنا تصورات حول التربية وطبيعتها وأهدافها وإجراءاتها ..وغير ذلك، وهناك العديد من النظريات التربوية التي تنعكس على المنهج ومكوناته.

- نظرية المنهج: وهي النظرية التي تفسر المنهج وطبيعته وغاياته ومكوناته .. ويوجد هناك العديد من نظريات وتصميمات المنهج منها نموذج تابا وغيره من النماذج وعلينا أن نختار المناسب منها.(خالد عرفان :المرجع السابق)

وقد تعتمد نظرية المنهج على أساس اجتماعي مثل تحديد احتياجات المجتمع أو الفرد أو أساس نفسي مثل نظرية تعلم معينة. .....الخ.

- نظرية التعليم والتعلم.: وهي النظريات التي تعنى بتفسير عملية التعلم وكيفية حدوثها.

- وثيقة المنهج:

خطة مكتوبة يقوم عليها المنهج المراد الذي نسعى إلى بنائه أو تطويره، وتشكل هذه الخطة إطاراً عاما يتضمن أسس بناء المنهج ودواعي بنائه ، كما تتضمن عناصر المنهج ومعايير كل منها، ومعايير تنفيذه وتقويمه ومواصفات الأوعية المنهجية والمواد التعليمية من كتب (طالب ومعلم) وكتب أنشطة، وبرمجيات ووسائط، ووسائل التقويم وأدواته، ومعايير التنمية المهنية للقائمين على تنفيذ المنهج وتقويمه. وهي يتم عملها في أي منهج من المناهج، ولكن يغلب عليها هنا الطابع التكنولوجي في جميع مكوناتها.

- تصميم المنهج:Curriculum Design

وضع إطار فكري للمنهج لتنظيم عناصره ومكوناته جميعها (الأهداف، والمحتوى، والأساليب والوسائط، والأنشطة، والتقويم)، ووضعها في بناء واحد متكامل يؤدي تنفيذه إلى تحقيق الأهداف العامة للمنهج في ضوء العناصر التكنولوجية المختلفة التي يمكن استخدامها وتوظيفها..

- الأهداف:أول مكون من مكونات المنهج ؛ وهي التغيرات المراد تحقيقها لدى المتعلمين والتي تعد التكنولوجيا أداة من أدواتها، ومكون من مكونات هذه الأهداف.

- المحتوى مصاغ في إطار تكنولوجي: وهي المعلومات والمهارات والخبرات المختارة والتي يتم تنظيمها في أشكال مختلفة مستخدمين في ذلك المتغيرات التكنولوجية المختلفة كالوسائط المتعددة .. وغير ذلك. ويعرض ذلك في أشكال عدة كالكتاب الإليكتروني، وبرامج الشرائح الإليكترونية باستخدام برامج العروض الكمبيوترية كالباوربوينت

- أنشطة التعليم والتعلم: وهي ما يقوم به المعلم والمتعلم من أعمال من خلال تفاعلهم مع بعضهما أو مع الأدوات التكنولوجية المختلفة بغية تحقيق التعلم.

- طرائق التعليم والتعلم: وهي الإجراءات التي يسير عليها المعلم في تعليم طلابه والتي توظف فيها التكنولوجيا بصورة حقيقية مثل التدريس المصغر، التدريس بمساعدة الحاسب، التعليم عن بعد، التعليم باستخدام الشبكات المحلية أو العالمية .. وغير ذلك .

- الوسائط المتعددة: هي المتغيرات التكنولوجية التي تستخدم في تقديم المنهج منها (الصوت، الصورة، الحركة، الموسيقى، النصوص ..وغير ذلك)

- الوسائل التعليمية: هي الأجهزة والمعدات التكنولوجيه المستخدمة في تقديم المنهج كأجهزة الكمبيوتر، وأجهزة البروجكتور، وعرض الشرائح، والأفلام السينمائية .. وغير ها.

- التقويم الإليكتروني: وهو التقويم القائم على استخدام الحاسب في تقديم أدوات التقويم والإجابة عليها، وتصحيحها، ورصد درجاتها، ومعالجتها إحصائيا، وعرضها بطريقة إليكترونية من خلال برامج معدة لذلك بصورة مسبقة، ويعد البرتفوليو الرقمي Digital Portfolio من أهم أدوات التقويم الحديثة في هذا المجال.

-مزايا المنهج التكنولوجي :

للمنهج التكنولوجي ميزات متعددة منها :

— أنه مناسب لطبيعة العصر الذي يسمى بعصر التكنولوجيا في شتى المجالات.

— يكسب المتعلمين الكثير من المهارات اللازمة للتعامل من التكنولوجيا مثل مهارات استخدام الحاسب، واستخدام البرامج الكمبيوترية، واستخدام الكتب الكمبيوترية..

— يراعي الفروق الفردية بين المتعلمين لاعتماده على التكنولوجيا التي يمكن أن توفر التعلم بأنماط وأشكال مختلفة وفي أماكن متعددة وفي أي وقت من الأوقات ..

— يوفر كثيرا من جهد ووقت المعلم فبدلا من أن كان على المعلم كل شيء أصبح عليه التوجيه والإرشاد فقط وتذليل العقبات أمام المتعلمين، وبدلا من أن يشرح ساعة يعلق خمس دقائق فقط على ما يتم عرضه..

— يعد المنهج التكنولوجي منهجا اقتصاديا فبرغم أنه قد يكلفنا كثيرا في إنتاجه ولكن سيوفر علينا الكثير في تنفيذه وتطويره ..

— يلقى قبولا كبيرا لدى المتعلمين في جميع المراحل التعليمية لأنه يتيح لهم قدرا كبيرا من الحرية في التعلم .

− اعتماده على أساليب تقديم وعرض متنوعة تجذب انتباه المتعلمين وتثير فضولهم وتوجـد لديهم حالة من المتعة والتشويق في التعلم.

− مراعاته لميول واتجاهات المتعلمين المختلفة لاعتماده على أسـاليب عـرض وتقـديم وتقـويم متنوعة يختار كل واحد منهم من بينها ما يناسبه.

− إمكانياته العالية في تقديم المعلومات والخبرات التـي يـصعب الوصول إليها لخطورتها أو لكونها تتعلق بأشياء دقيقة أو كبيرة جدا يصعب إدراكها أو لبعدها الزماني أو المكاني فقد نرى الـذرة والمجموعة الشمسية والانفجارات الذرية ونمو النباتات والكائنات الحية في لحظات ..وغير ذلك.

− يلقى قبولا من المـسئولين والمعلمـين وأوليـاء الأمـور فالجميع يتفق عـلى أهميـة الجانـب التكنولوجي في جميع مجالات الحياة بما في ذلك المنهج.

− يمكن أن يحقق للمتعلمين نموا شاملا معرفيا ومهاريا ووجدانيا نظرا لما يتمتع به من عروض مختلفة سمعية، وبصرية، وسمعية بصرية من خلال استخدام الوسائط المتعددة كالنصوص والـصوت والصورة والحركة والموسيقى .. وغيرها من الوسائط.

− يمكن من خلالها تحقيق التواصـل بـين الطـلاب والمعلمـين في جميـع المراحـل وفي أي وقـت ومكان عبر الانترنت أو شبكات التعليم عن بعد .. وغيرهما من قنوات الاتصال..

− يمكن تقديمها عبر قنوات مختلفة كالشبكات داخل المدرسة أو شبكة الانترنت أو عن طريق التعليم عن بعد أو بالأجهزة المحمولة ..

عيوب المنهج التكنولوجي :

برغم المميزات السابقة للمنهج التكنولوجي إلا أنه وجهت إليه العديد من الانتقادات أهمها :

− أن التطور التكنولوجي المتسارع يجعل المنهج التكنولـوجي في حاجـة مـستمرة إلى التطوير والتعديل وخاصة فيما يستخدمه من برامج كمبيوترية خادمة للمنهج ؛ فعلى سـبيل المثال شركـات الـبرامج الكمبيوتريـة تغـير كـل يـوم برامجهـا التـي قـد لا يتوافـق معهـا

المنهج الكمبيوتري وهذا يضعه في مأزق ويجعله في حاجة إلى تعديل مستمر كي يواكب تلك البرامج وهذا يعني تكلفة اقتصادية كبيرة.

— أن المنهج الكمبيوتري يموت إذا فقدت التكنولوجيا والأجهزة المستخدمة في إعداده وتقديمه، وهذا يجعل المؤسسات التي تتبنى هذا المنهج تقع في شباك شركات التكنولوجيا الكبرى المتحكمة في المجال.

— أن المنهج التكنولوجي يقلل من التفاعل الإنساني فقد قال الغزالي- رحمه الله- :" من استشيخ الصحيفة ضاع منه نصف العلم" بمعنى أن هناك الكثير من جوانب التعلم كاكتساب القيم والسلوك الإنساني وغيرها لا تكتسب إلا من خلال التفاعل مع المعلم .

— يقلل من إبداع المعلم في عملية التدريس فكل شيء مرسوم ومعد مسبقا وما المعلم إلا عارض ومقدم لهذا المنهج إلا إذا روعي ذلك في تصميم المنهج الإليكتروني وتنفيذه.

— يحتاج إلى تجهيزات مختلفة عالية التكلفة والصيانة والتجديد كمعامل الكمبيوتر والشبكات ..

ثامنا: المنهج البيئي:

وهو المنهج الذي يعتمد على البيئة المحيطة بالمتعلمين، فيبني على ما تتضمنه من مشكلات ومجالات مختلفة جميع مكوناته، بقصد ربط ما يتعلمه التلميذ بالحياة من حوله، وبالتالي يعمل المنهج على زيادة تفاعل التلميذ مع بيئته وتأثيره فيها بصورة أفضل وإيجابية قائمة على أسس علمية، فعلى سبيل المثال يمكن أن نبني المنهج في جميع التخصصات على مجموعة من المشكلات البيئية كالتلوث، والحفاظ على البيئة، والموارد الطبيعية، وزياة السكان، والاغتراب الثقافي .. وغير ذلك من مشكلات، فقد نتناول مشكلة مثل التلوث من منظور العلوم واللغة العربية والرياضيات .. وغيرها .

- مزاياه :

يتميز هذا المنهج بالعديد من المميزات أهمها:

- الربط بين ما يتعلمه التلميذ والحياة .

- يجعل المنهج يسهم في تنمية البيئة .

- يكسب المتعلمين المعلومات والمهارات اللازمة للتعامل مع البيئة المحيطة بنجاح.

- يزيل الفوارق والحدود بين العلوم المختلفة.

- يكسب التلميذ الكثير من مهارات التفكير كالنقد والإبداع وحل المشكلات.

- يجعل المعلومات أكثر وظيفية .

- ينمي لدى المتعلمين الاتجاهات الإيجابية نحو البيئة .

- عيوبه:

برغم مميزات النهج البيئي وخاصة تلك المتعلقة بربط المواد بالبيئة إلا أنه وجهة إليه انتقادات عدة أهمها :

- أنه يحتاج إلى معلم له قدرات خاصة ؛ فعلى سبيل المثال معلم اللغة العربية الذي يريد أن يشرح بعض القواعد النحوية من خلال عرض قطعة تتضمن معلومات عن التلوث البيئي لن يستطيع أن ينجح إلا إذا كان على دراية بمشكلة التلوث وأسبابها وأبعادها نظرا لارتباط اللغة بالمضمون الذي تقدمه، وهذا يحتاج إلى معلم موسوعي متنوع المعلومات قد يصعب توافره في المدرسة .. وهكذا بالنسبة للمواد الأخرى.

- أنه يحتاج إلى تطوير مستمر ومتلاحق نظرا لارتباطه بالبيئة بمختلف أنواعها والتي تتسم بالتغير السريع المتلاحق ؛ وهذا يعني مزيدا من الجهد والتكلفة.

- تعقيد وتداخل الموضوعات نظرا لارتباطها بموضوعات بيئية متشابكة ومتعددة الأطراف مما يصعب الأمر على المعلم والطالب على السواء.

قد يكون مناسباً لبعض المراحل الدراسية دون البعض ؛ نظرا لأنه يحتاج إلى طالب على درجة مناسبة من النمو تمكنه من الربط بين ما يتعلمه وبيئته .

- يحتاج إلى جهد كبير من المعلم .

- يحتاج إلى وسائل تعليمية غير تقليدية كما أنه يعتمد على مواقف تفاعلية حقيقة مع البيئة وهذا يعني تكلفة كبيرة على المؤسسات المعنية بمثل هذه المناهج.

- تحتاج لطرائق تدريس غير تقليدية ويجب أن يعاد إعداد المعلم في ضوئها قبل أو أثناء الخدمة .

- تحتاج إلى أساليب تقويم أصيلة وواقعية كملفات التقويم والمشروعات وهي يصعب استخدامها مع المجموعات الصغيرة .

نشاط (٥)

عزيزي / عزيزتي

- قم بإعداد جدول يوضح التنظيمات المختلفة للمنهج ، ومميزات وعيوب كل تنظيم منها ، وأوجه التشابه والاختلاف بينها.

مراجع هذا الفصل:

– إبراهيم بسيوني . المنهج وعناصره . ط ٢، القاهرة: دار المعارف،١٩٨٧.

– أبو الفتوح رضوان . منهج المدرسة الابتدائية . ط ٣، الكويت: دار القلم، ١٩٨٨.

– الدمرداش سرحان ومنير كامل . المناهج . القاهرة : دار العلوم للطباعة، ١٩٧٢ .

– حلمي الوكيل ، ١٩٨٢. تطوير المناهج : أسسه – أساليبه – خطواته . القاهرة : مكتبة الأنجلو
المصرية .

– حلمي الوكيل ومحمد أمين المفتي، ١٩٨٢ . أسس بناء المناهج وتنظيماتها . القاهرة : مطبعة
حسان .

– عبد اللطيف فؤاد إبراهيم ، ١٩٧٥. المناهج : أسسها وتنظيماتها وتقويم أثرها . القاهرة :
مكتبة مصر .

– فكري حسن ريان،١٩٨٦. تخطيط المناهج الدراسية وتطويرها. ط ٢،الكويت : مكتبة الفلاح،.

– فوزي طه . المنهج وتطبيقاته . الإسكندرية : دار نور للطباعة والنشر، ١٩٨٢ .

– فوزي طه ورجب الكلزة ١٩٨٣. المناهج المعاصرة . الإسكندرية : منشأة المعارف، .

– محمد عزت عبد الموجود، أحمد اللقاني، فتحي يونس، محمود الناقة: أساسيات المنهج
وتنظيماته، القاهرة: دار الثقافة للطباعة والنشر، ١٩٧٨م.

الفصل السادس

تقويم المنهج

- تمهيد

- مفهوم التقويم .

- مبررات تقويم المنهج.

- وظائف تقويم المنهج.

- معايير تقويم المنهج .

- أنواع تقويم المنهج.

- جوانب تقويم المنهج.

- أدوات تقويم المنهج.

- خطوات تقويم المنهج.

أهداف دراسة هذا الفصل

تهدف دراستك لهذا الفصل إلى أن تكون قادرا على أن :

- تضع تعريفا لتقويم المنهج.

- تبين أهمية التقويم بالنسبة للمنهج.

- توضح التصنيفات المختلفة للتقويم.

- تذكر معايير التقويم.

- تشرح جوانب التقويم.

- ترسم مخططا يبين مراحل التقويم المختلفة.

- تسرد أهم أدوات تقويم المنهج.

الفصل السادس

تقويم المنهج

تمهيد:

المنهج شأنه شأن أي منظومة لا بد أن يتم تقويمها بين الحين والآخر لمعرفة درجة دقتها ومدى نجاحها في تحقيق أهدافها التي أنشئت من أجلها، لذا يخضع للتقويم في جميع مراحله(تصميمه - تنفيذه - تطويره) بغية تطويره وتعديله للأفضل، وكلما كانت عملية التقويم دقيقة وجيدة في أدواتها وإجراءاتها وقام بها متخصصون ومعدون من من أجل هذا الغرض كلما كان التقويم ناجحا وأعطى ثماره كل حين، وعليه ينبغي أن نشير في الصفحات التالية إلى التقويم ومفهومه وأهميته ومبرراته وأنواعه .. وغير ذلك من المفاهيم والجوانب والإجراءات المتعلقة به..

مفهوم التقويم :

التقويم لغة :

قيم يقيم تقييما أي أعطى الشيء قيمة محددة، فصار الشيء مقيما، وقوم يقوم تقويما أي عدل المعوج فصارا الشيء مقوما.

واصطلاحا :

هناك فرق بين تقييم المنهج، وتقويم المنهج ؛ وذلك على النحو التالي:

فتقييم المنهج : Curriculum Assessment

هو عملية جمع البيانات أو المعلومات عن المنهج فيما يتصل بمكوناته المختلفة من أهداف ومحتوى وأنشطة ووسائل تعليمية وطرق تدريس وأساليب وأدوات التقويم المستخدمة فيه من أجل الحكم على المنهج بالجودة أو الرداءة.

وتقويم المنهج:Curriculum Evaluation

مجموعة عمليات ينفذها أشخاص متخصصون يجمعون فيها البيانات التي تمكنهم من تقرير ما إذا كانوا سيقبلون المنهج أو يغيرونه أو يعدلونه أو يطورونه، بناء على مدى تحقيقه لأهدافه التي رسمت له.

- مبررات تقويم المنهج:

إن قيامنا بتقويم المنهج له العديد من المبررات والتي تعكس أهمية التقويم بالنسبة للمنهج بل وللعملية التعليمية كلها، وأهم هذه المبررات ما يلي:

- معرفة درجة التطابق بين النظرية التربوية التي تم تبنيها في بناء المنهج وما جاء في المنهج بالفعل.

- التثبت من سلامة نموذج المنهج الذي قام عليه المنهج ومناسبته للمرحلة المصودة.

- معرفة مدى الالتزام بوثيقة المنهج في إعداده وتنفيذه .

- اكتشاف أخطاء هندسة المنهج وتصميمه وتنفيذه والعمل على علاجها.

- التثبت من تبني المنهج للاتجاهات الحديثة في تصميم المناهج .

- معرفة مدى توافر جميع مكونات المنهج من أهداف ومحتوى وأنشطة ووسائل تعليمية وطرائق تدريس وتقويم..

- تحديد صعوبات تصميمه وبنائه وتنفيذه ووضع حلول لها .

- معرفة مدى توافر شروط ومعايير الجودة ومؤشراتها في المنهج.

- التثبت من الاتساق بين مكونات المنهج بدءا من الأهداف وانتهاء بالتقويم.

- معرفة متطلبات تنفيذ المنهج ومدى توافرها.

- معرفة مواصفات المعلم الذي يستطيع أن ينفذ المنهج ومدى توافرها في معلمة المرحلة الابتدائية.

- تحديد مواصفات التعلم المدخلي الذي يجب أن يكون عليه المتعلمون كي يتمكنوا مـن دراسـة المنهج.

- تحديد مدى مراعاة المنهج لأسس بناء المناهج.

- معرفة مدى مراعاة المنهج لطبيعة العصر والمتعلمين والمجتمع والمادة والعلم.

- معرفة مدى توظيف المستحدثات التكنولوجية في المنهج.

- معرفة مدى جدوى المنهج من الناحية الاقتصادية (الوقت، التكلفـة، الجهد المبـذول، النتـائج المتوقعة)

- تقويم أدوات تقويم المنهج ومعرفة مدى صحتها وضبطها ومناسبتها للمنهج بمكوناته المختلفة.

- **وظائف تقويم المنهج:**

لتقويم المنهج عدة وظائف يمكن رصدها فيما يلي :

أولا: الوظيفة التشخيصية للتقويم :

حيث يستخدم التقويم لتشخيص نقاط القوة والضعف في المنهج، والعمـل عـلى تحسـينه، ويشمل ذلك:

- أهداف المنهج لمعرفة مدى مناسبتها واتساقها وتتابعها وتكاملها وعدم تكرارها.

- المحتوى لمعرفة ما به مـن أخطـاء علميـة أو تنظيميـه أو أخطـاء تتعلـق بـالتوازن في جوانـب المحتوى أو أخطاء تتعلق بأساليب عرضه وتقديمه داخل المنهج.

- الوسائل التعليمية من حيث سلامتها ومطابقتها للمواصفات الفنية التقنية، وسلامتها من حيث ما تعرضه من محتوى علمي وفق معايير إنتاج واختيار واستخدام الوسائل التعليمية المتعارف عليها من قبل المتخصصين.

- أنشطة التعليم والتعلم للتعرف على مدى تنوعها ومناسبتها للطلاب وللمادة ومدى اتساقها وتكاملها وصحة إجراءاتها من الناحية العلمية، ومناسبتها للوقت .

- طرائق التدريس لمعرفة صحة إجراءاتها ومناسبتها للمادة وللموضوعات المقدمة وللمتعلمين وخصائصهم، ومدى ما توفره من مشاركة ونشاط للمتعلمين.

- أدوات التقويم للتعرف على مدى دقتها في القياس ومدى ما تتمتع به من ضبط وموضوعية وصدق وثبات ومناسبتها للمادة وللمتعلمين .

ثانيا: الوظيفة العلاجية للتقويم:

فالتقويم ليس فقط يشخص فيشير إلى مواطن الضعف في مكونات المنهج المختلفة، وإنما يقدم علاجا لكل ما يكتشفه في المنهج من أخطاء من خلال قيامه بما يلي:

- تقديم تصورات لما ينبغي أن تكون عليه أهداف المنهج من حيث الاختيار والصياغة والتوزيع على المجالات المختلفة والترتيب في صورة مراحل متتابعة.

- تقديم اقتراحات تتعلق بالمحتوى وأسس اختياره وتنظيمه وأساليب عرضه وتقديمه وفق أصول علمية محددة سلفا.

- وضع التوصيات الخاصة بطرائق التدريس وكيفية اختيارها وتنفيذها بصورة صحيحة .

- يقدم التقويم توصيفا لما ينبغي أن تكون عليه أنشطة التعليم والتعلم في ضوء المعايير اللازمة لتلك الأنشطة والتي بنيت أداة التقويم في ضوئها.

- إيضاح معايير اختيار الوسائل التعليمية التي تقوَّم في ضوئها وتقديم التوصيات اللازمة لتطبيقها في بناء المنهج وتنفيذه ..

- إمداد المسئولين عن بناء المنهج بالتوجهات الحديثة والمعاصرة في طرائق التدريس والعمل على تصنيفها وتوصيفها ليتم اختيار الأفضل والمناسب منها.

- تقديم مقترحات تتعلق بتقويم المنهج وأدواته وإجراءاته ووضع القوانين والمعايير اللازمة لذلك حتى يمكن تطوير التقويم للأفضل، وبالتالي نثق أكثر في نتائجه، وتقدم تصورات حول أدوات وأساليب التقويم المعاصرة والمناسبة لتقويم المنهج.

ثانيا: الوظيفة التطويرية للتقويم:

يمكن للتقويم أن يتوقف عند مرحلة تقديم مقترحات علاجية للمنهج بجميع مكوناته في ضوء ما يتوافر للتقويم من معايير جودة لكل مكون من مكونات المنهج فيكشف عن مدى توافرها من خلال تطبيق أدوات القياس المختلفة التي بنيت في ضوء تلك المعايير، ويمكن أن يمتد دور التقويم فيتعدى مرحلتي التشخيص والعلاج إلى مرحلة ثالثة أكثر إيجابية وتأثيرا في المنهج وهي مرحلة تقديم تصور لتطوير المنهج بجميع مكوناته في ضوء معايير بناء المنهج المحلية أو العالمية أو كلاهما، ويأخذ هذا البعد التطويري الذي يتم من خلال التقويم صورة من الصور التالية :

- التطوير بالحذف: [حيث يقدم التقويم تصورا للمنهج بناء على ما تم رصده في عملية التقويم، ويقوم هذا التصور المقترح على حذف بعض مكونات المنهج إما لكونها زائدة أو غير مناسبة أو مكررة، ويتم ذلك في جميع المكونات فقد يتم حذف بعض الأهداف، أو أجزاء من المحتوى المعرفي أو المهاري أو الوجداني، وقد يتم حذف بعض الأنشطة التعليمية، أو الوسائل التعليمية أو طرائق التدريس بل قد يمتد الحذف إلى حذف بعض أدوات التقويم .. وغالبا يتم تقديم هذا التصور التطويري عندما يكون هناك شكوى من الطلاب والمعلمين والخبراء وأولياء الأمور من طول المنهج وازدحامه ..

- التطوير بالإضافة: [فقد تكشف عملية التقويم عن وجود نقص في أهداف المنهج أو وسائله أو محتوياته أو أنشطته أو طرائق التدريس المستخدمة فيه أو في أدوات وأساليب تقويمه، وهنا يقدم التقويم تصورا مقترحا يهدف إلى جبر هذا الكسر وإصلاح ذلك الخطأ باقتراح تصور حول كيفية ترميم المنهج وإضافة العناصر الضرورية الغائبة، ويكون هذا التصور غالبا عندما يكون هناك شكوى من تفاهة المنهج وسطحيته وعدم تماسك أركانه..

- التطوير بالتغيير:

فقد يكون المنهج كاملا في جميع عناصره ولكن هناك بعض العناصر تحتاج إلى تغيير نظرا لعدم مناسبتها للمرحلة أو للمادة أو لمتطلبات وطبيعة وحاجات المجتمع،

لذا يقوم التقويم برصد تلك العناصر غير المقبولة في الأهداف والمحتوى والأنشطة والوسائل التعليمية وطرائق التدريس وأساليب التقويم، وتقديم تصور جديد للمنهج يتضمن تلك التغيرات حتى يتم الانتقال بالمنهج من الحسن للأحسن.

- التطوير بالتحديث: [كل شيء يجري من حولنا ولا شيء ثابت في مكانه فالمعلومات والخبرات والتقنيات وطرائق التدريس وأساليب التقويم كل يوم في حال جديد، والمتابع لشبكات المعلومات الدولية ووسائل الإعلام يمكنه أن يلحظ ذلك جيدا، والمنهج إذ لم يواكب تلك التغيرات المعلوماتية والتكنولوجية المختلفة سوف يحكم عليه بالتخلف والفشل والتقويم يرصد ذلك ويقدم حلولا تتمثل في تقديم تصورات لتطوير المنهج ليكون منهجا مستقبليا يعايش الحاضر ويعد طلابه للمستقبل .

- التطوير بإعادة التنظيم:

فقد يكون المنهج صحيحا في جميع مكوناته ولكن تلك المكونات منظمة بصورة غير صحيحة ودقيقة علميا فمثلا الأهداف غير مرتبة ومنظمة بصورة تتابعية، المحتوى لم يتم تنظيمه وتقديمه بصورة ملائمة .. وهكذا بالنسبة لبقية المكونات فيأتي التقويم ويقدم تصورا لذلك يعمل على إعادة هيكلة وتنظيم مكونات المنهج بصورة جيدة بدون حذف أو إضافة أو تغيير في هذه المكونات.

<u>معايير تقويم المنهج :</u>

لكي يكون التقويم نافعا ومحققا لأهدافه المختلفة يجب أن يكون في ضوء معايير تقويم جيدة محددة سلفا وأهم هذه المعايير ما يلي :

<u>أولا: معايير تقويم مكونات المنهج وهي المتعلقة بـ:</u>

١- الأهداف: كالوضوح في الدلالة فلا يختلف على معنى الهدف اثنان، والدقة في الصياغة اللغوية فلا تكون صياغة غير صحيحة في لفظها أو في دلالتها ..والتسلسل بحيث تكون الأهداف متسلسلة بدون انقطاع فيما بينها،والتنوع ما بين المجالات المعرفية والمهارية والوجدانية، والترابط بين الأهداف فلا تكون مشتتة أو مهلهلة، والتدرج في

الأهداف بحيث يكون هناك أهداف عامة ومتوسطة وسلوكية، وأن تتناول مستويات مختلفة للـتعلم في كل مجال فلا تكتفي بالمستويات الدنيا،ومناسبتها للمتعلمين والمجتمع وطبيعة العصر، وإمكانيـة قياسها .. وغير ذلك من المعايير التي يجب توافرها في أهداف المنهج.

٢-   المحتوى: وهو كل ما نقدمه للمتعلمين من معلومات ومهارات وخبرات ويتم ذلك وفق مجموعة من المعايير، وأهمها: الصحة العلمية فيجب أن يخلو مـن الأخطـاء العلميـة، والجدة فـلا يكون المحتوى العلمي قديما ظهرت بعده محتويات أخرى أكثر جدة وحداثة، التنظيم الجيد فلكل محتوى طبيعة ولكل محتوى طريقة تنظيم تتناسب مع طبيعته ؛ فعلى سبيل المثال المحتوى التاريخي ينظم زمنيا، بينما المحتوى الرياضي ينظم مـن البـسيط إلى المركب .. وهكـذا، وأن يعرض المحتوى بطرق مختلفة تتناسب مع طبيعته فقد يعرض بطريقة بصرية أو سمعية أو هما معا حسب طبيعة المحتوى، مناسبته في العمق والاتساع لعقلية وخصائص المتعلمين وطبيعـة المرحلـة، ومناسـبته كميا للفترة الزمنية المتاحة، وأن يكون مرتبطا وممثلا لأهداف المنهج، وأن يوزع عـلى أهـداف المنهج حسب الوزن النسبي للأهداف، ودقة وصحة صياغته لغويا .. وغير ذلك من معايير تتعلـق بـالمحتوى واختياره وتنظيمه ..

٣-   الأنشطة: وهـي كل ما يقوم به المعلم أو المتعلم أو هما معا لتحقيـق هـدف أو أكـثر مـن أهداف التعلم، وهي تخضع للعديد من المعايير من أهمها: التنوع؛ فتنوع الأنشطة أمر ضروري كي يقابل ذلك التنوع القائم في الأهداف والمحتوى فلكل هدف أو نوع من أنواع المحتوى نشاط يتناسب معه . كذلك يجب أن يكون النشاط مناسبا للمتعلمين فكما ينبغي أن تتناسب الأنشطة مع الأهداف والمحتوى يجب أيضا أن تتناسب مع المتعلمين وخصائصهم . تكامل الأنشطة فيجب ألا تكون الأنشطة التعليمية متعارضة أو مكررة وإنما تكون متكاملة فكل نشاط يكمل ما قبله ويمهد لما بعده بحيث يحقق كل واحد منهم هدفا من أهداف التعلم أو يدعم تحقيقه.

٤-   الوسائل التعليمية: وهي كل ما يتم استخدامه من أجهزة وأدوات ومعدات ومواد لنقل ما نريد من معلومات وخبرات ومهارات من المعلم إلى المتعلمين في مواقف التعليم والتعلم المختلفة .. وهي يتم اختيارها وتقويمها في ضوء العديد من المعايير التي تحدثت عنها كتب الوسائل التعليمية باستفاضة، وأهم تلك المعايير : أن تكون مناسبة للمحتوى العلمي والخبرات المراد نقلها ؛ فهناك خبرات ذات طابع بصري كالألوان وتلك يناسبها استخدام وسيلة بصرية كاللوحات والشفافيات ,, وهناك خبرات ومعلومات تتعلق بموضوعات ذات طابع سمعي كأصوات الطيور والحيوانات والآلات وتلك يفضل أن تستخدم معها وسيلة بصرية ..وهكذا . كما يجب أن تكون الوسيلة التعليمية مناسبة للمتعلمين وخصائصهم فالوسيلة التي تصلح لأطفال ما قبل المدرسة لا تصلح لتلاميذ المرحلة الإعدادية .. كما ينبغي أن تكون الوسيلة سهلة النقل والتداول مع أمان في الاستخدام والتكلفة الاقتصادية المنخفضة ومراعاتها للأصول العلمية والفنية في إنتاجها، ومناسبتها للفروق الفردية .. وتوافر المواد التي تعرضها، وإمكانية تطويرها لتواكب المستحدثات في المجال مستقبلا ..

٥-   طرق التدريس: وهي تلك الإجراءات التي يقوم المعلم أو المتعلم أو هما معا بغية تحقيق أهداف التعلم وهي طرائق متنوعة منها التقليدي والحديث كالتفريد والتعاون .. وغيرهما . وهناك مجموعة من المعايير التي تستخدم لتقويم طرائق التدريس في المنهج أهمها: أن تكون موضوعة على أسس علمية مستمدة من الدراسات في علم النفس التعليمي وطرق التدريس، وأن تكون مجربة وثبت فاعليتها، وأن توفر قدرا كبيرا من الإيجابية والمشاركة للمتعلمين، وأن تكون مناسبة لإكسابهم مهارات التعلم كالبحث والاستكشاف ..، أن توفر جوا من الحرية والتفاعلية بين الطلاب، أن توفر قدرا كبيرا من المرونة في إجراءاتها، وقابليتها للتطوير والتعديل..ومناسبتها للمتعلمين وخصائصهم، واقتصادية في الوقت والجهد ، ومناسبة لتحقيق أهداف التعليم والتعلم المختلفة.. وأن تكون قدرتها عالية على توظيف أنشطة التعليم والتعلم والوسائل التعليمية والتقويم وتقديم المحتوى بمختلف أنواعه..

٦- التقويم: إذا كان التقويم يستخدم لمعرفة مدى توفر المعايير في المنهج فإن التقويم نفسه وأدواته المستخدمة تخضع أيضا للتقويم ؛ للتثبت من صحته ودقة أدواته، وإلا فكيف يمكنا الوثوق في نتائجه ؛ لذا هناك مجموعة من المعايير يتم اختيار واستخدام أدوات التقويم في ضوئها وأهمها : الموضوعية في التقويم بحيث لا تتأثر أدواته بذاتية القائمين على تطبيقها وتصحيحها، الثبات في التقويم وعدم التذبذب في إعطاء الدرجة إذا ما طبق أكثر من مرة، والصدق بأن تقيس أدوات التقويم ما وضعت لقياسه، وسهولة التطبيق والتصحيح، ومناسبة التقويم وأدواته للأهداف والمحتوى والمتعلمين، وسهولة تطبيق أدواته وتصحيحها، وتكامله، واستمراريته، وقدرته على إعطاء تغذية مرتجعة سريعة ودقيقة، وأن يكون اقتصاديا في تنفيذه، وأن يحقق الهدف الذي وضع من أجله، وأن يتصف بالواقعية والشمولية والتراكمية في إعطاء الدرجة، وأن يحقق أهدافه التشخيصية والعلاجية والتطويرية.

<u>ثانيا : معايير تقويم المنتج (المتعلم):وتشمل :-</u>

١- معايير تقويم الجانب المعرفي لدى المتعلمين: بحيث يتم تقويم المتعلم في المعلومات والحقائق والمفاهيم العلمية التي تم تقديمها في المنهج، ويتم ذلك في ضوء عدة معايير أهمها : شمولية التقويم لجميع المعلومات والمعارف المتضمنة في المنهج، تراكمية التقويم للجانب المعرفي، تناول التقويم للمستويات المعرفية المختلفة كالتذكر والفهم والتطبيق .. وغيرها، أن ينصب التقويم على العلاقات بين المعلومات المكتسبة وليس فقط المعلومات على أنها أجزاء منفصلة، أن يتناول التقويم المعرفي القدرات والمهارات العقلية لدى المتعلمين كمهاراتهم على التحليل والنقد والابتكار..

٢- معايير تقويم الجانب المهاري لدى المتعلمين: ينبغي أ يخضع تقويم المتعلمين في الجانب المهاري للعديد من المعايير منها : الأصالة في التقويم بمعنى أن يعتمد تقويم المهارات على مواقف حقيقة قدر الإمكان، وأن يعنى التقويم ببعدي المهارة النظري والتطبيقي، وأن يكون التقويم المهاري تراكميا وتتابعيا بحيث يقدم صورة كاملة للمهارة ويعطي تغذية مرتجعة مناسبة للمتعلمين، وأن يتيح للمتعلمين فرصة للتأمل الذاتي

لأدائهم، وأن يعني بتقويم المهارات في صورة منفصلة ومتكاملة أيضا، أن يستند إلى أدوات تقويم أصيلة كالمقاييس المتدرجة والمشروعات ..وغيرهما . وأن ينصب التقويم على المهارات المختلفة كالمهارات اللغوية والعلمية والمعملية والعقلية والاجتماعية .. وأن تتصف أدواته بالصدق والثبات والموضوعية، وسهولة التطبيق والتصحيح .. وغيرها.

٣- معايير تقويم الجانب الوجداني لدى المتعلمين: يخضع تقويم الجانب الوجداني للمعايير نفسها المتعلقة بالجانبين المعرفي والوجداني بالإضافة إلى ضرورة أن يتم للجوانب الوجدانية المختلفة كالقيم والميول والاتجاهات ..وغير ذلك من جوانب وجدانية.

خصائص التقويم الجيد للمنهج:

للتقويم الجيد عدة خصائص لا بد ان يتصف بها، وتتقف درجة جودته على درجة توافر تلك الخصائص المختلفة، مع مراعاة انها جميعا ضرورية ومهمة ولا يمكن الاستغناء عن واحدة منها، وأهم تلك الخصائص ما يلي:

- العلمية:

فيجب أن تكون عملية التقويم معتمدة على خطوات علمية محددة سلفا وفق منهجية واضحة، وليست عملية اجتهادية أو عشوائية، وإلا فسوف يحكم على عملية التقويم بالفشل وعدم الثقة في نتائجها.

- الموضوعية:

وهو من المعايير المهمة التي يجب وضعها في الاعتبار عند بناء وتطبيق أدوات التقويم المختلفة المستخدمة في تقويم المنهج، وكذلك في تفسير نتائج التقويم وتعميمها، وللتثبت من ذلك يكون هناك قواعد وأصول موضوعة لتطبيق الأدوات ومعالجة بياناتها وعرض نتائجها وتفسيرها بحيث لا يكون للتحيز الشخصي موضع في عملية التقويم قدر الإمكان .

- الصدق :

فما القيمة من تقويم يقوم على الكذب سواء كان متعمدا بتغيير بياناته وبالتالي نتائجه، أو غير متعمد ناتج عن عدم تمتع أدوات القياس المستخدمة في تقويم المنهج بالصدق فيما تقيسه من جوانب المنهج.

- الثبات:

فالتقويم الجيد هو الذي يعطي درجة ثبات عالية في نتائج تقويمه إذا ما أعيد التقويم أكثر من مرة تحت الظروف والعوامل نفسها، لأن عدم الثبات في التقويم يعني عدم دقة القياس وأدواته ..؛ فكيف نثق مثلا في ميزان كلما نقف عليه يعطينا قراءة مختلفة..

- الشمولية:

التقويم الجيد للمنهج يجب أن يتصف بالشمولية، وهي تعني تناول التقويم لجميع عناصر منظومة المنهج المختلفة، فيتناول التقويم الأهداف، والمحتوى، والأنشطة، والوسائل التعليمية، وطرائق التدريس، والوسائل التعليمية، والتقويم وأدواته، والمعلم، والمتعلم .. وغير ذلك .

فالتقويم الشامل يعطينا تصورا أكثر واقعية وصدقا عن موضوع القياس بينما التقويم الجزئي يكون تقويما مشوها قد نتخذ عليه قرارات غير صحيحة ..

- التكاملية:

فتقويم المنهج لا يمكن أن يتم في ضوء جانب أو أداة واحدة أو يقوم به شخص واحد، وإنما تقويم تتكامل فيه جوانب المنهج التي تخضع للتقويم، وتتكامل فيه أدوات التقويم التي يخضع لها المنهج، وتتكامل فيه الشخصيات فالمعلم بمفرده لا يستطيع أن يقوم بذلك بل هناك شخصيات أخرى تكون فيما بينها فريق عمل Team Work لتقويم المنهج ؛ حتى يتمكنوا من تقديم تصور كامل وواقعي وموضوعي حول المنهج.

- **الاستمرارية:**

كل شي يتغير من حولنا وعليه فمنهج اليوم الذي يكون صالحا لحاضرنا يمكن أن يكون غدا غير مناسب، وهذا يدفعنا إلى ضرورة عمل استراتيجيات للتقويم طويلة المدى، تخضع المنهج للتقويم بصورة مستمرة، وبالتالي يتم الكشف عن أي سلبيات جديدة قد تظهر في المنهج واتخاذ القرارات اللازمة للتطوير .

- **الواقعية:**

لكي تصل إلى تحقيق أحلامك لا بد أن تنطلق من الواقع، ولكي نستطيع أيضا أن نحقق أهداف التقويم التي تنصب على تحسين المنهج وتطويره لا بد أن يكون تقويمنا واقعيا في أهدافه وأدواته وإجراءاته بل وفي معالجته للبيانات وعرضه للنتائج وتقديمه للمقترحات .. وإلا فسوف يكون التقويم عملية خيالية لا يمكن ترجمتها إلى واقع حي ملموس، ونكون مجهودنا من قبيل الجري وراء سراب .. وتهدر كل مجهوداتنا في تقويم المنهج وتطويره.

- **المعيارية:**

تعد المعايير من الصيحات العلمية التي ظهرت على الساحة بقوة ليست في مجال التعليم فقط بل في جميع المجالات، وتسعى دول العالم الآن ومنذ فترة إلى وضع معايير للتعليم وللمنهج بجميع مكوناته، وأيضا وضع معايير لتقويم المنهج ؛بحيث تحقق تلك المعايير طموحات المجتمع وآماله من وراء المنهج المدرسي .. ومن الدول العربية ذات التجارب في هذا المجال الإمارات العربية ومصر .. وتستمد هذه المعايير من مصادر مختلفة منها (طبيعة العصر- طبيعة المجتمع- طبيعة المتعلمين- طبيعة المادة – الاتجاهات الحديثة في تصميم المنهج .. وغير ذلك من جوانب يجب مراعاتها في تقويم المنهج.)

- **الأخذ بفكرة الجودة الشاملة: Total Quality Management (TQM)**

تعرف الجودة طبقا لتعريف منظمة الأيزو العالمية بأنها: "الوفاء بجميع المتطلبات المتفق عليها بحيث تنال رضاء العميل(المتعلم)،ويكون المنتج ذا جودة عالية وتكلفة اقتصادية معتدلة".(اركارو جانيس، (٢٠٠٠)

وقد ظهر مصطلح الجودة على يد " إدوارد ديمنج" في مجال الاقتصاد،ثم انتقل بعد ذلك للمجالات الأخرى بما في ذلك مجال التعليم.

وقد تم وضع أربعة عشر معيارا لجودة المنهج هي :

- تحديد الأهداف .
- تبنى فلسفة للجودة الشاملة،ومنهج للقدرة على التغيير.
- تحسين أداء المنهج.
- تحسين أداء المنهج هو المحرك الأساسي.
- تحسين نتائج التعلم مع نقص التكلفة.
- تدريب الأفراد على تنفيذ الجودة الشاملة في المنهج .
- تدريب القيادات ومساعدة الأفراد على تطوير المنهج.
- إزالة الخوف وتدعيم الثقة لكي يعمل الأفراد بشكل فعال داخل المدرسة لتنفيذ المنهج.
- التعرف على معوقات تصميم وتنفيذ وتقويم المنهج والعمل على إزالتها.
- تجنب النقد الهدام غير البناء بين المسئولين عن المنهج وتنفيذه.
- وضع معايير تعتمد على أهداف المنهج.
- أن الاهتمام بجودة المنهج من مهام الجهات المسئولة عن تصميمه وتنفيذه.
- وضع برامج تربوية تنشيطية من أجل التحسن الذاتي ورفع المستوى.
- وضع كل فرد في المدرسة في المكان المناسب وتمويل الأفراد المسئولين لتحسين العمل.

والهدف من وراء الجودة الشاملة واستخدامها في المنهج هو تحقيق التعلم للتمكن.

وهناك العديد من المبررات للأخذ بالجودة الشاملة في تطبيق المنهج أهمها: التطور التكنولوجي الذي يشهده العالم، والعولمة، والتغيرات الحادثة في سوق العمل، والدراسات الجديدة في علم النفس، والتغير في تنظيمات المناهج، والتطور الاقتصادي والاجتماعي والثقافي الذي يشهده العالم، وازدياد أهمية العلم والتعليم في تحقيق النهضة للدول والشعوب.

ويتم تطبيق معايير الجودة الشاملة في ضوء آليات معينة تتمثل في القيام بالخطوات التالية:

- تشكيل فريق الجودة .

- تحديد معايير أداء لكل أعضاء الفريق.

- تسهيل وتفعيل الاتصال.

- وضع وتطبيق نظام للمقترحات والشكاوى.

- تقبل النقد والعمل في جو ديمقراطي.

- تدريب المعلمين لرفع مستواهم المهني في ضوء ثقافة الجودة.

- تحسين مخرجات التعليم.

- توظيف تكنولوجيا التعليم.

- التواصل الإيجابي مع المؤسسات التعليمية الأخرى .

- القيام بالتقويم الذاتي أكثر من مرة سنويا.

ويتم تقويم المنهج هنا في ضوء وثيقتين هما :

وثيقة المنهج: وهي تبين معايير الجودة المتعلقة بمكونات المنهج (الأهداف – المحتوى- الأنشطة- الوسائل – طرق التدريس- التقويم)

وثيقة المتعلم: وهي تبين المعايير المتعلقة بالمتعلم كمخرج لمنظومة المنهج وما يجب أن يكون عليه مستواه في المعارف والمهارات وشتى جوانب التعلم .

- **التقنية:**

إن التقويم الجيد يحرص دائما على استخدام التقنية الحديثة، المتمثلة في الأدوات والأجهزة والمعدات وخاصة الحاسب الآلي بما يتضمنه من برامج مختلفة ؛ وذلك لأن استخدام الحاسب يمكن عملية التقويم من القيام بالعديد من الإجراءات وتجعله يتصف بالعديد من الصفات التي يصعب توافرها بدونه، وأهم ما يتميز به التقويم القائم على استخدام الحاسوب ما يلي :

- إمكانية الإدخال للعديد من العناصر التي يمكن استخدامها في التقويم كالنصوص والصوت والصورة والحركة وغيرها.
- إمكانية تقويم العديد من جوانب التعلم التي يجب أن يحققها المنهج والتي يصعب قياسها بالطرق التقليدية مثل قياس المهارات ..
- السرعة في إدخال البيانات .
- سعة التخزين فيمكن لاسطوانة مدمجة واحدة أن تحتوي على كم كبير من البيانات التي تتسع لمكتبة كاملة.
- سرعة معالجة البيانات، فمعالجة بيانات تقويم المنهج بطريقة يدوية تحتاج إلى وقت وجهد كبيرين من قبل القائمين بأمر التقويم.
- عرض البيانات بطرق مختلفة ؛ حيث يمكن أن تعرض في صورة نصوص مكتوبة أو صور بيانية مختلفة أو في صور جداول .. وغير ذلك.
- القدرة على التوصل إلى نتائج عدة يمكن استنباطها من معالجة البيانات فعلى سبيل المثال يمكن أن نستخلص من مجموعة درجات متوسطات أو انحرافات معيارية أو معاملات ارتباط .. وغير ذلك ؛ نظرا لكون البيانات واحدة بينما المعالجات المختلفة تتم من خلال برامج إحصائية مثل SBSS من خلال كبسة زر.
- سهولة نقل وتدول المعلومات المتعلقة بتقويم المنهج ؛ فيمكن أن تنقل من المدارس للإدارات التعليمية أو من الإدارات للوزارة أو العكس، أو فيما بين المعلمين .. وهكذا.

- سهولة تحقيق التكامل في تقويم المنهج بين الجهات المختلفة التي تعنى بالمنهج وتقويمه.

- تحقيق التراكمية في تقويم المنهج عبر عدة سنوات بسهولة ويسر.

- إن التقويم باستخدام الحاسب يوفر الواقعية والأصالة في تقويم المنهج لإمكانية تضمينه العديد مـن المستندات والتقارير والصور والحقائق التـي يصعب تـضمينها في التقويم التقليدي الذي يعتمد غالبا على التقارير المكتوبة.

- الشفافية:

لا قيمة لتقويم المنهج مـا لم يتـصف بالشفافية والوضوح في أهدافـه وإجراءاتـه وأدواتـه ونتائجه حتى يمكن لنا الإفادة منه ؛ وإذا فقد التقويم شفافيته ووضوحه فإن هذا يعني خدعة كبرى يلحق أذاها ليس بالمجتمع فقط وإنما بالقائمين على وضع المنهج وتقويمه وتطويره ؛ لأنه سوف يترتب على نتائج التقويم اتخاذ قرارات غير صحيحة وقد تكون مـدمرة للمـنهج، وبالتـالي لنتـائج العمليـة التعليمية كلها، ولتحقيق الشفافية في التقويم يجب أن يتصف بما يلي:

- تقديم البيانات اللازمة حول (أهداف التقويم، وأدواته وكيفية ضبطها وتقنينها، وإجراءات التقويم، والقائم بالتقويم ومؤهلاته،... وغير ذلك) لكل من يريد معرفـة ذلـك وعـدم النظـر إليها على أنها أسرار عسكرية لا يجوز أن نبوح بها.

- مشاركة الجهات المختلفة في عملية التقويم كالوالدين والعلماء والإعلاميين .. وغيرهم ممـن يسهم في توضيح عملية التقويم أو في القيام بالتقويم وإجراءاته.

- عرض نتائج التقويم المختلفة وعدم إخفائها حتى لو أظهرت نتائج لا ترضي المـسئولين عـن المنهج وتطويره أو متخذي القرار.

- التطوير:

كما يكون هناك تطوير في المنهج ومكوناته يجب أن يكون هناك أيضا تطوير في تقويم المنهج وفي أدواته وأساليبه ؛ حتى يتمكن التقويم من مسايرة التغيرات والتطورات الحادثـة في المناهج ؛ فلا يمكن أن نستخدم أساليب وأدوات تقويم المـنهج القديمـة في تقويم مـنهج

حديث يتضمن على عناصر ومكونات علمية وتكنولوجية وجوانب تعليم وتعلم متعددة لم تكن في المنهج من قبل، ولتحقيق ذلك يجب مراعاة ما يلي :

- تحديد الجوانب الحديثة والمعاصرة في المنهج وعمل أدوات تقويم جديدة ومناسبة لها .

- تحديد أداة تقويم لكل جانب من جوانب المنهج وضبطها.

- التثبت من صحة أدوات التقويم بين الحين والآخر.

- استخدام أساليب وإجراءات تقويم أكثر دقة وموضوعية.

- عمل دراسات وأبحاث تتعلق بالمنهج وأدوات تقويمه.

- الوقوف على خبرات وتجارب البلدان المختلفة في مجال تقويم المنهج.

- استخدام تقنيات حديثة تساعد على تحقيق الدقة في تقويم المنهج كاستخدام الحاسب الآلي.

- عمل فرق من المتخصصين في الجوانب المختلفة للمنهج للعمل كفريق لتقويم المنهج من جميع جوانبه.

- تقويم أدوات تقويم المنهج في ضوء معايير تقويم المنهج العالمية والمحلية إن وجدت.

- **التخصص:**

إن المتأمل لتقويم المنهج في بلادنا يجد أنه مجال مفتوح للجميع ؛ فلا ضوابط ولا قواعد للعاملين فيه ــ إلا من رحم ربي- فكل من له علاقة بالتعليم ومن ليس له علاقة يمكن أن يتصدى لتقويم المنهج، وكأنها عملية بسيطة وسهلة لا داعي فيها للمتخصصين ؛ فالمجال التربوي أصبح مستباحا الكل يعمل فيه بغية تحقيق نفع مادي أو منصب إداري بغض النظر عما يجب أن يتمتع به من مهارات وقدرات ومعلومات لازمة للقيام بهذا العمل .. وقد ترتب على ذلك تبني أدوات وأساليب تقويم فاشلة، وتنفيذها بصورة غير صحيحة والتوصل إلى نتائج تعتمد على التضليل والخداع، والحرص على رسم صورة وردية للمنهج وكأنه منزل من السماء، وأصبح تقويم المنهج عمل روتيني

وأوراق تعبأ وتصريحات إعلامية مائعة غير محددة المعالم وغير دقيقة في بياناتها ثم مصير كل ذلك في النهاية أدراج المكاتب أو سلة المهملات .. وبالتالي يفقد التقويم أهميته وفشل في تحقيق أهدافه، ولكي يكون التقويم جيدا ينبغي أن يتصف القائم به بمجموعة من الخبرات والمهارات اللازمة للقيام بهذا العمل أهمها :

- التمكن الأكاديمي من تخصص المنهج فمثلا من يتصدى لتقويم منهج اللغة العربية يجب أن يكون متمكنا من اللغة العربية وإلا فكيف يقوم شيئا لا يعرفه.
- أن يكون من ذوي الخبرة الواسعة في التدريس ؛ لأن ذلك يصقله ويجعله أكثر دراية بالمنهج وطبيعته ومميزاته وعيوبه.
- التمكن من الجوانب التربوية المتعلقة بالمنهج ومكوناته وأسس بنائه ومعاييره .. وغير ذلك.
- تمتعه بمهارات التقويم اللازمة كتلك الخاصة ببناء أدوات التقويم وضبطها وتطبيقها .. ويكون ذلك من خلال حصوله على دورات متخصصة في التقويم بصفة عامة وتقويم المنهج بصفة خاصة.
- أن يكون من ذوي القدرات والمهارات العقلية العالية كي يتمكن من استنباط وتفسير النتائج المختلفة المتعلقة بتقويم المنهج وتقديم التوصيات العلمية المناسبة والمبتكرة لتطويره.
- تمتعه بروح الفريق والعمل الجماعي لأن تقويم المنهج عملية يشترك فيها العديد من الأشخاص حسب تخصصاتهم.
- تمتعه بصفات شخصية جيدة معينة كالصدق في عرض النتائج والدقة في العمل، واحترام الآخرين، والشجاعة في عرض النتائج مهما كانت، والثقة بالنفس بدون غرور، التواصل مع الآخرين.. وغير ذلك من صفات شخصية تمكنه من القيام بدوره في تقويم المنهج على أكمل وجه.

- **الحداثة:**

فالتقويم الجيد هو الذي يحدث أدواته وما يقدمه من نتائج على حسب نـوع التقـويم ؛ لذا هناك تقويم قبل تنفبذ المنفذ وهنـاك تقـويم أثنـاء تنفيـذ المـنهج، وتقـويم بعـد تنفيـذ المـنهج، وتهدف كل هذه الأنواع إلى وجود بيانات حديثة حول آخر صورة وصل إليها المنهج بجميع مكوناته ؛ حيث يساعد ذلك جميع المستفيدين بالمنهج ويمـدهم بالمعلومـات الـضرورية حـول آخـر صـورة تـم التوصل إليها، وأكثر المستفيدين بهذه البيانات الحديثة عن المنهج هم :

- الطالب لمعرفة ما حذف وما أضيف وما غير وما طـور في عنـاصر المـنهج المختلفـة والعمـل على التفاعل معها وتعلمها.
- المعلم الذي يغير من استراتيجيات تدريسه والوسـائل التـي يتبناهـا وأدوات التقـويم التـي يستخدمها .. وغير ذلك بناء على أحدث ما وصل إليه من معلومات حول المنهج.
- مصممو المناهج الذين يقومن بمراجعة وتطوير وتحديث المنهج بناء على أحـدث مـا وصـل إليهم من بيانات والتي تعد ثمرة تقويم المنهج.
- متخذو القرار الذين يتخذون في ضوء هذه البيانات الحديثة حـول المـنهج بعـض القـرارات الجديدة المناسبة.
- متخصصو الوسائل التعليمية الذين يطورن الوسائل في ضوء نتائج تقويمه بصفتها عنصرا من عناصر المنهج التي تخضع للتقويم شأنها شأن بقية العناصر ..
- مديرو المدارس ؛ حيث يتخذون الإجراءات الإدارية اللازمة التي تتفق مع ما وصل إليها من معلومات حول المنهج .
- أولياء الأمور لمتابعة الجديد في المناهج الدراسية الخاصة بأبنائهم ومساعدتهم على التفاعـل معها لتعلمها..

- أنواع تقويم المنهج :

هناك عدة أنواع لتقويم المنهج على أساس زمن إجرائها، يمكن عرضها فيما يلي:

أولا: التقويم القبلي للمنهج :

يخضع المنهج للتقويم القبلي قبل تنفيذه وتقديمه للطلاب بهدف اكتشاف الأخطاء قبل الوقوع فيها فهو يحقق مبدأ " الوقاية خير من العلاج" وذلك على النحو التالي:

- التعرف على صحة الأهداف ومناسبتها للطلاب.

- مراجعة المحتوى العلمي والتثبت من صحته .

- مراجعة الأنشطة المتضمنة في المنهج سواء كانت صفية أم غير صفية.

- التثبت من صحة طريقة التدريس من حيث مناسبتها للطلاب ولطبيعة المادة ودقة إجراءاتها .

- مراجعة الوسائل والمواد التعليمية وفق معايير الجودة الخاصة بها.

- ضبط أدوات التقويم المستخدمة في تقويم المنهج بجميع عناصره (الأهداف -المحتوى - الأنشطة- طريقة التدريس- أدوات التقويم- المعلم – المتعلم ..) والتثبت من صلاحيتها واتصافها بمعايير الجودة .

ثانيا: التقويم التكويني للمنهج:

لا نكتفي في تقويم المنهج بالتقويم القبلي فقط وإنما هناك تقويم تكويني يعنى بتقويم المنهج أثناء تنفيذه وهو يتناول أيضا جميع مكونات المنهج كما في التقويم القبلي ويهدف إلى :

- اكتشاف الأخطاء التي لم يتم اكتشافها في التقويم القبلي والعمل على علاجها أثناء تنفيذ المنهج.

- معرفة مدى التقدم نحو تحقيق أهداف المنهج .

- تعديل الأنشطة بالحذف أو الإضافة أو التعديل وفق مواقف التعليم والتعلم.

- تعديل طرائق التدريس وفق متطلبات مواقف التعليم والتعلم.

- تحديد المشكلات الطارئة وتقديم حلول لها.

- تطوير الوسائل التعليمية بتعديل الأخطاء التي يتم اكتشافها أثناء الاستخدام.

<u>ثالثا: التقويم النهائي للمنهج:</u>

وهو الذي يتم بعد تنفيذ المنهج بالفعل ويهدف إلى:

- معرفة ما تم تحقيقه من أهداف المنهج العامة والخاصة.

- معرفة نقاط القوة والضعف في المنهج بجميع مكوناته .

- تقديم التغذية الراجعة اللازمة للقائمين على بناء المنهج وتنفيذه للتحسين والتطوير .

- تقديم المعلومات والبيانات والتوصيات اللازمة لمتخذي القرار .

- محاسبة القائمين على تصميم وبناء وتنفيذ المنهج .

- اتخاذ القرارات بشأن انتقال الطلاب من صف لآخر .

- تطوير برامج إعداد المعلم قبل وأثناء الخدمة في ضوء ما حققه المعلم من أهداف .

- تطوير الجوانب الإدارية المتعلقة بالمنهج وتنفيذه .

- تحديد الجوانب التي سيتناولها التطوير في ضوء نتائج التقويم..

- تحديد متطلبات تطوير المنهج البشرية والمادية.

- وضع خطط للتطوير .

- تطوير مكونات المنهج التي تحتاج إلى تطوير (الأهـداف، المحتـوى، الأنـشطة، الوسائل، طرائق التدريس، التقويم)

- جوانب تقويم المنهج :

١- الأهداف : حيث يتم تقويم أهداف المنهج ليس من ناحية تحقيقها فقـط بـل مـن ناحيـة صحتها اللغوية والعلمية، وشموليتها وتنوع مجالاتها، وتوازنها، ومدى الاتـساق بـين الأهـداف العامـة والتعليمية والسلوكية، ومناسبتها للمراحل والصفوف التعليمية.

٢-المحتوى: ويتم تقويم المحتوى مـن حيـث الجـدة والـصحة العلميـة واللغويـة، والعـرض والتنظيم، وتمثيله للأهداف، ومناسبته للمتعلمين، وتلبيتـه لاحتياجـاتهم المختلفـة، ومراعـاة لميـولهم واتجاهاتهم المختلفة وغير ذلك.

٣-الأنشطة:

ويتم تناولها من حيث التنوع وإتاحة الفرصة للمشاركة، ومناسبتها لمكونات المنهج وللتلاميـذ، وكيف تم تنفيذها، وفاعليتها ..واتجاهات التلاميذ نحوها وغير ذلك.

٤-الوسائل: وتقوَم من جوانبها الفنية المتعلقة بالإنتاج ومواصفاته وفق كل نـوع مـن الوسـائل ووفق ما ورد من جوانب فنية ينبغي مراعاتها في تـصميمها وإنتاجهـا، وجوانبهـا العلميـة مـن حيـث صحة ما تحتويه من معلومات وجدتها واتفاقها مع أحدث ما تـم توصـل إليـه في المجـال، إضافة إلى سهولة استخدامها ونقلها وتداولها، وتكلفتها الاقتصادية، والأمـان في اسـتخدامها .. ومـدى نجاحهـا في جذب انتباه الطلاب في مواقف التعلم..

٥-طريقة التدريس: وتقوم من حيث مناسبتها للتلميذات والمادة،وحداثتها، وصحة إجراءات تنفيذها،ومدى تنوع طريقة التدريس، وفاعليتها في تحقيق الجوانب المعرفية

والمهارية والوجدانيـة في الـدرس، ومـدى تلبيتهـا لاحتياجـات الطـلاب، ومراعاتهـا للفـروق الفرديـة، وجوانب التعلم المعرفي والمهاري والوجداني، واعتمادها على الاتجاهات الحديثـة في التعليم والـتعلم ونظرياته.

٦-التقويم : ويتم هنا تقويم أدوات التقـويم مـن حيث دقهـا وضبطها وقـدرتها عـلى قيـا س جوانب الـتعلم المختلفـة، وصـدقها وثباتهـا، وسـهولة تطبيقهـا، وشـموليتها في القيـاس، وتكاملهـا، واستمرارية التقويم نفسه، وموضوعيتها، وصحة إجراءات تطبيقها، ومناسبتها للطلاب، ومدى حداثـة أدوات التقويم ومدى أخذها واتفاقها مع الاتجاهات المعاصرة..

٧-المعلم / المعلمة: يتم تقويم المعلم في ضوء الكفايات التي ينبغـي أن تتصف بهـا بأنواعهـا المختلفة كالكفايات التربوية والأكاديميـة، والمهنيـة، والاجتماعيـة، ومـدى نجاحـه في تحقيـق أهـداف البرنامج من خلال معرفة ما حققه الطلاب من نتـائج .، ومـدى نجاحـه في القيـام بالأعبـاء المختلفـة المكلف بها في تصميم المنهج وبنائه وتطويره.ويمكن توزيع ذلك على ثلاثة محاور:

- تقويم الكفايات تربوية .

- تقويم الكفايات الأكاديمية.

- تقويم الكفايات المهنية.

٨- المتعلم: ويتم تقويمه في ثلاثة مجالات :

-المجال المعرفي: ويتمثل فيما اكتسبه من معلومات ومعارف وحقائق ومفاهيم علمية .

-المجال المهاري : ويتمثل فيما تعلمه من مهارات مختلفـة كمهـارات اللغـة ومهـارات التفكير، ومهارات الحاسب ومهارات المعمل والمهارات الاجتماعيـة والمهارات الحياتيـة .. وغيرهـا مـن المهـارات التي تقدم من خلال المواد الدراسية المخالفة المتضمنة في المنهج.

المجال الوجداني : ويتمثل في تقويم ما حققه المتعلم من نمو في الجوانـب الوجدانيـة يتمثل في الاتجاهات والميول والقيم ..من خلال دراسته للمنهج ببرامجه ومقرراته ومواده المختلفة.

٩- الموجهون / الموجهات أو المشرفون/ المشرفات : ويتم تقويم الموجـه أو المـشرف التربـوي في ضوء المهام المكلف بها في تنفيذ المنهج، كتقويمـه في التوجيـه الفنـي والأكـاديمي للمعلـم، ومـساعدته المعلم على حل المشكلات التي تواجهه، تقويم المعلم وتقديم النصح والإرشاد له، وحل ما ينـشأ مـن خلافات بين المعلمين، ومدى قيامه بدوره في تطوير المنهج بجميع مكوناته، ومـدى قيامـه بـأدواره في برامج وجلسات التوجيه والإرشاد للمعلمين ..

١٠- الفنيون / الفنيات.: وهم الذين يقومون بالأعمال الفنية المختلفة كأعمال المكتبـة ومعمـل اللغات والوسائل ومعامل العلوم والجغرافيا ومركز مصادر التعلم والأخصائي النفسي والاجتماعـي .. وغيرهم، ويقوم كل واحدة منهم في ضوء مهام عمله وما ينبغي أن يتوفر في أدائه من معـايير جودة مختلفة .

١١- الإداريون/ الإداريات:

وهم القائمون بالأعمال الإدارية كالسكرتارية، والشئون الإدارية، ورعاية الطلاب ..ويتم تقويمهم في ضوء مهام أعمالهم وما يجب أن يتوفر فيها من معايير الجودة في الأداء الوظيفي.

- <u>أدوات تقويم المنهج:</u>

تتعدد أدوات تقويم المنهج نظرا لتعدد مكونات المنهج وتعدد جوانب التقـويم ؛ فيمكن ان نستخدم في تقويم المـنهج أدوات مختلفـة منها (علـي أحمـد سـيد، أحمـد محمـد سـالم، ١٤٢٤هـ: ص١١٨)

أولا:أدوات تقويم الجانب المعرفي :

الاختبارات التحصيلية بأنواعها المختلفة، أهمها :

١-الاختبارات التحصيلية التحريرية :

وتنقسم إلى :

أ-الاختبارات التحصيلية المقالية .

ب- الاختبارات التحصيلية الموضوعية وأهمها :

-الاختيار من متعدد.

- المزاوجة.

-إعادة الترتيب.

- اختبار التكوينات الخطية.

- الإجابات القصيرة .

- وضع الإجابة في الفراغات المناسبة. (حسن زيتون، ٢٠٠٧: ص١٩٨)

- المقالية والموضوعية بأنواعها المختلفة المتمثلة فيما يلي:

ج- اختبار الكتاب المفتوح.. (يس قنديل، ٢٠٠٢: ص ٢٥٨)

د- ملفات التقويم التراكمي التحصيلية (عرفان، ٢٠٠٥، ٦١)

٢-الاختبارات التحصيلية الشفوية:

وهي تلك التي يطلب من التلميذ الإجابة عنها مستخدما التعبير اللغوي الشفهي، ومن أنواعها:

-المقابلات المفتوحة والمقننة لقياس الجانب المعرفي لـدى التلميـذات والمعلمات، الموجـه أو المشرف التربوي، ولدى الفنيين والإداريين ..باستخدام بطاقات تتـضمن علـى أسـئلة تتنـاول جوانـب المقابلة المختلفة.

- استخدامات الاختبارات التحصيلية:

وتستخدم هذه الاختبارات في:

- تقـويم الطـلاب في الجوانـب المعرفيـة المتعلقـة بـالمواد الدراسـية المختلفـة المقدمـة في المنهج.

- تقويم المعلمين في قياس الجانب المعرفي المتعلق بالمهارات والكفايات المهنية والتربوية والأكاديمية .

- تقـويم المـوجهين أو المـشرفين في الجانـب المعرفي الخاصـة بكفايـات ومهـارات التوجيـه المختلفة.

- تقويم مدراء المدارس الإداريات والفنيات في الجانب المعرفي للكفايات والمهارات الخاصة بمجالهم.

- تقويم الجانب المعرفي لمصممي وواضعي المناهج والخاص بكفايات ومهارات تصميم وبناء المنهج.

ثانيا: أدوات تقويم الجانب الأدائي للكفايات والمهارات:

يقصد بالجانب الأدائي الجانب العملي المتعلق بالكفايات أو المهارات، سواء تلك الخاصة بالتلميذ أم المعلم أم غيرهما من العاملين على تنفيذ المنهج، وأهم اختبارات هذا الجانب ما يلي:

١- أدوات التقويم الأصيل Authentic Evaluation المتمثلة في:

- ملف التقويم التراكمي.Portfolio Assessment حيث يستخدم مع التلميذات، مع المعلمات بمسمى ملفات التدريس Teaching Portfolio ويمكن استخدامها مع الموجهين والإداريين وغيرهم . (خالد عرفان وآخرون، ٢٠٠٥م: ص٥)

-اختبار الأداء الأساسي. Performance Based Test وهي تستخدم غالبا مع الطالب والمعلم . .(خالد عرفان، ٢٠٠٥م : ص٦١).

-المشروع. Project ويستخدم لقياس الجانب الأدائي لدى الطلاب .

- اختبار النهاية المفتوحة Open End هو يقيس غالبا الجانب الأدائي اللغوي. الكتابي.

٢- بطاقات الملاحظة التقليدية: لتقويم الجانب الأدائي للكفايات أو المهارات لدى كل من الطلاب والمعلمين الموجه أو المشرف التربوي، ولدى الفنيين والإداريين.

٣- المقاييس المتدرجة Rubrics لتقويم الجانب الأدائي للكفايات أو المهارات لدى كل من الطلاب والمعلمين الموجه أو المشرف التربوي، ولدى الفنيين والإداريين..

ثالثا: أدوات تقويم الجانب الوجداني:

هناك بعض أدوات التقويم تستخدم في قياس الجانب الوجداني كالاتجاهات والميول والتفصيلات والقيم .لدى الطلاب أو المعلمين وغيرهما من العناصر البشرية المشاركة في تصميم وبناء وتنفيذ المنهج، واهم هذه الأدوات :

١-مقاييس الاتجاهات:

ويتم استخدامها لقياس اتجاهات الطلاب والمعلمين والموجهين والإداريين والفنيبن ومديري المدارس نحو المكونات المختلفة في العملية التعليمية، فيمكن أن نقيس اتجاه كل واحدة منهن نحو المنهج أو الأخريات،أو نحو المدرسة أو التدريس .. وغير ذلك.

٢- الاختبارات الإسقاطية:

وتستخدم للتعرف على خبرات المتعلمين وسيكولوجيتهم التي تؤثر على نجاحهم في تحقيق أهداف المنهج.

٣- مقاييس الميول:

لقياس ميول العاملين والمشاركين في تنفيذ المنهج وكذلك الطلاب.

٤- الاستبيانات:

لاستطلاع الآراء والتفضيلات لدى الطلاب والمعلمين، الموجه أو المشرف التربوي، و الفنيين والإداريين ..نحو أي مكون من مكونات المنهج أو المنهج كله أو العملية التعليمية والتربوية..

٥- اختبارات المواقف:

وهي تقيس الجانب الوجداني لدى المفحوصين (الطلاب، المعلمون .. وغيرهما) نحو موضوع ما قد يكون المنهج أو التدريس أو المدرسة .. من خلال مجموعة من المواقف التي تكتب وتعرض عليهم، وعلى كل واحد أن يحدد الاستجابة المناسبة له، ومن خلالها نستطيع أن نعرف اتجاهاتهم وميولهم نحو هذا الموضوع.

رابعا : أدوات التقويم الشامل :

وهي تلك الأدوات التي يمكن استخدامها في قياس أي جانب من الجوانب السابقة أو قياس جميع الجوانب معا، ومن هذه الأدوات:

١-التقارير :

سواء كانت تقارير تكتب من قبل الجهات الأعلى عن الأدنى كتلك التي تكتبها الموجه حول المعلم، أو مدير المدرسة حول المعلم أو الإداري والفني، أو يكتبها المعلم عن تلميذتها. أم كانت تقارير ذاتية يكتبها أي عضو مشارك في المنهج عن نفسه كالتقويم

الذي يعده المعلم عن نفسه وإنجازاته ..وهـي يمكـن أن تتنـاول جميـع الجوانـب المعرفـية والمهارية والوجدانية والمهنية.. ويتم التعرف على ذلك من خلال قراءتها وتحليلها وتقويمها.

٢- ملفات التقويم التراكمي   Portfolio Assessment :

وهي تستخدم في تقويم الطلاب، ومنها ما يكون شاملا لجميع جوانب التعلم، ومنها ما يتناول التحصيل فقط، ومنها ما يخص مادة واحدة أو عدة مواد أو جميـع المـواد، ومنهـا مـا يكون متعلـق بالجوانب التعليمية فقط، ومنها ما يعنى بالجوانب التعليمية والتربوية، ومنها ما يكون في مرحلـة أو صف دراسي، ومنها ما يتناول المراحل الدراسية المتتابعة .. ويحدد نوع كل ملف بناء على الهدف من عمل الملف، ويتم إعداده في ضوء خطوات وإجراءات معينة . كما يمكن عملها على مستوى طالب أو فصل أو مدرسة بجميع مكوناتها (عرفان، ٢٠٠٥م، ص٨٥)

٣- ملفات الإنجاز   Portfolio Achievement :

وهي تستخدم أيضا للتقويم الشامل معرفيا ومهاريا ووجدانيا من خلال ما يقدمه الطالب مـن أعمال وإنجازات مختلفة تعكس مـدى تعلمـه لأهداف المـنهج، فقد يضع فيه الطالب قصاصات صحفية، أو رسومات أنتجتها، أو قصص قصيرة تعكس نموه اللغوي، أو لقطات فيديو عن تجربـة قام بإجرائها، ويتم تقويم هذه الإنجازات باستخدام المقاييس المتدرجة، ولا يخلف هذا الملف عن الملـف السابق إلا في المحتوى فقط الذي يتيح حرية وفرصة أكبر للإبداع أمام الطلاب.

٤- ملفات التدريس التراكمية Teaching Portfolio

وهي تستخدم في تقويم المعلم ويكون لها أبعاد تحدد وفق أهداف الملـف، وغالبـا مـا يتنـاول الملف الجوانب التالية :

- الجانب الأكاديمي ؛ حيث يتم تقويم المعلم في مـدى إلمامـه بمـادة تخصصه عـلى المـستويين النظري والعملي .

- الجانب التربوي، ويتم فيه تناول الجوانب التربوية التي يجب أن تكون متوفرة لـدى المعلـم كمـدى معرفتـه بـسيكولوجية الطـلاب، وإلمامـه بطرائـق التـدريس، وعمـل الاختبـارات، ومهـارات التدريس، وإدارة الفصل .. وغير ذلك من جوانب تربوية .

- الجانب المهني، ويتناول ما تتمتع به المعلم من أدوار مهنيـة مختلفـة داخـل المدرسـة كمهـام التدريس والإدارة وغيرها .

- الجانب الثقافي، ويتناول مدى إلمام المعلم بثقافة المجتمع الـذي يعيش فيه ومدى إلمامـه بالثقافة العالمية، ومدى نجاحه في نقل ثقافة وطنه للطلاب من خلال المواد الدراسية المختلفـة التـي يعلمها لتلاميذه ومن خلال الأنشطة المدرسية المختلفة .

٤- المشروعات :

وهو عمل متكامل يعكس مدى إلمام صاحبه بالجوانب النظرية والمهارية ومدى نمو وجدانياته نحو موضوع المشروع، ويمكن استخدامه في تقويم الطالبة أو المعلمة أو الموجهة وغيرهن .

٥- بطاقات تحليل المحتوى :

وهي تستخدم لتقويم محتويات المنهج المعرفية والمهارية والوجدانية ؛ حيث يحدد في البطاقـة محاور التحليل ثم نقوم برصدها داخل محتوى المنهج لمعرفة توفرها من عدمه ..

٦- استخدام مقاييس الجودة الشاملة :

حيث يتم تطبيق مقاييس الجودة الـشاملة مـن خـلال أدوات يتـم إعـدادها خصيصا لتقويم المنهج أو أي مكون أو عنصر من العناصر المشاركة فيه، ويتسم غالبا بالشمولية والتنوع .

٧- اختبارات الأداء الأساسية :

وهي من أدوات التقويم الأصيل التي يمكن من خلالها معرفة مـدى الطـلاب أو المعلمـين مـن تمكن أو غيرهما من كفايات أو مهارات معينة، من خلال رصد هذه الاختبارات للخطوات والجوانـب الأساسية المعرفية والأدائية في الكفايات المراد قياسها .

٨- اختبارات النهايات المفتوحة :

وهي من أدوات التقويم الأصيل Authentic Evaluation يمكـن استخدامها في قيـاس أبعـاد التعلم المختلفة ؛ حيث يوضع البند الاختباري وتترك له نهاية مفتوحة وعلى المفحوص أن يـضع هـذه النهاية ومن خلالها تصحيحها يتم رصد جانب التعلم المراد، فعلى سبيل المثال يمكن استخدام النهايـة المفتوحة لقياس مهارات كتابة القصة، أو مدى الإلمام بمعلومـة علميـة، أو رصـد اتجـاه الطالـب نحـو موضوع ما ... وهكذا.

-خطوات تقويم المنهج :

إن تقويم المنهج ليس عملا عشوائيا وإنما عمـل مخطط لـه ومـدروس، ويسير وفـق خطـوات محددة حتى نضمن قدر الإمكان الدقة والموضوعية والتثبت من نتـائج التقويم مـع تـوفير قـدر مـا نستطيع من وقت وجهد وتمويل ؛ ويمكن تحديد أهم خطوات تقـويم المنهج التـي يمكـن اتباعهـا في تقويم منهج أو برنامج أو مقرر ما فيما يلي:

١- تكوين فريق تقويم المنهج:

يتكون فريق تقويم المنهج من عدة شخصيات كل واحد منها يقـوم بجانـب أو أكـثر في تقـويم المنهج، ويمكن توضيح أهم أعضاء فريق التقويم فيما يلي :

- متخصص في مجال المناهج : وذلك لتقويم المنهج من الناحية المنهجية في بنائه ومكوناته .

- أكاديمي : لتقويم محتوى المنهج العلمي على حسب التخصص الذي يعنى به المنهج .

- متخصص في الوسائل التعليمية: لتقويم الوسائل المتضمنة في المنهج من الناحية الفنية، وتقويم المواد التي تعرضها تلك الوسائل علمياً وفنياً .

- متخصص في طرق التدريس : وذلك لتقويم طرائق واستراتيجيات التدريس المتضمنة في المنهج من حيث خطوات تنفيذها ومدى مناسبتها للطلاب والمادة .. وغير ذلك من المعايير التي يمكن استخدامها في تقويم طرائق التدريس .

- متخصص في التقويم التربوي : وهذا يقوم بإعداد أدوات تقويم المنهج وضبطها والمشاركة في تقويم التقويم المتضمن في المنهج وأساليبه وأدواته ..

- متخصص في تكنولوجيا التعليم : لتقويم مصادر التعلم الإليكتروني المتضمنة في المنهج كالبرمجيات والكتب الإليكترونية والشبكات .. وغير ذلك .

- متخصص في فلسفة التربية : وذلك لتقويم المنهج من حيث مدى تمثيله لغايات المجتمع العليا والتي تعكس فلسفته ووجهة نظره وقيمه وتقاليده .. وغير ذلك من عناصر ثقافته.

- متخصص في الإحصاء التربوي: للقيام بالعمليات الإحصائية اللازمة للبيانات التي يتم جمعها حول المنهج الخاضع للتقويم من أجل الوصول إلى نتائج مفيدة حول المنهج بجميع عناصره.

- عناصر إدارية: تقوم بالتنظيم والتنسيق بين أعضاء الفريق، وأعمال السكرتارية والماليات وتوفير متطلبات تقويم المنهج والاتصال بالجهات المعنية .. وغير ذلك.

٢- التخطيط لتقويم المنهج:

يعد التخطيط تصور نظري يعكس ما سيتم القيام به مستقبلا من إجراءات لتقويم المنهج، وكلما كان التخطيط علميا ومدروسا ومتضمنا على كل تفاصيل العمل بدقة كلما جاء تنفيذ عملية التقويم دقيقة وعلمية وموضوعية وموثوق في نتائجها ويتضمن التخطيط لتقويم المنهج على عدة عناصر يتم عملها من خلال جلسات تحضيرية تعتمد على العصف الذهني يقوم بها أعضاء الفريق على النحو التالي:

- تحديد أهداف التقويم : فلا يمكن أن يكون هناك تقويم ولم نحدد مسبقا الهدف منه فقد يكون الهدف تشخيصي أو علاجي أو تطويري وقد يكون الهدف متعلق بأهداف المنهج أو بطرق تدريسه أو مدى تلبيته لحاجات المتعلمين أو تقويم ما يتضمنه من وسائل .. ويمكن أن يكون الهدف كل ما سبق .. والذي يحدد ذلك فريق التقويم المكلف من قبل الجهات المسئولة ..

- تحديد أدوات التقويم : ففي ضوء أهداف التقويم يتم بناء أدوات التقويم أو اختيارها، مع الحرص على التأكد من ضبطها بحساب صدقها وثباتها .. وتكون هذه الأدوات في ضوء معايير المناهج المحلية والعالمية ومؤشراتها المختلفة.

- تحديد الأسلوب المتبع في التقويم : حيث تتعدد أساليب التقويم وهنا على الفريق أن يحدد الأسلوب المناسب هل نستخدم أسلوب الاختبارات وأدوات التقويم التقليدية أم نستخدم أساليب التقويم الحديثة مثل التقويم الأصيل بأدواته المختلفة كالبرتفوليو أو المشروعات أو اختبارات الأداء الأساسية؟.. وهل سيتم التقويم بأسلوب فردي بمعنى أن يقوم كل عضو في الفريق بتقويم الجانب المتخصص فيه أم من خلال جلسات جماعية تفضي إلى تقويم المنهج كله؟..

- تحديد آليات التقويم : حيث يحدد الفريق الإجراءات التي سيتبعها في تقويم المنهج ككل وفي تقويم كل مكون من مكوناته، مع بيان كل خطوة من الخطوات وزمانها ومكانها والمشاركين فيها وأدواتها وكيفية تسجيل بياناتها ومعالجتها إحصائيا وكيفية رصد نتائجها ..

- وضع التعليمات والقوانين واللوائح التي تحكم جميع أعضاء فريق التقويم وتحدد مهام كل واحد منهم وتضبط العلاقات بينهم، وتبين الرئيس، والمرؤوس والسلطات المتاحة لكل فرد في الفريق، وما له وما عليه.

٣- تنفيذ تقويم المنهج:

إن كل ما سبق ما هو إلا حبر على ورق لم يخرج بعد إلى حيز الواقع والتنفيذ، وبعد مراجعة ما تم عمله في مرحلة التخطيط والتثبت من صحته وعرضه على الخبراء في المجال يتم تنفيذ التقويم على النحو التالي:

- تطبيق أدوات التقويم على المنهج بجميع مكوناته بحيث يخضع كل مكون للأداة التي أعدت خصيصا من أجله.

- رصد بيانات كل أداة من الأدوات، فعلى سبيل المثال إذا تم تقويم أهداف المنهج في ضوء معيار أعد خصيصا لهذا الغرض نرصد الدرجة التي حصل عليها المنهج في جدول معد لذلك أو على جهاز الحاسب الآلي .. وهكذا في بقية مكونات المنهج.

- مراجعة البيانات لمعرفة مدى صحتها وتنظيمها مع كتابة جميع البيانات التي يمكن الاحتياج إليها.

- معالجة البيانات إحصائيا ويكون ذلك باستخدام البرامج الإحصائية الكمبيوترية مثل SBSS ، ويكون ذلك عن طريق المتخصص في الإحصاء من أعضاء الفريق .

- عرض نتائج التحليل الإحصائي على أعضاء فريق التقويم، وذلك لمناقشتها وتفسيرها .

- كتابة التقرير : حيث يعد أعضاء الفريق تقريرا على التقويم يتضمن كل ما قاموا به من أعمال من الأهداف حتى النتائج، ويردفون تقريرهم بمجموعة من التوصيات التي تتعلق بالمنهج بصفة عامة وبكل مكون من مكوناته على حده، وذلك للجهات العليا كي يطلع عليها ويتخذ في ضوئها القرارات المناسبة تجاه المنهج .

٤- تقويم عملية تقويم المنهج:

ليست كتابة التقرير هي نهاية المطاف وإنما على فريق التقويم أن يكون موضوعيا فيخضع عملية التقويم التي قام بها بمراحلها المختلفة للتقويم سواء كان ذلك بصورة

فردية أم من خلال جلسات عصف ذهني يقوم بها الفريق يتناول من خلالها عمليـة تقويم المـنهج بالنقد والتحليل، وذلك للإجابة عن الأسئلة التالية:

- هل حققت عملية التقويم أهدافها؟

- ما الأهداف التي يمكن إضافتها لعملية التقويم مستقبلا؟

- إلى أي مدى كانت أدوات التقويم مناسبة وموضوعية في تقويم المناهج؟

- هل إجراءات تقويم المنهج صحيحة وتمت بدقة أم لا؟

- ما الشخصيات التي يمكن إضافتها مستقبلا لفريق تقويم المنهج؟

- ما العناصر التي تم تقويمها بشكل جيد في المنهج وما العناصر التي لم تقوم جيدا ولماذا؟

- هل قام كل عضو من أعضاء الفريق بدوره كما ينبغي أم لا؟

- ما الذي تحرص على القيام به مستقبلا إذا أتيحت لك الفرصة لتقويم منهج آخر.

- ماذا تقترح للارتقاء بعملية تقويم المنهج للأفضل؟

- هل تعتقد أن ما تم التوصل إليه من نتائج يتصف بمصداقية كافية أم لا؟

- ما رأيك في الإداريين المشاركين في عملية التقويم؟

- إن هذه الأسئلة وغيرها تترك الباب مفتوحا للتأمل الـذاتي الـذي يقـوم بـه أعضـاء الفريـق والذي يلقي الضوء على إيجابياتهم وسلبياتهم مما يجعلهم في المرات التالية أكثر قـدرة ونجاحـا علـى القيام بتقويم المنهج بصورة افضل.

نشاط (٦)

عزيزي / عزيزتي

طلب منك تقويم منهجا من المناهج في مجال تخصصك وضح الخطوات التي تتبعها في تقويم المنهج ، وبين كيف يمكن الإفادة من نتائجها قمت به من تقويم.

مراجع الفصل السادس:

- احمد احمد، (٢٠٠٢): الجودة الشاملة في الإدارة التعليمية والمدرسية.دار الوفاء لدنيا الطباعة والنشر-الإسكندرية.

- احمد اللقاني،فارعة محمد، (٢٠٠٢): مناهج التعليم بين الواقع والمستقبل،القاهرة،عالم الكتب.

- اركارو جانيس، (٢٠٠٠): إصلاح التعليم-الجودة الشاملة في حجرة الدراسة. ترجمة سهير بسيوني، دار الاحودى للنشر، القاهرة.

- حسن حسين زيتون (٢٠٠٧): أصول التقويم والقياس التربوي، المفهومات والتطبيقات، الرياض : الدار الصولتية.

- خالد محمود عرفان(٢٠٠٥): التقويم التراكمي الشامل " البرتفوليو" ومعوقات استخدامه في مدارسنا، القاهرة : عالم الكتب.

- خالد محمود عرفان، عصام محمد أحمد أبو الخير، نصر الدين خضري(٢٠٠٧):" برنامج مقترح لتنمية مهارات عمل ملفات التدريس التراكمية لدى الطلاب المعلمين بكليات التربية "، القاهرة : جامعة الأزهر، كلية التربية، مجلة كلية التربية

- رضا السعيد، (٢٠٠٥): تفعيل المعايير القومية في المدارس المصرية،مؤتمر الجمعية المصرية للمناهج وطرق التدريس" المستويات المعيارية ومناهج التعليم".

- علي أحمد سيد، أحمد محمد سالم (١٤٢٤هـ): التقويم في المنظومة التربوية، الرياض : مكتبة الرشد.

- يس عبد الرحمن قنديل(٢٠٠٢) : عملية المنهج، رؤية في تكنولوجيا المنهج المدرسي، الرياض: النشر الدولي.

الفصل السابع
تطوير المنهج المدرسي

- تمهيد

- مفهوم التطوير .

- أهمية تطوير المنهج .

- دواعي التطوير.

- أساليب التطوير.

- أدوات تطوير المنهج .

- دور المعلم/ المعلمة في تطوير المنهج .

- دور اختصاصي المناهج في تطوير المنهج.

- خطوات تطوير المنهج.

- تطوير تقويم المنهج .

- تطوير المنهج في المملكة العربية السعودية

أهداف دراسة هذا الفصل

يرجى بعد دراستك لهذا الفصل أن تكون قادرا على أن :

– تضع تعريفا لتطوير المنهج.

– تبين أهمية تطوير المنهج بالنسبة لجميع أطرف العملية التعليمية.

– تذكر دواعي تطوير المنهج.

– توضح أساليب تطوير المنهج .

– تحدد أهم الأدوات المستخدمة في تطوير المنهج.

– توضح دور المعلم في تطوير المنهج.

– ترسم مخططا يوضح الخطوات التي تتبع في تطوير المنهج.

– ترصد التجارب السعودية في مجال تطوير المناهج المدرسية.

الفصل السابع

تطوير المنهج المدرسي

تمهيد:

يخضع المنهج بين الحين والآخر للتطوير في جميع مكوناته شأنه شأن أي منظومة، وهو أمر ضروري حتى يستطيع المنهج أن يحقق أهدافه بصورة جيدة، ويستطيع أن يواكب التطور الذي يشهده العالم كله في جميع المجالات، وسوف يعرض ذلك على النحو التالي:

١-مفهوم تطوير المنهج: Curriculum Development

لتطوير المنهج مفاهيم عدة منها :

- أنه عملية تغيير جوانب المنهج بالحذف أو التغيير أو الإضافة .

- أنه عملية اكتشاف جوانب الخطأ والعمل على تصحيحها.

- أنه تحديث محتويات المنهج وفق ما يتم التوصل إليها من معلومات ومهارات وخبرات جديدة.

- أنه عملية تنفيذ ما يتم التوصل إليه من نتائج تقويم المنهج بعناصره المختلفة .

- أنه عملية تلبية متطلبات العاملين في تنفيذ المنهج من معلمين وإداريين ومتعلمين وموجهين وغيرهم..

- أنه العملية التي يتم من خلالها إجراء تعديلات مناسبة في بعض أو كل عناصر المنهج وفق خطة مدروسة من أجل تحسين العملية التربوية ورفع مستواها

- أنه إحداث تغييرات في عنصر أو أكثر من عناصر منهج قائم بقصد تحسينه، ومواكبته للمستجدات العلمية والتربوية، والتغيرات في المجالات الاقتصادية، والاجتماعية، والثقافة بما يلبي حاجات المجتمع وأفراده، مع مراعاة الإمكانات المتاحة من الوقت والجهد والكلفة.

"وهي عملية ضرورية وملحة ؛ لأنها تساعد في حل الكثير مـن المـشكلات التـي يعـاني منهـا المنهج، وتعتمد على فلسفة المنهج ونظريات ونماذج التطوير المتبناة،والاتجاهات التربوية المعاصرة، واحتياجات المتعلمين والمجتمع وطبيعة العصر .. (وزارة التربية والتعليم بدولـة قطـر : علـى الموقـع التالي: WWW. moe. edul)

ويلاحظ أن مفهوم تصميم (بناء) المنهج يختلـف عـن مفهـوم تطويره في نقطـه البدايـة لكـل منهما، فتصميم المنهج يبدأ من نقطة الصفر، أما تطوير المـنهج فيبدأ مـن مـنهج قـائم ولكـن يـراد تحسينه أو الوصول به إلى طموحات جديدة، ومن جهة أخرى تشترك عمليتا بناء المـنهج وتطويره في أنهما تقومان على أسـس مـشتركة وهـي المتعلم،ـ والمجتمع، والمعرفـة، وأنهـما تتطلبـان قـدرة علـى استشراف المستقبل وحاجات المجتمع وأفراده.

http://www.moe.gov.ae/

وعلى أية حال فإن عملية التطوير تهدف إلى التحسين والانتقال بالمنهج إلى الأفضل مـن حيـث التخطيط والإعداد والتنفيذ.

٢- أهمية تطوير المنهج:

لتطوير المنهج أهمية كبيرة؛ لذا حرصت الدول والمؤسسات على تطوير التعليم، وعقدت لـذلك العديد من المؤتمرات التي قدمت نتائجها وتوصياتها لتطوير المناهج للجهات المختصة ومن أهم هذه المؤتمرات:

- مؤتمر تطوير التعليم الابتدائي ١٩٩٣م الذي عقدته وزارة التربية والتعليم في جمهورية مصر العربية الذي أوصى بضرورة تطوير المـنهج لمواكبـة العـصر والتقـدم العلمـي التقني، وتحديد عـدد الكتـب وتخفيض حجمها وكم معلوماتها، مع تخصيص ٣٠% من زمن الخطة الدراسية للأنشطة.

-مؤتمر التعليم الإعدادي في مصر ١٩٩٤ م الذي أوصى بتطوير خطة الدراسة ومحتوى المناهج والكتب الأنشطة المصاحبة وتخفيف الأعباء، مع توجيه عناية خاصة للغة الفصحى تحدثًا وكتابة، وزيادة الاهتمام بتعليم اللغة الأجنبية واستحداث مادة التكنولوجيا وتنمية التفكير ضمن خطة دراسة هذه المرحلة

- دمج المفاهيم والقضايا المعاصرة، حيث تم دمج ٢١ مفهومًا وقضية عالمية ومعاصرة فى المناهج، منها (حقوق الإنسان- حقوق المرأة ومنع التمييز ضدها- حقوق الطفل ومقاومة أعمال الأطفال- الوعي القانوني- ترشيد الاستهلاك- التربية من أجل المواطنة- الديمقراطية- القانون الدولي الإنساني-...إلخ).

- دمج واستخدام التكنولوجيا في المناهج الدراسية، حيث وضعت الوزارة خطة شاملة لتطوير التعليم باستخدام التكنولوجيا، بنشر الأجهزة والمعدات اللازمة لقاعات الأوساط المتعددة ومناهل المعرفة والعلوم المطورة، واستقبال بث القنوات التعليمية.

-يجب ألا يمثل التطوير عبئًا إضافيًا على الطلاب، بل على العكس يسهل لهم تناول مفردات المنهج المقرر عليهم، واستيعابها بمرونة وسهولة.

- تخفيف كم المقررات بنسبة ٢٠% دون الإخلال بالمحتوى، وإضافة جوانب إثرائية إلى كل مقرر، والاهتمام بالأنشطة التعليمية المصاحبة، ودمج التكنولوجيا التعليمية المتقدمة، وإتباع طرق التقويم التربوي الشامل متعدد الجوانب، وتحسين مستوى إخراج وجودة طباعة الكتاب المدرسي.

- مراجعة مصفوفة المدى والتتابع للصفوف من (١-٩)؛ للتأكد من إزالة التكرار والحشو وضبط محتوى المنهج وتكامله.

- تطوير أهداف ومحتوى المناهج والكتب الدراسية في ضوء المعايير القومية للتعليم، للتأكيد على ضمان جودة التعليم.

- إعداد وثيقة لكل منهج توضح فلسفته وتحدد أهدافه ومحتواه؛ تمهيدًا لمرحلة تأليف الكتب والمواد التعليمية.

- الارتقاء بباقي عناصر المنهج في ضوء فلسفة التعلم النشط. (مصر، وزارة التربية والتعليم : بوابة المعرفة، على الموقع الإليكتروني التالي: http://knowledge.moe.gov.eg)

ويمكن إيضاح أهمية المنهج بالتفصيل فيما يلي:

أ-أهمية تطوير المنهج للقائمين على إعداده :

لتطوير المنهج أهمية كبيرة بالنسبة لمصممي وواضعي المنهج، فهم يرغبون في أن يكون المنهج الذي يقدمونه جيدا ومميزا وخاليا من الأخطاء، وعند اكتشافها يعملون جاهدين لعلاجها والتغلب عليها، والسبيل الوحيد أمامهم لتحقيق ذلك هو تطوير المنهج الذي يحقق لهم ما يلي:

- علاج الأخطاء التي تم الكشف عنها من خلال تنفيذ المنهج وتقويمه.

- تحديد الجوانب التي يجب أن يتناولها التطوير.

- رصد متطلبات تطوير المنهج المادية والبشرية .

- معرفة آراء الجهات والأطراف المختلفة المشاركة في تنفيذ المنهج.

- تحديد نوع التطوير هل بالحذف أم بالإضافة أم بالتعديل .

- تحديد الفترة الزمنية التي نحتاجها لتطوير المنهج.

- معرفة الجهات والأشخاص المسئولين عن عملية تطوير المنهج.

- توزيع المهام المختلفة على الأفراد والجهات المختلفة وتحديد المسئوليات والمحاسبة.

- تحديد التصور المستقبلي للمنهج .

- تحديد ما يمكن أن يقابل المنهج من تحديات مستقبلية ووضع حلول لها.

ب- أهمية تطوير المنهج للمعلم / للمعلمة:

مما لا شك فيه أن المعلم هو محور تنفيذ المنهج ومحور نجاح العملية التعليمية برمتها،ويعد من أول المستفيدين من جراء تطويره، فمنهج غير صحيح تعتريه الكثير من العلل تعني فشلا للمعلم ولو كان معلما جيدا، لذا يعد المعلم من أوائل المستفيدين من المنهج، ويمكن إيضاح أهم الفوائد التي تعود على المعلم من تطوير المنهج فيما يلي :

- يساعد تطوير المنهج المعلم على تنفيذه والنجاح في تحقيق أهدافه.

- يلبي تطوير المنهج متطلبات المعلم من المنهج والتي لم تكن متوفرة في المنهج من قبل.

- يقي تطوير المنهج المعلم من الكثير من الحرج الذي يمكن أن تقع فيه نتيجة لوجود أخطاء في المحتوى العلمي للمنهج .

- يوفر تطوير المنهج للمعلم معلومات أحدث فيما يتعلق بتخصصه .

- يمد المعلم بالكثير من الوسائل التعليمية التي لم تكن متوفرة في المنهج من قبل.

- يقدم تطوير المنهج للمعلم طرق تدريس جديدة لم تكن متوفرة في المنهج من قبل .

- يوفر تطوير المنهج للمعلم أساليب وأدوات تقويم جديدة مناسبة بصورة أفضل.

- يوفر التطوير أنشطة تعليم وتعلم مختلفة تمكن المعلم من اختيار المناسب منها.

- يمد التطوير المعلم بكتب جديدة تتفق مع أحدث الاتجاهات العالمية في الشكل والمضمون .

- يمد التطوير المعلم بأدلة جديدة يجد فيها ضالتها المنشودة وإجابة شافية لكل ما لديها من تساؤلات.

ج- أهمية تطوير المنهج بالنسبة للتلاميذ:

إن الهدف الأساسي للمنهج هو تحقيق النمو الشامل للتلاميذ ولا يمكن أن يحقق المنهج ذلك ما لم يكن منهجا جيدا مبينا بصورة صحيحة وخضع للتعديل والتطوير وفق

ما يتم التوصل إليه من نتائج التقويم التي خضع لها، والمستفيد من وراء ذلك كله هو التلميذ، فمن خلال المنهج المطور يستطيع أن يحقق العديد من الأهداف أهمها:

- تحقيق أهداف المنهج التي أصبحت من خلال التطوير أكثر وضوحا وتنظيما وواقعية.

- اكتساب محتويات المنهج التي صارت أكثر جدة وحداثة وارتباطا بالأهداف وتنظيما .

- الإفادة من أنشطة التعليم والتعلم والتي أصبحت أكثر تنوعا ومناسبة للأهداف والمحتوى والتلاميذ.

- استخدام الوسائل التعليمية التي تم تطويرها من حيث الكم والكيف فأصبحت أسهل وأكثر فاعلية في التعلم.

- التعلم بصورة أفضل من خلال المشاركة في تنفيذ طرائق تدريس حديثة.

- استحداث مواد دراسية جديدة مثل مادة التكنولوجيا لتنمية التفكير: وتهدف إلى تنمية القدرات والإبداع وحل المشكلات، وأن يتضمن الأنشطة المصاحبة باعتبارها مكونا من مكونات المنهج، وأن تعمل على إكساب التلاميذ المهارات العقلية والعملية، التي تلائم طرق ومهارات التعلم النشط.

(مصر، وزارة التربية والتعليم : بوابة المعرفة، على الموقع الإليكتروني التالي:

knowledge.moe.gov.eg

- **دواعي التطوير :**

إن عملية تطوير المنهج ليست عملية اختيارية يمكن القيام بها أو تركها وإنما عملية ضرورية يجب القيام بها بين الحين والآخر ؛ وذلك لعدة مبررات أهمها:

- التطور العلمي الذي تشهده جميع العلوم دون استثناء النظري منها والتطبيقي مما يدفعنا إلى ضرورة تطوير مناهجنا لتواكب هذا التطور، ونقدم من خلالها الحقائق والمفاهيم والنظريات العلمية الجديدة في العلوم المختلفة..

- التطور التكنولوجي الذي يشهده العالم والذي تتسارع خطاه يوما بعد يوم والذي تنعكس آثاره على جميع جوانب الحياة، وفي جميع المجالات بما في ذلك مجال التعليم،

وخاصة المنهج المدرسي الذي ينبغي أن يواكب في تصميمه وتنفيذه وتقويمه طبيعة العصر التكنولوجية، مستخدما إياها وموظفا لها في جميع مراحله.

- التطور الحادث في الفلسفات التربوية التي توجه التربية والتعليم وبما في ذلك المناهج وبنائها وتقديمها .. وإلا فسوف تكون تلك الفلسفات والرؤى في جانب والمنهج في جانب آخر..

- ظهور نظريات تربوية ونظريات ونماذج جديدة للمنهج ثبت نجاحها في العديد من البلدان.

-التغير الحادث في حاجات ومتطلبات المجتمع من التعليم فهناك أمور جديدة ظهرت لم تكن من قبل ويحتاج المجتمع إلى إعداد أفراده في ضوئها كبعض الوظائف والحرف التي لم تكن من قبل، وبعض القضايا كالمعلوماتية والعولمة وصراع وحوار الحضارات .. وغيرها ؛ مما يلقي العبء على المنهج لتحقيق ذلك.

-تلبية حاجات المتعلمين النفسية والعقلية والاجتماعية والانفعالية المختلفة والتي ظهرت نتيجة للتغيرات التي سادت المجتمع ..

-كثرة الأبحاث في مجال علم النفس بفروعه المختلفة وخاصة علم النفس التعليمي، ومجال المناهج وطرائق التدريس والتي تقدم كثيرا من النتائج والتوصيات والتي يترتب على الأخذ بها لتطوير المنهج في جميع مكوناته.

-ثورة المعايير التي يشهدها العالم في مجال التربية والتعليم والتي تقوم المناهج في ضوئها وبالتالي تقديم التوصيات بتطوير المنهج ليحقق تلك المعايير.

-الأخذ بمفهوم الجودة الشاملة في مجال المناهج .

-التقدم الحادث في مجال تكنولوجيا التعليم وما يقتضيه ذلك من تطبيقات في المنهج لا يمكن تحقيقها إلا من خلال تطويره.

-ظهور أساليب جديدة في التقويم تعتمد على الواقعية والأصالة والتراكمية في التقويم ومع الاهتمام بالجانبين النظري والعملي على حد سواء.

-زيادة أعداد المتعلمين مما يقتضي تطوير المنهج ليكون مناسبا لتعليم الأعداد الكبيرة وما يترتب على ذلك من تغيير في مكوناته وخاصة في طرائق التدريس والوسائل التعليمية وأساليب وأدوات التقويم المستخدمة.

-حدوث تطورات في المعرفة الإنسانية من حيث الكم والكيف

- تقويم المناهج مما يكشف عن الأخطاء، وأوجه القصور ويستدعي معالجة هذه الأخطاء وتلافي أوجه القصور فيها .

-تقارير الباحثين التربويين والموجهين والمدرسين، وإجماعهم على ضرورة تطوير منهج ما .

-.نتائج البحوث والدراسات التي تقوم بها الإدارة، وما يترتب عليها من توصيات ومقترحات .

-ما يصدر عن مكتب التربية لدول الخليج العربية من قرارات يمكن الاستفادة منها في هذا المجال .

-ما تنشره وسائل الإعلام المقروءة والمسموعة حول المناهج فهي تعبّر عن رأي قطاع من أفراد المجتمع لا يمكن إغفاله .

-حدوث تطورات وتغيرات على المستوى المحلي، والعربي، والعالمي في القطاع السياسي، والاجتماعي، والاقتصادي مما يترتب عليه الحاجة الملحة لتطوير المناهج بما يتناسب مع هذه المستجدات .(وزارة التربية والتعليم بدولة قطر : على الموقع التالي: www.moe.edul)

أساليب تطوير المنهج:

يمكن في تطوير المنهج ان نتبنى أسلوبا أو اكثر من الأساليب التالية، والذي يحدد ذلك الأهداف المرادة من التطوير، واهم هذه الأساليب ما يلي:

١- تطوير المنهج بالحذف :

ويستخدم هذا الأسلوب عندما يعاني المنهج من الازدحام في مكون أو أكثر مـن مكوناتـه، مـما يؤدي إلى الحاجة إلى فترة زمنية أطول مما هو مخصص له، أو يلقـي عبئـا أكبـر عـلى الدارسـين، وقـد يكون سبب حذف بعض أجزاء المنهج واحدا مما يلي:

- الخطأ العلمي .

- عدم المناسبة للمتعلمين .

- عدم اتفاقها مع الأسس العلمية في بناء المنهج .

- التنظيم غير الصحيح.

- التقديم بشكل غير مناسب .

- عدم الانتماء لمجال المنهج .

- عدم الحداثة والمواكبة للعصر.

٢- تطوير المنهج بالتعديل :

وذلك يتم عندما نبقي على مكونات عناصر المنهج كما هي وإنما نعدل في بعض جوانبها، وهـذا التعديل قد يكون بواحدة أو أكثر مما يلي :

- إعادة الترتيب .

- إعادة التوزيع.

- إعادة التنظيم .

- إعادة الصياغة .

- إعادة التوظيف .

- إعادة البناء والضبط .

٣- تعديل المنهج بالإضافة :

ويتم ذلك عندما نضيف إلى بعض الأجزاء في مكون أو أكثر مـن مكونـات المـنهج، وتكـون هذه الإضافة لسبب من الأسباب التالية :

- عدم وجود مكون أو أكثر من مكونات المنهج كعدم وجود الوسائل التعليمية أو الأنشطة .. وهكذا.

- اكتشاف بعض القصور في مكون أو أكثر من مكونات المنهج فنعمل على جبره وإضافته ؛ كغياب بعض الأهداف أو أجزاء من المحتوى أو بعض الأنشطة التعليمية أو الوسائل .. وغير ذلك .

- إعادة التوازن المفقود بين مجالات المنهج المعرفية والمهارية والوجدانية.

- العمل على إيجاد الاتساق بين مكونات المنهج من أهداف ومحتوى وأنشطة ووسائل وطرق تدريس وأساليب تقويم .

- عندما نريد تحديث المنهج بإضافة الجديد في الجوانب الأكاديمية والتربوية .

- عند إعادة النظر في المنهج في ضوء حاجات ورغبات وميول المتعلمين.

- ظهور قضايا وموضوعات علمية كالهندسة الوراثية .. وغيرها.

-آليات تطوير المنهج:

• تشكيل لجان من أساتذة الجامعات والخبراء؛ لتقييم المناهج الحالية، وتقديم مقترحات تطويرها.

• إعداد وثيقة لكل منهج توضح فلسفته وتحدد أهدافه ومحتواه، وذلك تمهيدًا لمرحلة تأليف الكتب والمواد التعليمية.

• تطوير أهداف ومحتوى المناهج والكتب الدراسية في ضوء المعايير القومية.

• الارتقاء ببقية عناصر المنهج (طرائق وأساليب التدريس- نظام الامتحانات والتقييم) في ضوء فلسفة التعلم النشط.

• مراجعة مصفوفة المدى والتتابع للصفوف من (١-٩) للتأكد من إزالة التكرار والحشو وضبط محتوى المنهج وتكامله.

- أدوات تطوير المنهج :

هناك أدوات مختلفة يمكن استخدامها في تطوير المنهج أهم هذه الأدوات ما يلي:

١-الاستبيانات :

وهي تلك الأدوات التي توزع على العاملين والقائمين والمهتمين بالمنهج لجمع المعلومات والبيانات التي تمثل وجهات نظرهم في المنهج بجميع مكوناته والعمل على تنظيمها وتحليلها إحصائيا والوصول إلى نتائج مختلفة تتعلق بتطوير المنهج بجميع مكوناته، وأهم من يتناولهم تطبيق مثل هذه الأدوات :

- المعلم : حيث يقدم من خلال الاستبيانات المفتوحة أو المقيدة ما يراه حول المنهج ونقاط قوته ونقاط ضعفه التي يجب أن تخضع للتطوير .

- المتعلم : حيث يجيب على الاستبيانات التي تعكس وجهة نظره في المنهج بجميع مكوناته، ويوضح من خلالها مدى تلبية هذا المنهج لمتطلباته وحاجاته واتفاقه مع ميوله ومرحلة النمو التي يمر بها ..

-الموجه أو المشرف الفني : حيث يعرض وجهة نظره من خلال إجاباته على مثل هذه الاستبيانات والتي تعكس خبرته الواسعة في مجال تخصصه مما يعود بالنفع على المنهج وتطويره بجميع مكوناته..

- أولياء الأمور : قد يقول البعض ما علاقة أولياء الأمور بالمنهج وتطويره ؟ أقول – وبالله التوفيق- إن المنهج بمفهومه الحديث يسهم في تنفيذه أطراف كثيرة ومنهم أولياء الأمور ؛ نظرا لكون المنهج يتم داخل المدرسة وخارجها، ويسهم أولياء الأمور في تطوير المنهج من خلال رصد تصوراتهم ووجهات نظرهم حول أبنائهم ومستوياتهم العلمية والتي تم تحقيقها من وراء هذا المنهج، ويتم معرفة ذلك من خلال تطبيق الاستبيانات عليهم .

- الخبراء في المجال :

ويقصد بالخبراء هؤلاء الذين يتمتعون بخبرة طويلة في مجال تخطيط المنهج وتنفيذه وتطويره، مما يترتب عليها فهم أكثر عمقا للمنهج وطبيعته ومكوناته، وما يجب أن يكون عليه، ويقدمون بناء على ذلك خلاصة أفكارهم وتجاربهم من خلال إجاباتهم على مثل هذه الاستبيانات.

- المثقفون والإعلاميون وأصحاب الفكر :

فهؤلاء لهم تصورات ليس حول المنهج فقط وما ينبغي أن يقدمه وإنما لهم تصورات حول التربية برمتها فلسفة وفكر وسياسات واستراتيجيات عامة يفاد منها كثيرا في تطوير المنهج، ويعرض هؤلاء آراءهم من خلال هذه الاستبيانات .

٢-الاختبارات التحصيلية:

حيث يمكن من خلال إجابة الطلاب على الاختبارات التحصيلية معرفة نقاط القوة والضعف في المنهج ، والتي قد ترجع إلى قصور في طرائق التدريس أو في المحتوى وتنظيمه أو في الأنشطة التعليمية .. أو غير ذلك ؛ نظرا لأن التحصيل هو إحدى ثمرات المنهج، وعدم تحقيقه أو انخفاض تحقيقه مؤشر دال على فشل المنهج مما يتطلب تطويره وتعديله مستقبلا. وقد سبق عرض الاختبارات بأنواعها المختلفة.

٣- المقاييس:

وهي تستخدم لقياس الجوانب الوجدانية والمهارية كمقاييس الميول والاتجاهات والدافعية، ومقاييس الأداء كمقاييس المهارات العقلية واللغوية والرياضية والعملية .. وغيرها، وهي ترصد جانبا من الجوانب التي تعد مؤشرا قويا على نجاح المنهج أو فشله، وبالتالي نستطيع في ضوئها معرفة الجوانب التي ينبغي أن تطور في المنهج، فعلى سبيل المثال إذا رصد مقياس للاتجاهات اتجاهات الطلاب بأنها ضعيفة نحو اللغة العربية وتعلمها ؛ فإن هذا يعني ضرورة تطوير مناهج اللغة العربية كي تلبي احتياجات الطلاب وتتناسب مع ميولهم، وأنه يجب أ ن تعنى بتنمية الجانب الوجداني لدى الطلاب من خلال تضمين ما يلزم في المحتوى والأنشطة والوسائل، وطريقة التدريس ..

٤- أدوات التقويم الأصيل :

ويقصد بها تلك الأدوات التي تعتمد على الأسس التالية :

- الواقعية في التقويم .

-الشمولية في التقويم.

-الحصول على عينات من العمل المراد تقويمه .

-التكامل بين الأدوات .

- وجود محكات للتقويم .

واهم أدوات التقويم الأصيل ما يلي:

أ- ملفات التقويم التراكمي .

ب- المشروعات التي تعنى بتطوير المناهج.

ج- الاختبارات ذات النهايات المفتوحة والتي يمكن توجيهها لأي طرف من أطراف العملية التعليمية..

د- اختبارات الأداء الأساسية .

٥- قوائم المعايير:

حيث يتم عمل معايير للجودة خاصة بالمنهج، ويكون لكل معيار مجموعة من المؤشرات التي تدل على وجوده، تتعلق هذه المعايير بكل مكون من مكونات المنهج ؛ فيكون هناك على سبيل المثال معايير للأهداف وثانية للمحتوى وأخرى لطريقة التدريس .. وهكذا، ويتم تطبيق هذه المعايير ورصد مؤشراتها في كل مكونات المنهج وبالتالي نستطيع أن نحدد النقاط التي يجب أن يتناولها التطوير .

وهذه المعايير منها ما هو عالمي ومنها ما هو محلي، وعلى كل حال تهدف جميعها إلى تقويم المنهج وتطويره لأفضل .

٦- استخدام أدوات تحليل وتقويم المنهج :

حيث يتم وضع بطاقات لتحليل المنهج بجميع مكونات وخاصة تحليل محتوى المنهج Content Analysis وعليه يتم معرفة ما الذي تضمنه المنهج ومقارنته بما يجب أن يكون عليه المنهج في أهدافه ومحتواه وأنشطته وطرائق تدريسه وتقويمه ..

٧- الدراسات والأبحاث التي تعني بتقويم وتطوير المناهج والمقررات والبرامج الدراسية، والتي تجرى في الجامعات والكليات والمراكز البحثية، حيث تقدم العديد من النتائج والتوصيات التي يمكن أن تسهم في تطوير المناهج إذا ما لقيت الاهتمام والتقدير بدلا من وضعها على أرفف المكتبات يطويها النسيان. ويأكلها التراب..

<u>جوانب تطوير المنهج:</u>

يتضمن تطوير المنهج جوانب المنهج المختلفة وهي :

١-تطوير الأهداف العامة والتعليمية والسلوكية في مجالات التعلم المختلفة بالحذف أو الإضافة أو التعديل أو إعادة توزيعها في مصفوفات.

٢-تطوير المحتوى المعرفي والمهاري والوجداني، وما يتضمنه المنهج من خبرات مختلفة بالحذف، أو الإضافة، أو التعديل، أو إعادة الترتيب والتنظيم، أو إعادة صياغته، أو التعديل في أشكال تقديمه ..

٣-تطوير الأنشطة سواء كانت أنشطة المعلم أم المتعلم أم هما معا ويكون تطويرها بحذف البعض منها عندما تكون مزدحمة أو غير مناسبة أو بإعادة تنظيمها وتوزيعها على أطراف موقف التعلم، أو بإضافة بعض الأنشطة الجديدة..

٤-تطوير الوسائل التعليمية بمختلف أنواعها السمعية والبصرية والسمع بصرية أو تلك القائمة على الوسائط المتعددة، وتطويرها يكون أيضا بحذف الوسائل القديمة أو غير المناسبة وإضافة وسائل جديدة ثبت فعاليتها أو إعادة توظيفها داخل المنهج، ويمكن أن يكون التطوير في المواد التعليمية التي تعرضها هذه الوسائل من خلال تطوير محتواها وإنتاجها الفني لتكون أكثر حداثة ومطابقة للمعايير الفنية ..

٥-تطوير طريقة التدريس لتصبح أكثر مناسبة للمتعلمين وللمادة وموضوعاتها المختلفة وطبيعة المجتمع والعصر من خلال توظيف طرائق تدريس حديثة كالتفريد والتعاون والاستراتيجيات المعرفية وما وراء المعرفية .. وغيرها ؛ حيث أثبتت تلك الطرائق

والاستراتيجيات فعاليتها ونجاحها، نظرا لقيامها على نتائج دراسات نفسية حديثة، وبالتالي يجب أن تضمن في المنهج عند تطويره لتحقيق تعلم أفضل.

٦-تطوير أساليب التقويم ؛ حيث تغيرت النظرة إلى التقويم وأساليبه وأدواته فأصبحت أكثر حداثة وواقعية وتطورا وشمولية وتراكمية، فظهرت هناك أدوات مختلفة للتقويم الأصيل التي تتيح الفرصة للتأمل والتغذية المرتجعة والتقويم الذاتي ؛ وهذا يعني ضرورة أن ينظر للمنهج من منظور التقويم المعاصر ويجدد المنهج ويطور في ضوئها ..

٧- تطوير القوى البشرية المشاركة في تنفيذ المنهج: فالمنهج الجيد إذ لم تقم على تنفيذه قوى بشرية جيدة فاحتمالية فشله أكثر من نجاحه ؛ لذا فتطوير القوى البشرية من معلمين وإداريين ومتخصصين في الوسائل وإدارة وتصميم وبناء المنهج يعد أمرا لا غنى عنه، ويكون هذا التطوير بعمل البرامج والدورات التدريبية اللازمة لإكسابهم الكفايات المختلفة ليتعاملوا مع المنهج بطريقة ناجحة وعصرية، فالمنهج منظومة متكاملة لا يمكن أن نتجاهل فيها العنصر البشري الذي يجب إعداده وتطويره بين الحين والآخر..

<u>مجالات تطوير المنهج :</u>

يتم تطوير المنهج من خلال مجالات عدة تتمثل فيما يلي:

١- تأليف وثائق جديدة للمناهج ؛ بحيث تبين هذه الوثائق فلسفة المنهج وسياساته، ونظرياته التربوية التي يقوم عليها واستراتيجياته وأهدافه العامة.

٢- تعديل وتنقيح وثائق المناهج المطبقة حالياً بالحذف أو الإضافة أو التعديل في ضوء اعتبارات مختلفة كطبيعة العصر والمادة والمتعلمين والمجتمع ..

٣- التأليف الجديد للكتب المدرسية بحيث تتفق مع المنهج ووثائقه.

٤- تعديل وتنقيح الكتب المدرسية المطبقة حالياً بالحذف أو الإضافة أو التعديل .

- دور المعلم / المعلمة في تطوير المنهج:

المعلم عنصر فعال ومهم في تنفيذ المنهج بل هو العنصر الأساسي في تنفيذه، ويمتد دوره إلى مرحلة التطوير، لأن القائم على تنفيذ المنهج هو أكثر الأطرف قدرة على معرفة نقاط قوته ونقاط ضعفه ؛ وبالتالي الإسهام في تطويره، ويمكن أن يسهم المعلم في تطوير المنهج من خلال الأدوات التالية :

١- كتابة التقارير : حيث يقوم المعلم بإعداد تقارير حول المنهج المدرسي يبين فيه مميزاته وعيوبه في جميع المكونات (الأهداف - المحتوى - الأنشطة - طرائق التدريس _ أدوات وأساليب التقويم)

٢- بناء وتطبيق الاختبارات والمقاييس المختلفة على تلاميذه ومن خلالها يستطيع أن يرصد مدى نجاح المنهج في تحقيق أهدافه وبالتالي مدى حاجة المنهج إلى التطوير .

٣-المشاركة في الندوات والمؤتمرات والجلسات التي تعقد بين الحين والآخر في المدارس والإدارات والجامعات ومراكز البحث وفي الوزارة والإعلام لمناقشة المنهج ومشكلاته وقضاياه.

٤-القيام بالإجابة على بعض الأدوات كالاستبيانات واستطلاعات الرأي المتعلقة بالمنهج وتقويمه وتطويره..

-دور اختصاصي المناهج :

المختص في مجال المناهج هو المسئول الأول عن تصميم وبناء المنهج، وهو لا يتوقف دوره عند هذا الحد ؛ بل يمتد ليشمل مرحلة التطوير، فبعد تنفيذ المنهج واكتشاف ما به من مميزات وعيوب نرجع إليه مرة أخرى ليقوم بالتعديل والتطوير في ضوء ما توصلنا إليه من نتائج بعد تطبيق المنهج فعليا، وهذا يتطلب منه التمكن من العديد من الكفايات

العلمية والتربوية التي تؤهله للقيام بعملية التطوير.(البحرين : وزارة التربية والتعليم، على الموقع التالي: www.education.gov.bh)

<u>خطوات تطوير المنهج :</u>

إن عملية تطوير المنهج عمل منظم يخضع لأصول وقواعد وخطوات متتابعة لا يمكن تجاهلها ويمكن الإشارة إليها في الخطوات التالية:

- رصد نتائج تقويم المنهج والتي تمت في ضوء أهداف التقويم المحددة سلفا.

- مناقشة النتائج واتخاذ القرار بتشكيل فريق لتطوير المنهج من قبل الجهات المسئولة ؛ بحيث يتكون من الأطراف المختلفة المشاركة في تطوير المنهج مثل (أكاديميون- تربويون متخصصون في المناهج- متخصص في الوسائل التعليمية- متخصص في التقويم التربوي- إداريون..)

- تصنيف نتائج التقويم في محاور حسب جوانب المنهج المختلفة.

- تحديد أهداف التطوير في ضوء نتائج التقويم.

- وضع مخطط زمني للتطوير.

- تحديد آليات التطوير .

- تحديد أساليب التطوير .

- وضع القواعد والأصول والتعليمات التي ستراعى في عملية التطوير.

- توزيع مهام التطوير علي أعضاء الفريق .

- تنفيذ التطوير على مراحل متتابعة.

- تقويم كل مرحلة من مراحل التطوير من خلال اجتماع أعضاء فريق التطوير وعرض تقاريرهم عما حققوه من إنجاز في مهام التطوير المكلفين بها.

- المتابعة والإشراف والتوجيه للفريق أثناء عملية التطوير.

- عمل تقرير شامل عن تطوير المنهج من قبل أعضاء فريق التطوير وعرضه من خلال اجتماع موسع للفريق.

- تجريب المنهج بعد تطويره .

- رصد نتائجه .

- اتخاذ القرار بتعميم المنهج أو بإجراء تعديلات أخرى. ويمكن تلخيص الخطوات السابقة في الشكل التالي:

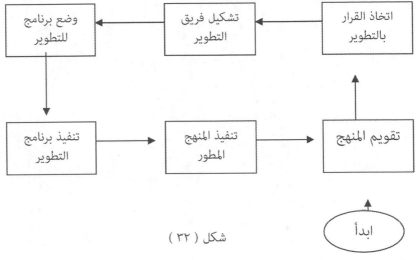

شكل (٣٢)

<u>تطوير التقويم:</u>

إذا كان التقويم يستخدم من أجل تطوير المنهج بجميع مكوناته فإنه من باب أولى أن يتناول التطوير التقويم نفسه وأدواته المختلفة، لأن تطوير التقويم والأخذ بالحديث فيه يعني ثقة ودقة أكبر في نتائجه، وبالتالي ضمان أكثر لنجاح عملية التطوير، وذلك بأن يكون تنوعا منطقيا متصفا بخصائص التقويم الجيد وهي:

- أن يكون التقويم هادفا:

- متسقا مع المنظومة التي يوجد بها :

- محققا مبدأ التكاملية بين أدوات القياس :

- التراكمية في التقويم :

غير الصحيح.

- الشمولية في القياس :

- الاستمرارية:

- **التعاون:**

- التشخيص :

- التنوع :

- الاهتمام بإظهار الفروق الفردية بين المتعلمين:

- المرونة في التقويم:

- الواقعية :

- اكتشاف الذات :

- أن يكون صادقا:

- أن يكون موضوعيا :

- أن يكون اقتصاديا:

- أن يكون وسيلة وليس غاية :

- **الأخذ بالاتجاهات المعاصرة في التقويم :**

حيث يتم تقويم التقويم وأساليبه وأدواته في ضوء أحدث الاتجاهات المستخدمة في وأهمها :

أ- الأخذ بالأصالة في التقويم فيما يعرف بالتقويم الأصيل   Authentic Evaluation والذي

يعتمد على الأداء الحقيقي والواقعية والشمولية في التقويم.

ب-الاعتماد على الرقمية Digital في التقويم وأهم معالم هذا الاتجاه ما يلي :

- بنك الأسئلة: حيث يتم عمل بنوك للأسئلة باستخدام الحاسب الآلي، وهذا يسهل كثيرا في إعداد الاختبارات بسهولة ويسر وبطريقة أكثر دقة وتغطية لجوانب المنهج، ومناسبة للمتعلمين، وخاصة عند عمل صور متكافئة من الاختبارات ؛ لذا قامت العديد من الوزارات في العالم لعربي، ومنها وزارة التربية والتعليم بمصر التي قامت وفقا لسياسات تطوير التعليم باستخدام تكنولوجيا المعلومات في الوزارة بعمل بنك الأسئلة , وهو عبارة عن برنامج متقدم يضم مجموعة من الأسئلة في كل مادة, يتم قياسها بعد تطبيقها على عدد من الطلاب متفاوتي المستويات بما يعطي معلومات كاملة عن مستوى صعوبة السؤال وبنك أسئلة معناه إن كل سؤال يكون له وزن ومجال من المعرفة يتعامل معه هذا السؤال ويدخل كل ذلك على الكمبيوتر الذي يخرج ورقة أسئلة متوازنة وتختبر أشياء كثيرة في المنهج وتغطي المنهج كله وإذا طلبت ورقة أسئلة أخرى سيعطي ورقة تغطي المنهج أيضا ومتوازنة مع الورقة الأخرى. أن هذا النظام سيساعد على إخراج ورقة الأسئلة بشكل جيد, بحيث تشمل كل المقرر وتندرج من الصعوبة إلى السهولة, بحيث تراعي مستويات الطلاب المختلفة من المتميز والعادي والمتوسط, وتتلافى أي أخطاء لغوية, أو مصطلحات غير واضحة (وزارة التربية والتعليم بمصر: بوابة المعرفة (knowledge.moe.gov.eg)

- استخدام ملفات التقويم الرقمية : Digital Portfolio في تقويم الطلاب والمعلمين ؛ حيث يتيح استخدام هذه الملفات سهولة التسجيل والتخزين والمعالجة والعرض والحصول على النتائج بسرعة مذهلة مستعينة بما يوفره الحاسب من وسائط مختلفة وإمكانيات هائلة، ويستخدم ذلك في مختلف دول العالم وخاصة الدول المتقدمة .(خالد عرفان وآخرون : ٢٠٠٧م)

- استخدام الحاسب الآلي في تطبيق الاختبارات وتصحيحها مما يسهل عملية التطبيق والتصحيح ورصد الدرجات ومعالجتها إحصائيا والوصول إلى نتائج واتخاذ القرارات في ضوئها مع التغلب على مشكلات الزمان والمكان والتخزين وغيرها .

تطوير المنهج في المملكة العربية السعودية :

نظرا لأهمية تطوير المنهج تعكف دول العالم على عمليات تطويره وترصد له الميزانيات الضخمة، وتعد له الفرق اللازمة، وتسن القوانين وتضع اللوائح اللازمة للتطوير، فمنهج منهج يعني تعليم جيد، وتعليم جيد يعني أمة قوية وفتية سائرة لتحقيق خطط تنميتها بثبات وثقة واحترافية،وعلى هذا الأساس بنت وزارة التربية والتعليم بالمملكة العربية السعودية (المشروع الشامل لتطوير مناهج التعليم بالمملكة) مستندة إلى سياسة التعليم الواضحة، وهي السياسة التي قامت على أسس راسخة مصدرها الدين الإسلامي الحنيف، وثوابت العقيدة، والأصالة المستمدة من تاريخنا الوطني الأصيل .

ويهدف المشروع إلى إحداث نقلة نوعية في التعليم من خلال : إجراء تعديل نوعي وجذري في المناهج ؛ لمواكبة الوتيرة السريعة للتطورات المحلية والعالمية، ثم توفير وسائل فعّالة لتحقيق أهداف سياسة التعليم على نحو تكاملي ؛ وذلك بإيجاد تفاعل واع مع التطورات التقنية والمعرفية، والاستفادة من تجارب الآخرين، وتحديد المهارات اللازم تعلمها في كل مرحلة دراسية، وربط المعلومات بالحياة العامة، وتنمية مهارات التفكير الناقد والمهارات الأدائية، وتنمية المهارات والاتجاهات والقيم اللازمة للعمل المنتج .

وتتلخص دواعي المشروع الجديد في أربع محددات رئيسة هي :

ـ الدواعي الداخلية ؛ إذ كانت المناهج مناسبة لظروف اجتماعية سابقة، لكن التطور السريع في المجتمع السعودي المعاصر من حيث : المستوى الثقافي والاقتصادي والتقني وأساليب الحياة اليومية يستدعي تغيرا موازيا .

ـ الدواعي العالمية (الخارجية) ؛ فقد صنّف الخبراء التغييرات التي حصلت في العالم خلال العقدين الماضيين إلى عشر ثورات منها : ثورة الاتصالات، وثورة المعرفة، والعولمة، والثورة الاجتماعية، والثورة الاقتصادية، الأمر الذي يستدعي التهيؤ والاستعداد للتعامل مع هذه المؤثرات العالمية من أجل درء مفاسدها والانتفاع بما تنتجه من إمكانات.

ـ الدواعي العلمية ؛ حيث يرى العلماء أن تطوير القوى العاملة وتأهيلها يشكّل نوعا من رأس المال البشري في الدولة الذي يتحكم في رأس المال الاقتصادي، لذا فإن الاستثمار في التربية هو استثمار في مستقبل مضمون الربحية، بوصف الأجيال الصاعدة هي التي ستتحكم بمقدرات الأمة ومستقبلها .

ـ حاجة المناهج الحالية إلى تطوير نوعي يناسب التقدم العلمي والتحولات الاجتماعية والاقتصادية والتغيرات العالمية الراهنة والمستقبلية.

ويستند المشروع إلى جملة من المرجعيات منها : حاجات سوق العمل، حاجات الدراسة الجامعية، حاجات الطلاب العقلية والنفسية والجسمية، الاتجاهات العالمية، والتجارب والدراسات والأبحاث المحلية والعالمية .

وقد استغرق هذا المشروع الضخم أكثر من ثلاثة أعوام تخللتها : إقامة الدورات التدريبية، واستقطاب الكفاءات العلمية، وتهيئة الإمكانات المادية، وتنفيذ ورش عمل متخصصة، وتبادل الزيارات مع وفود وخبرات عربية ودولية، وإجراء بحوث ودراسات ميدانية، والاطلاع على تجارب دول أخرى، وتقييم المناهج الحالية، والتنسيق مع جميع القطاعات والجهات المعنية في المملكة مثل : القطاع الخاص، والقطاعات الحكومية، والجهات التعليمية والمؤسسية الأخرى ٠٠ وذلك لوضع تصور مشترك لما يمكن أن يسهم في صياغة مشروع حضاري يناسب الاحتياجات، ويتفق مع روح العصر.

وقد انتهت الوزارة من إعداد وثائق المنهج وعددها (١٢) وثيقة عام ١٤٢٢ هـ شارك في صياغتها خبراء من جامعات سعودية وعربية وعالمية، ولجان متخصصة من الأسر الوطنية واللجنة العليا للبرامج والمناهج، ومعلمون ومشرفون متميزون من الميدان التربوي، وخبرات تمثل كافة شرائح المجتمع، وتعتبر هذه الوثائق المنطلق الرئيس لعملية التأليف التي بدأت في العام الدراسي ١٤٢٢ / ١٤٢٣ هـ ومن المقرر الانتهاء من تأليف الكتب الجديدة خلال ثلاث سنوات .

والوزارة تجري كل عام تعديلات وإضافات تطويرية للمناهج القائمة بما يناسب العصر .

كما أقرت مناهج جديدة منها : منهج التربية الوطنية الذي طبق في جميع المراحل، وهو أحد الخطوات الوطنية المهمة التي تعرف الناشئة بوطنهم ومؤسساته وواجبهم تجاهه كما أقرت إدخال تدريس الحاسب الآلي في المرحلة الابتدائية اعتبارا من العام الدراسي ١٤٢٣ / ١٤٢٤ هـ

(وزارة التربية والتعليم بالمملكة العربية السعودية : www.moe.gov.sa)

نشاط (٧)

عزيزي / عزيزتي

قم باستخدام شبكة الانترنت في عمل قائمة بمحاولات تطوير المناهج المختلفة التي تمت في البلاد العربية ، وقيم مدى جدوى تلك المحاولات .

مراجع الفصل السابع :

- خالد محمود عرفان، عصام محمد أحمد، نصر الدين خضري : "برنامج مقترح لتنمية مهارات عمل ملفات التدريس التراكمي لدى الطلاب المعلمين بكليات التربية " جامعة الأزهر بالقاهرة : مجلة كلية التربية، ٢٠٠٧م.

- محمد عزت عبد الموجود، أحمد اللقاني، فتحي يونس، محمود الناقة: ، ١٩٧٨م أساسيات المنهج وتنظيماته، القاهرة: دار الثقافة للطباعة والنشر.

- وزارة التربية والتعليم البحرين :www.education.gov.bh

- وزارة التربية والتعليم بالمملكة العربية السعودية : www.moe.gov.sa

- وزارة التربية والتعليم بجمهورية مصرالعربية : بوابة المعرفة knowledge.moe.gov.eg

- وزارة التربية والتعليم بدولة قطر : على الموقع التالي: www.moe.edul

الفصل الثامن

نماذج وتطبيقات

دراسة تحليلية للمناهج السعودية

- تمهيد

- خطــة المــواد الدراســية في المرحلــة الابتدائيــة في المملكة العربية السعودية .

- مقارنــة منــاهج المرحلــة الابتدائيــة في المملكــة بمناهج بعض الدول الأخرى .

- تدريبات وتطبيقات على تصميم خطط لبعض الخبرات التعليمية..

الفصل الثامن

نماذج وتطبيقات

تمهيد :

إن الحديث عن منهج المدرسة الابتدائية يدفعنا نحو الحديث عن خطة المواد الدراسية بالمدرسة الابتدائية كنموذج للمناهج فهي ترجمة للمنهج كما أنها جزء مهم وضروري في منظومة المنهج بصفة عامة،مع مقارنتها ببعض الدول العربية، مع عرض ذلك في صورة نماذج وتطبيقات، وسوف نتناول ذلك فيما يلي :

أولا: خطة المواد الدراسية في المرحلة الابتدائية في المملكة العربية السعودية:

قامت اللجنة المختصة في وزارة التربية والتعليم بعمل الخطة الدراسية البديلة للمرحلة الابتدائية مراعية ما يلي:

- أهداف نظام التعليم في المملكة.

- متوسط الوزن الدولي.

- إدراج مقررات دراسية جديدة لمواكبة العصر .

- تطوير مهارات الناشئة في التعامل مع التقنيات المعاصرة ومصادر المعلومات.

- تجنب نواحي القصور في الخطط الدراسية السابقة للمرحلة الابتدائية.

- مراعاة خصائص المجتمع العربي السعودي المسلم ويتوافق مع ثوابته الراسخة.

- الشمولية والتوازن والمرونة.

- حاجات الدارسين ومستويات نموهم المختلفة .

- بنى الاتجاهات التربوية المعاصرة الداعية إلى تحقيق مبدأ التكامل والترابط بين المقررات الدراسية.

- تنمية قيم المواطنة والاتجاهات الايجابية نحو العمل والمهنة والمشاركة الاجتماعية

- أحدث النظريات التربوية المتمشية مع ديننا الإسلامي الحنيف وثقافتنا، لتحسين مستوى التعليم العام في المملكة العربية السعودية.

وقد اتسمت خطة المواد الدراسية لتلاميذ المرحلة الابتدائية بما يلي:

١- السير على منهج الصحابة والسلف الصالح رضوان الله عليهم في العصور الأولى مثل عبد الله بن عباس -رضي الله عنهما -وعلماء التابعين والأئمة الأربعة وعلماء اللغة العربية- رحمهم الله-، والمتمثل في التكامل بين فروع المادة الواحدة.

٢- اعتماده على أسلوب التكامل المبني على القيم والمبادئ والاتجاهات الايجابية والمهارات والحقائق التي يحتاجها المتعلم وتتناسب مع خصائص نموه وحاجات المجتمع، والتي تمثل سلوك المتعلم، مخرجا رئيسا من مخرجات التعليم.

٣- التركيز على الجوانب التطبيقية في مواد التربية الإسلامية واللغة العربية حتى لو دعا ذلك إلى زيادة عدد حصصها.

٤- التقليل من عدد المواد الدراسية المنفصلة في جميع التخصصات.

٥- ربط جميع المواد الدراسية مثل الدراسات الاجتماعية واللغة العربية والعلوم الطبيعية والنشاط.. بالمبادئ والقيم الإسلامية.

٦- انتقاء المعارف والحقائق المناسبة للمتعلم وللمجتمع حسب الظروف

٧- الحد من تعدد المواد الدراسية المنفصلة في الفصل الدراسي الواحد والتي يشتكي منها الطلاب وأولياء أمورهم. ليصبح التكامل بواقع ٥٠% من تلك المواد، وذلك من خلال تكامل حقائقها ومهاراتها واتجاهاتها وقيمها.

٨- مناسبة المعلومات والمواد الدراسية لحاجات المجتمع، وسن التكليف الشرعي للطالب وخصائص نموه.

٩- الاهتمام بتكامل جميع عناصر المنهج مثل الكتاب المدرسي للطالب، كتاب النشاط، دليل المعلم، تقنيات التعليم، النشاط الصفي، تدريب المعلم.. الخ.

١٠- توظيف التقنية بشكل يومي مع الطلاب وبطريقة تكاملية في العملية التعليمية بحيث لا يكون الكتاب هو المصدر الوحيد للتعليم.

١١- المشاركة الفاعلة من قبل المجتمع في صناعة المنهج، وتهيئته لتقبل التطوير .

١٢- مشاركة فاعلة للقطاع الخاص في تطوير بعض عناصر المنهج.

١٣- توسيع مدارك الطلاب بتعريفهم بالعالم من حولهم وتنمية مهارات التفكير الناقد والإبداع والحوار والتعامل مع أساتذته وزملائه والمجتمع.

١٤- تفاعل وتفهم ايجابي من الأجهزة الإعلامية للتطوير التربوي المنشود.

وفيما يلي بيان الخطط الدراسية المطورة لمراحل التعليم العام:

الخطة الدراسية للمرحلة الابتدائية بالمملكة العربية السعودية

الصف	القرآن الكريم	التربية الإسلامية	اللغة العربية	علوم اجتماعية	الرياضيات	العلوم	اللغة الانجليزية	التربية الفنية	التربية البدنية (بنين)	تربية نسوية
الأول	٦	٣	١١	-	٣	٢	-	٢	٣	٣
الثاني	٦	٣	٩	-	٥	٢	-	٢	٣	٣
الثالث	٦	٣	٩	-	٥	٢	-	٢	٣	٣
الرابع	٦	٤	٨	٢	٥	٢	٢	٢	٢	٢
الخامس	٤	٤	٨	٢	٥	٣	٢	٢	٢	٢
السادس	٤	٤	٨	٢	٥	٣	٢	٢	٢	٢

ويلاحظ من الجدول السابق ان إجمالي عدد الحصص في الصفوف الثلاثة الأولى ٣٠ حصة، والثلاثة الأخيرة ٣٢ حصة.

والقرآن الكريم يشمل تلاوته وحفظه وتجويده. التربية الإسلامية تشمل التوحيد، والفقه والسلوك. ٢وذلك في الصفوف الثلاثة الأولى. بينما في الصفوف الثلاثة الأخيرة القرآن يشمل تلاوته وحفظه وتجويده. والتربية الإسلامية تشمل التوحيد والحديث والفقه

(www.almadinapress.com)

<u>ثانيا: مقارنة مناهج المرحلة الابتدائية في المملكة بمناهج بعض الدول الأخرى:</u>

أ- خطة الدراسة بالإمارات :

١ ـ تحظى اللغة العربية بنصيب كبير من الخطة الدراسية إذ تصل ٩ حصص أسبوعيا في الصفوف الثلاثة الأولى، و١٠ حصص في الصف الرابع، و٨ حصص في الخامس والسادس.

٢ ـ في المرتبة الثانية تأتي حصص التربية الإسلامية و الرياضيات حيث تحتل التربية الإسلامية ٥ حصص أسبوعيا في الصفوف الثلاثة الأولى، و٤ حصص في الصفوف الثلاثة الأخيرة. والرياضيات ٥ حصص أسبوعيا في جميع الصفوف عدا السادس حيث تمثل فيه ٣ حصص فقط.

٣ ـ اللغة الإنجليزية في المرتبة الثالثة ؛ حيث تُدرس بمعدل ٤ حصص أسبوعياً للصفوف الأربعة الأولى، و٦ حصص للصفين الأخيرين.

٤ ـ الأنشطة الفنية والرياضية والموسيقية تُدرس بواقع حصتين في الأسبوع طوال المرحلة الابتدائية .

٥- بلغ إجمالي الحصص ٣١ في الصفوف الأول والثاني والثالث بنين وبنات، بينما بلغت ٣٤ حصة للبنات و٣٦ حصة للبنين في الصفوف الثلاثة الأخيرة الرابع والخامس والسادس.ويتضح ذلك جليا في الجدول التالي:

خطة الدراسة المخصصة للمرحلة الابتدائية بالإمارات العربية المتحدة

المادة		عدد الحصص أسبوعياً					
		أول	ثان	ثالث	رابع	خامس	سادس
التربية الإسلامية		٥	٥	٥	٤	٤	٤
اللغة العربية		٩	٩	٩	١٠	٨	٨
اللغة الإنجليزية		٤	٤	٤	٤	٦	٦
المواد الاجتماعية		-	-	-	٢	٢	٢
الرياضيات		٥	٥	٥	٥	٥	٣
العلوم		٢	٢	٢	٣	٣	٣
التربية الفنية:	ـ بنين	٢	٢	٢	٢	٢	٢
	ـ بنات	٢	٢	٢	٢	٢	٢
التربية الرياضية		٢	٢	٢	٢	٢	٢
التربية الموسيقية		٢	٢	٢	٢	٢	٢
التربية الأسرية(بنات)		-	-	-	٢	٢	٢
المجموع:	- بنات	٣١	٣١	٣١	٣٤	٣٤	٣٤
	- بنين	٣١	٣١	٣١	٣٦	٣٦	٣٦

(الإمارات: وزارة التربية والتعليم والشباب)

ب- خطة المواد الدراسية في المرحلة الابتدائية بالكويت :

- تأتي اللغة العربية في المرتبة الأول بواقع ٩ حصص أسبوعيا .
- اللغة الانجليزية والرياضيات في المرتبة الثانية بواقع ٥ ساعات أسبوعيا .
- العلوم والتربية البدنية في المرتبة الثالثة بواقع ٣ ساعات أسبوعيا .
- القرآن الكريم والتربية الإسلامية والتربية الفنية في المرتبة الرابعة بواقع ٢ حصة أسبوعيا.
- ثم تأتي التربية الوطنية والحاسب الآلي والتربية الموسيقية والتربية الحياتية في المرتبة الخامسة بواقع حصة أسبوعيا .

- وقد بلغ العدد الإجمالي للحصص ٣٥ حصة لكل صف من الصفوف.

- ويتضح ذلك من الجدول التالي:

الخطة الدراسية للمرحلة الابتدائية بالكويت

	الصفوف الدراسية				المجالات الدراسية
الخامس	الرابع	الثالث	الثاني	الأول	
٢	٢	٢	٢	٢	القرآن الكريم
٢	٢	٢	٢	٢	التربية الإسلامية
٩	٩	٩	٩	٩	اللغة العربية
٥	٥	٥	٥	٥	اللغة الانجليزية
٥	٥	٥	٥	٥	الرياضيات
٣	٣	٣	٣	٣	العلوم
١	١	١	-	-	الاجتماعيات
١	١	١	١	١	التربية الوطنية
١	١	١	١	١	الحاسب الآلي
٢	٢	٢	٢	٢	التربية الفنية
٢	٢	٢	٣	٣	التربية البدنية
١	١	١	١	١	التربية الموسيقية
١	١	١	١	١	التربية الحياتية
٣٥	٣٥	٣٥	٣٥	٣٥	المجموع

ج -خطة المواد الدراسية في المرحلة الابتدائية بالبحرين :

في الخطة الدراسية للتعليم الابتدائي في البحرين يلاحظ ما يلي:

- اللغة العربية في المرتبة الأولى بواقع ٩ حصص أسبوعيا في الصفين الأول والثاني، وبواقع ٨ حصص في الصف الثالث، و٧ حصص أسبوعيا في الصفوف والرابع والخامس والسادس.
- الرياضيات في المرتبة الثانية بواقع ٥ حصص في جميع الصفوف .
- التربية الإسلامية في المرتبة الثالثة بواقع ٣ حصص أسبوعيا في الصفوف الأول والثاني والثالث، و٢ حصة في الصفوف الرابع والخامس والسادس.
- العلوم والتكنولوجيا في المرتبة الثالثة مكرر بواقع ساعتين في الصفوف الأول والثاني والثالث، و٣ ساعات في الصفوف الرابع والخامس والسادس .
- التربية الفنية والتربية الرياضية في المرتبة الخامسة بواقع ٢ساعة أسبوعيا في جميع الصفوف.
- اللغة الانجليزية في المرتبة السادسة بواقع ٢ ساعة في الصف الثالث، و٥ ساعات في الصفوف الرابع والخامس والسادس.
- المواد الاجتماعية في المرتبة السابعة بمعدل ساعة واحدة في الصفين الأول والثاني وساعتان في بقية الصفوف.
- الأناشيد والموسيقى في المرتبة الثامنة بواقع ساعة واحدة أسبوعيا في جميع الصفوف.
- التربية الأسرية في المرتبة الأخيرة بواقع ساعة واحدة أسبوعيا للصفوف الرابع والخامس والسادس.

الخطة الدراسية للتعليم الابتدائي في البحرين

المواد الدراسية	الأول	الثاني	الثالث	الرابع	الخامس	السادس
التربية الإسلامية	٣	٣	٣	٢	٢	٢
اللغة العربية	٩	٩	٨	٧	٧	٧
اللغة الإنجليزية	-	-	٢	٥	٥	٥
الرياضيات	٥	٥	٥	٥	٥	٥
العلوم والتكنولوجيا	٢	٢	٢	٣	٣	٣
المواد الاجتماعية	١	١	٢	٢	٢	٢
التربية الأسرية	-	-	-	١	١	١
التربية الفنية	٢	٢	٢	٢	٢	٢
التربية الرياضية	٢	٢	٢	٢	٢	٢
الأناشيد والموسيقى	١	١	١	١	١	١
المجموع	٢٥	٢٥	٢٧	٣٠	٣٠	٣٠

وبمقارنة خطط الدراسة في الدول الخليجية السابقة مع خطة مواد الدراسة في المملكة نلاحظ ما يلي :

- أن المملكة تأتي في المرتبة الأولى من حيث الاهتمام بتعليم القرآن الكريم ؛ حيـث بلغـت ٦ حصص في الصفوف الأربعة الأولى، و ٤ ساعات في الصفين الخامس والسادس . بينما تـأتي الكويـت في المرتبة الثانية في تعليم القرآن بواقع ساعتين أسبوعيا في جميع الصفوف الدراسية، في حين أن البحرين والإمارات يعلمان القرآن ضمنيا في التربية الإسلامية.

- تأتي المملكة في المرتبة الأولى من حيث الاهتمام باللغة العربية وعدد الحصة التي خصصت لها، يليها الإمارات العربية المتحدة، يليها الكويت، ثم البحرين .

- تأتي الإمارات في المرتبة الأولى في التربية الإسلامية من حيث عدد الحصص التي خصصت لها، يليها السعودية ثم البحرين ثم الكويت.

- في الرياضيات تساوت عدد الساعات في السعودية والكويت والبحرين بمعدل ٥ ساعات أسبوعيا في جميع الصفوف، بينما جاءت الإمارات تالية بمعدل ٥ ساعات في جميع الصفوف عدا السادس بواقع ٤ ساعات.

- في العلوم تأتي الكويت أولا، ثم البحرين والإمارات، ثم السعودية .

- اللغة الإنجليزية تأتي الكويت أولا، ثم الإمارات ثانيا، ثم البحرين، وأخيرا السعودية .

- التربية الفنية متساوية لدى الجميع بواقع ساعتين أسبوعيا في جميع الصفوف.

- التربية الرياضية تأتي البحرين ثم السعودية ثم الكويت وأخيرا الإمارات .

- التربية النسوية تأتي السعودية أولا يليها الإمارات تحت مسمى التربية الأسرية، بينما لا تدرس في البحرين والكويت.

- التربية الموسيقية تأتي الإمارات أولا يليها الكويت والبحرين، بينما لا تدرس في السعودية .

- المهارات الحياتية تدرس في الكويت فقط بينما لا تدرس في الدول الأخرى؟

<u>**ثالثا: تدريبات وتطبيقات على تصميم خطط لبعض الخبرات التعليمية:**</u>

<u>**عزيزي/ عزيزتي ..**</u>

إذا أردت أن تقدم بعض الخبرات التعليمية لطلابك يجب عليك أن تتبع خطوات علمية معينة لاختيار وتنظيم وعرض وتقديم تلك الخبرات، كما يجب أن تستخدم أيضا التقويم العلمي الصحيح في تقويم ما تعلمه التلاميذ من جوانب معرفية ومهارية ووجدانية كنتيجة طبيعية وضرورية جراء معايشة الخبرات المقدمة، وتقديم أي خبرات يحتاج إلى تصميم برنامج علمي وهو عبارة عن تنظيم لخبرات ومواقف تعليم وتعلم مختلفة وفق أصول علمية ومنهجية معروفة .. وإذا نظرنا إلى أي برنامج تعليمي نجد أنه يتضمن على عدة عناصر لا غنى عنها، وهي :

١- الأهداف :

وهي التغيرات السلوكية المراد إكسابها للمتعلمين نتيجة لمرورهم بخبرات محددة.

٢-المحتوى :

وهو يتمثل في مجموعة من الخبرات التي يتم اختيارها وتنظيمها في صورة موضوعات يتم تقديمها للتلاميذ.

٣- الأنشطة التعليمية: وهي الأعمال التي يقوم بها المعلم أو المتعلم أو هما معا، حددت ونظمت بطريقة علمية منظمة بقصد معايشة خبرة لاكتساب معرفة أ و تعلم مهارة أو نمو وجدان ويتم اختيارها وفق مجموعة من القواعد التي تتعلق بأهداف البرنامج وطبيعة الخبرات المقدمة وخصائص المتعلمين وطبيعة المجتمع والمدرسة والموقف التعليمي .. وغير ذلك.

٤- طريقة التقديم :

حيث يتبنى البرنامج طريقة أو أكثر من طرق التقديم كطرائق التفريد والتعاون والمعرفية وما وراء المعرفية، وهي عبارة عن إجراءات يتبعها المعلم في تقديم الخبرات المرادة، وهذه الخطوات ليست عشوائية وإنما تم وضعها في ضوء أصول وقواعد (انظر مكونات المنهج)

٥- الوسائل التعليمية: حيث يستعين المعلم ببعض الوسائل التعليمية التي تساعده على تقديم الخبرات في أقل وقت وجهد مع جعل التعلم أكثر إبداعا وتشويقا وأبقى أثرا لدى المتعلمين ..

٦- التقويم:

وهو أمر جوهري نجيب من خلاله على السؤال التالي : ما الذي حققه التلاميذ من جراء مرورهم بالخبرات التعليمية المقدمة ؟ أو بمعنى آخر ما التغيرات السلوكية (المعرفية - المهارية - الوجدانية) التي اكتسبها التلاميذ جراء مرورهم بتلك الخبرات التي قدمت لهم من خلال البرنامج ؟

مثال :

إذا أردنـا أن نكسـب تلاميـذ المرحلـة الابتدائيـة معلومـات ومهـارات التعامـل مـع الطيـور والحيوانات وننمي لديهم الاتجاهات الإيجابية نحوها.. ماذا نفعل ؟

علينا أن نضع برنامجا يتـضمن تقديم خبـرات مختلفـة يـتعلم التلاميـذ مـن خلالهـا الجوانب المعرفية والمهارية المتعلقة بالطيور، ويكون على النحو التالي:

١- تحديد أهداف البرنامج :

إكساب التلاميذ ما يلي :

- تعريف الطيور .

- أنواع الطيور .

- أهمية الطيور ...

- مهارة تقديم الطعام والشراب .

- مهارة نقلها من مكان لآخر .

- مهارة تحديد نوعها ..

- الميل نحو تربية الطيور المنزلية.

- الرغبة في الانضمام إلى جماعات الحفاظ على الطيور البرية .

- اتجاه إيجابي نحو هواية الصيد....

ويمكن تحليل الأهداف العامة السابقة إلى أهداف سلوكية موزعة على موضوعات البرنامج .

٢- نحدد محتوى البرنامج :

وهنـا نـضع للتلاميـذ خبـرات مبـاشرة أو غـير مبـاشرة أو هـما معـا لمعايـشتها واكتـساب المعلومات والمهارات والوجدانيات المختلفة، فمن الخبرات المباشرة زيارة لحظيرة طيور منزلية أو طيور الزينة الملحقة بالمدرسة – رحلة إلى حديقة الحيوانات لمشاهدة أقفاص الطيور – رحلة

برية لمشاهدة الطيور في الطبيعة . وقد تكون خبرات غير مباشرة كمشاهدة بعض الأفلام السينمائية أو الفيديو أو زيارة بعض المواقع الإليكترونية المعنية بالطيور ..

٣-   طريقة التقديم :

فالمعلم أو المعلمة يجب أن يقدم ما تحتويه هذه الخبرات المباشرة وغير المباشرة من معلومات ومهارات حول الطيور، فقد يستخدم الإلقاء، أو النماذج، أو لعب الأدوار، أو مجموعات التعاون، أو المسابقات بين التلاميذ، أو التساؤلات الذاتية،أو البحث والاستقصاء .. بغية توصيل التلاميذ للتعلم المطلوب.

٤-   الأنشطة :

يقوم المعلم مع طلابه بأنشطة مختلفة منها الشرح من جانب المعلم والتعليق على ما يراه التلاميذ من طيور، عرض المعلم لعينات من هذه الطيور أو لريشها أو لصور تتحدث عنها، قيام التلاميذ بإمساك بعض الطيور والمقارنة بينها في ريشها وألوانها وأحجامها وفوائدها، رسم صور لبعض هذه الطيور .. وغير ذلك من أنشطة.

٥-   الوسائل:

يمكن استخدام وسائل سمعية كالتعليق على الطيور أثناء مشاهدتها- ووسائل بصرية كاللوحات والنماذج - والسمعية البصرية كالشرائح المصحوبة بالتعليق الصوتي، والفيديو... وبرامج الكمبيوتر القائمة على الوسائط المتعددة..

٦-   التقويم :

يقوِّم المعلم تلاميذه معرفيا ومهاريا ووجدانيا ؛ فعلى سبيل المثال يقومهم معرفيا فيقول: ما أنواع الطيور التي شاهدنا في رحلتنا ؟

ويقومهم مهاريا؛ فيقول مثلا: من منكم يستطيع أن يمسك الطائر الذي أمامنا بطريقة صحيحة ؟

ويقومهم وجدانيا من خلال عرض تأملاتهم الذاتية التي تتضمن الإجابة عن بعض الأسئلة مثل: ما رأيك في إنشاء جماعة بالمدرسة للحفاظ على الطيور البرية ؟

إن مثل هذه الأسئلة وغيرها يجب أن تكون صحيحة ودقيقة علميا ولغويا، وأن تغطي جميع جوانب الموضوع (انظر مكونات المنهج)

- أنواع البرامج المستخدمة في تقديم الخبرات التعليمية المختلفة :

هناك أنواع مختلفة من البرامج التي يمكن استخدامها في تقديم الخبرات المختلفة للتلاميذ، وهي تخضع لتصنيفات عدة منها :

١- تصنيف البرامج على أساس طريقة التقديم :

يمكن أن نصنف البرامج وفق طريقة تقديمها إلى :

- برامج تقليدية: وهي تلك التي يتم تقديمها عن طريق المعلم .

- برامج كمبيوترية: وهي تلك التي تقدم من خلال الكمبيوتر ويتفاعل الطالب من خلالها مع الكمبيوتر بما يتضمنه من وسائط مختلفة.

- برامج مختلطة: وهي تلك التي تعتمد على المعلم والكمبيوتر معا في التقديم من خلال استخدام الكمبيوتر كمساعد تعليمي .

٢- تصنيف البرامج على أساس طرق تعليمها وتعلمها :

- برامج قائمة على الطرائق التقليدية .

- برامج قائمة على التفريد.

- برامج قائمة على التعلم التعاوني .

- برامج قائمة على الاستراتيجيات المعرفية .

- برامج قائمة على الاستراتيجيات ما وراء المعرفية.

٣- تصنيف البرامج على أساس أهدافها ومحتوياتها :

- برامج نظرية : تهدف إلى إكساب المعلومات والمعارف .

- برامج عملية : تعني بالمهارات والتطبيقات .

- برامج متكاملة : تعني بالمعلومات والمهارات والوجدانيات ومختلف جوانب التعلم..

انتهى..

مراجع الفصل الثامن:

- وزارة التربية والتعليم بالبحرين (: www.education.gov.bh

- وزارة التربية والتعليم بالمملكة العربية السعودية (: ww.moe.gov.sa)

- وزارة التربية والتعليم بدولة قطر : على الموقع التالي: www.moe.edul

- وزارة التربية والتعليم بجمهورية مصرالعربية : بوابة المعرفة

(knowledge.moe.gov.eg)

- www.almadinapress.com